经管教学案例研究

钱永贵◎主编

JINGGUAN
JIAOXUE
ANLI YANJIU

四川大学出版社

项目策划：孙滨蓉
责任编辑：孙滨蓉
责任校对：曾　鑫
封面设计：璞信文化
责任印制：王　炜

图书在版编目（CIP）数据

经管教学案例研究 / 钱永贵主编．— 成都 ：四川大学出版社，2019.2
ISBN 978-7-5690-2791-4

Ⅰ．①经… Ⅱ．①钱… Ⅲ．①经济管理－课堂教学－教案（教育）－汇编－高等学校 Ⅳ．①F2

中国版本图书馆 CIP 数据核字（2019）第 034139 号

书名　经管教学案例研究

主　　编	钱永贵
出　　版	四川大学出版社
地　　址	成都市一环路南一段 24 号（610065）
发　　行	四川大学出版社
书　　号	ISBN 978-7-5690-2791-4
印前制作	四川胜翔数码印务设计有限公司
印　　刷	成都金龙印务有限责任公司
成品尺寸	185mm×260mm
印　　张	13.5
字　　数	325 千字
版　　次	2019 年 8 月第 1 版
印　　次	2019 年 8 月第 1 次印刷
定　　价	58.00 元

扫码加入读者圈

◆ 读者邮购本书，请与本社发行科联系。
电话：(028)85408408/(028)85401670/
(028)86408023　邮政编码：610065
◆ 本社图书如有印装质量问题，请寄回出版社调换。
◆ 网址：http://press.scu.edu.cn

四川大学出版社
微信公众号

目　录

成都韩利公司的顾客满意经营体系①

钱永贵②

一、公司基本发展情况介绍

2014 年 5 月，成都韩利实业有限公司成立，公司是一家以礼品代理和批发为主营业务的股份制有限责任公司，注册资本 100 万元。公司把主要客户定位于各类商务机构、政府机关、社会团体、学校等企事业单位及个人。公司经营的产品中，有做工精良、品位高雅的高档礼品，也有集观赏和实用于一体的中低档礼品，并为各类会议、促销等活动提供纪念型礼品。

2014 年公司初次涉足礼品行业，对行业市场状况和供应商方面的信息量掌握较少，从事礼品代理和批发销售经验不足。因此，整个 2014 年下半年，公司几乎处于亏损状态。但公司通过半年多的运作，积累了许多成功经验和失败教训，也逐步建立起了一部分固定客户；同时与部分供应商建立起了长期合作关系，这些都为公司以后的发展打下了良好基础。2015—2017 年是公司快速发展的三年，公司不断积累礼品行业信息和运作经验，客户逐渐增多，供应商队伍逐渐扩大，公司可以为客户提供更为丰富的产品选择，增加了对客户的吸引力。公司在这三年的经营绩效显著，企业总体发展形势较好（参见表 1）。

表 1　韩利公司 2014—2017 年度损益汇总表

编制单位：成都韩利实业有限公司　　2017 年 12 月 31 日　　单位：元

项目	行次	本月数	本月累计数
一、商品销售收入	1		17453060.00
减：销售折扣与折让	2		
商品销售收入净额	3		
减：商品销售成本	4		12657020.00
经营费用	5		1387240.00

① 本案例根据爱问共享资料网 http://ishare.iask.sina.com.cn/f/2YXZpUx4u0p.html 资料改编。

② 钱永贵，男，成都信息工程大学，管理学副教授。主要研究方向：市场营销、教学管理。

续表1

项目	行次	本月数	本月累计数
商品销售税金及附加	6		1047183.60
二、商品销售利润	10		2361616.40
加：代购代销收入	11		112696.00
三、主营业务利润	14		2474312.40
减：管理费用	16		656600.00
财务费用	17		26000.00
四、营业利润	20		
加：营业外收入	22		
减：营业外支出	23		
五、利润总额	25		1791712.40
减：所得税			591265.20
六、净利润			1200447.20

虽然公司在这三年间经营绩效显著，但是，公司也出现了较多对公司发展和运作产生较大影响的问题。比如，公司经营三年多，在成都市同行业有一定知名度，但是在目标客户群中，知名度极低；从销售方面来讲，尽管近三年公司经营状况较好，但是，无论公司在业务拓展方面花了多大精力，公司业务边际增长量总体还是呈现出较大的下滑趋势，客户流失比率也较大；公司代理产品种类几乎包括了所有大类品种，没有突出的经营特色；公司销售人员不能妥善处理同客户的关系，外出洽谈业务时常常准备不够充分；销售人员与竞争对手争夺同一客户时，基本上采取降价或私下给对方经办人员回扣的手段，没有更多的应付竞争对手的办法；产品质量问题突出，公司受客户指责的情况比较多，客户消费满意度较低。

公司高层已经充分认识到公司发展面临着障碍，决心改变公司现状。下级经销商和终端顾客的调查结果表明，公司顾客满意度较低是影响公司持续发展和实现战略目标的首要因素。为改变现状，公司决心引入系统的顾客满意经营体系，以提高公司顾客满意度，最终促进公司持续发展和战略目标的实现。

二、公司顾客满意经营体系的导入

韩利公司根据公司发展战略规划，在企业经营绩效良好的情况下，着眼于企业长远发展，聘请有关专家作为导入顾客满意经营体系的高级顾问，展开了在公司全面导入顾客满意经营体系的具体实施工作。

（一）提出问题：什么使顾客满意

1. 顾客满意调查

公司根据客户的市场需求状况，把礼品市场按购买目的细分为商务礼品市场、会议纪念品市场、促销品市场。在此基础上，展开了对满足这三个细分市场产品的属性、顾客结构与消费特点的分析，初步建立了礼品市场顾客满意指标因子和顾客满意级度。

公司通过对顾客满意指标因子和顾客满意级度的分析，设计出针对公司产品顾客满意现状的调查问卷，然后开展了一次针对经销商和终端顾客的较大规模的顾客满意实态调查，收集到大量有关公司产品顾客满意现状的一手资料。

2. 顾客满意指标体系与级度体系

公司把顾客对公司产品和服务的满意状况以量化的指标体系表示出来，以便公司准确掌握顾客需求，为公司改进产品和服务提供有效的依据。公司通过前面的顾客满意实态调查，依据既定的原则，结合公司产品和服务的实际情况，把这些综合影响因素归纳成有效的指标体系。

顾客满意指标确定之后，再把满意指标以级度的形式表现出来，如对服务的级度状况可以表示为很满意、满意、较满意、不满意、很不满意等，形成了公司产品顾客满意级度体系（参见表 2）。

表 2　韩利公司产品顾客满意实态

市场	市场一					市场二					市场三				
级度 / 实态 / 指标	很满意	满意	较满意	不满意	很不满意	很满意	满意	较满意	不满意	很不满意	很满意	满意	较满意	不满意	很不满意
包装	8	16	42	25	9	5	14	39	31	11	1	15	33	41	10
质量	14	26	40	23	7	18	23	32	19	8	2	17	31	39	11
造型	6	18	24	35	17	9	17	28	35	18	15	31	40	12	2
品种	1	8	17	55	19	8	19	28	32	13	25	36	30	9	0
价格	0	15	31	41	13	2	17	29	35	17	5	18	37	29	11
服务	3	12	24	44	17	4	16	28	35	17	14	35	33	17	1
时尚	9	17	27	31	6	7	15	29	34	15	1	13	24	41	21
文化内涵	2	11	23	51	14	5	17	33	38	7	9	22	41	26	2
品牌形象	3	14	21	45	17	6	19	32	39	4	11	28	37	21	3
广告促销	3	11	27	39	20	9	18	35	32	6	13	27	35	21	4
付款条件	1	11	24	51	13	2	15	27	38	18	15	27	40	16	2
购买便利	2	13	28	43	12	3	16	24	42	15	2	13	26	47	12
购买环境	10	17	27	35	11	13	26	31	21	9	19	26	35	19	1
保存价值	11	21	38	24	6	9	14	29	39	9	1	11	23	50	15

续表2

市场	市场一					市场二					市场三				
级度 / 实态 / 指标	很满意	满意	较满意	不满意	很不满意	很满意	满意	较满意	不满意	很不满意	很满意	满意	较满意	不满意	很不满意
使用价值	1	9	20	55	15	5	17	29	38	11	21	33	35	9	2
及时性	4	9	28	45	14	6	11	30	43	10	9	14	33	35	9
投诉管理	1	7	17	55	20	3	9	19	51	18	6	14	23	45	12
其他	5	17	34	35	9	5	21	38	33	3	16	27	44	14	1

注：市场一指商务礼品市场，市场二指会议纪念品市场，市场三指促销礼品市场。

（二）解决方案：怎样使顾客满意

公司产品顾客满意实态调查表明，消费者对公司产品品种、包装、质量、价格、服务、购买便利、文化内涵、品牌形象、付款条件、及时性、时尚、保存价值以及投诉管理方面满意度偏低。为了有针对性地解决问题，整体提高公司顾客满意度，公司下一步工作重点便是针对顾客满意度较低的指标，展开全面的整顿与改造，实施顾客满意系统管理，主要包括信息系统、产品系统、销售系统、服务系统。

1. 信息系统

顾客满意系统管理的第一步是建立信息处理系统，以促进公司对顾客满意实态的信息进行收集、传送、归类和分析管理。根据公司所处礼品行业的特点以及公司具体情况，韩利公司建立了以下几个方面的信息渠道，从而形成了公司的信息处理系统。

（1）顾客满意信息卡。

顾客满意信息卡主要是以简单的问卷调查形式，在向客户提供产品和服务时，及时征求客户对公司产品和服务评价的一种收集顾客满意信息的方法。

韩利公司的顾客满意信息卡主要从产品质量、品牌、品种、价格、使用价值、服务方式、态度、时机、费用以及投诉管理等几个方面收集顾客对公司产品和服务的有关信息。

（2）顾客满意渠道信息卡。

顾客满意渠道信息卡也是以简单的问卷调查形式，在与经销商接触的各个环节，及时征求经销商对公司产品和服务评价的一种收集顾客满意信息的方法。

韩利公司的顾客满意渠道信息卡主要从产品质量、包装、品种、价格、服务方式、态度、费用，以及投诉管理、退货条件、及时送货等几个方面收集经销商对公司产品和服务的有关信息。

（3）行业动态信息登录卡。

企业经营不但要随时关注顾客和销售渠道上的各种信息，还要随时通过各种信息收集手段，不断收集行业信息，并将这些行业信息以动态的方式进行分析和处理，为企业的相关决策提供有力的支持。因此，韩利公司根据其所处行业的具体情况设计了行业动态信息登录卡。

韩利公司的行业动态信息登录卡是以每天一卡的方式，委派专人负责，通过互联网、专业刊物、综合报纸以及其他相关媒体收集与礼品行业有关的宏观经济、微观经济、政治与法律、技术、文化等方面的信息，为公司高层决策提供基础信息。

(4) 顾客满意动态调研卡。

发现顾客的需求，并尽一切努力满足顾客需求，最终使顾客满意，是企业经营成功的关键。韩利公司通过顾客满意信息反馈卡收集到了顾客方面的重要信息，但不是完全信息，需要有意识地对其他信息进行调研。公司设计了顾客满意动态调研卡，通过定期对顾客进行动态调研，将调研信息以动态的方式进行分析和处理，为企业的相关决策提供有力的支持。

韩利公司的顾客满意动态调研卡主要从产品包装、质量、造型、品种、价格、服务、文化内涵、品牌形象、付款条件、购买便利、购买环境、保存价值、使用价值、投诉管理、及时性等多个方面收集顾客对公司产品和服务满意程度的有关信息。

2. 产品系统

(1) 顾客满意产品组合调整。

①市场细分。

公司以批发和代理为主营业务，因此选择企业类客户作为目标客户群，并根据企业规模（大型企业、中型企业、小型企业）以及顾客消费用途（促销礼品、会议纪念品、商务礼品）把公司礼品市场划分为9个细分市场。

②目标市场。

公司对宏观和微观环境以及公司的优势和劣势进行了比较分析，确定了选择性目标市场经营模式，即集中公司的优势资源，致力于将大型企业会议纪念品、中型企业商务礼品和会议纪念品市场作为公司的目标市场。

③产品组合调整。

公司根据目标市场策略，结合现有代理产品、各产品利润贡献率及有关顾客满意信息，进行了产品组合调整（参见表3和表4）。

表3　韩利公司产品/市场矩阵

	大型企业会议纪念品	中型企业商务礼品	中型企业会议纪念品
文物礼品系列	√	√	
名牌皮具系列	√	√	√
高档工艺礼品			√

表4　韩利公司产品项目表

	文物礼品系列	世界名牌皮具系列	高档工艺礼品
产品项目	清代瓷器 清代木雕 当代名人名画 清代蜀绣	登喜路皮具系列 圣罗兰皮具系列 卡丹奴皮具系列	金箔画系列 水晶饰品系列 其他工艺礼品

（2）产品品牌与包装的顾客满意管理。公司采用了如下品牌与包装的顾客满意策略。

①品牌商标策略。

公司采用公司名称与品牌名称统一的策略，当公司代理和销售知名产品时，公司采用所代理产品的品牌（如公司代理的登喜路等品牌系列皮具、四川文物总店的文物礼品等）；当公司自己设计产品和代理不知名产品时，采用公司自有品牌——韩利礼品。

②包装策略。

对公司所代理和销售的知名产品，公司不再对该类产品进行重新包装。公司自己设计并寻求外加工的产品和代理的不知名产品，采用针对该产品设计的包装。公司包装以高质量和高品位为要求，采用多重用途包装策略，使每一个包装物能被消费者再次或多次利用。

3. 销售系统

针对韩利公司的顾客满意实态，建立顾客满意销售系统，需要从以下几个方面进行重点考虑。

（1）顾客满意渠道设计。

为了实现顾客购买便利，韩利公司在现有渠道基础上对渠道系统进行了整体规划与调整。大型礼品公司的经营，往往需要借助更多的中小型礼品经销商，韩利公司作为几个世界（或国内）知名品牌的成都市范围内的独家代理商，其渠道体系必须以公司→经销商→顾客为主，以充分利用各个经销商的关系资源，也便于将服务消费者的工作交由经销商完成，增加服务面，提高服务的及时性。另外，公司大多数销售人员社会关系广泛，拥有一批可直接由公司提供产品的客户资源，而且公司需要直接接触市场和消费者，以便及时收集市场信息。因此，韩利公司调整后的顾客满意渠道，还需要辅以公司→顾客这条渠道（参见图1）。

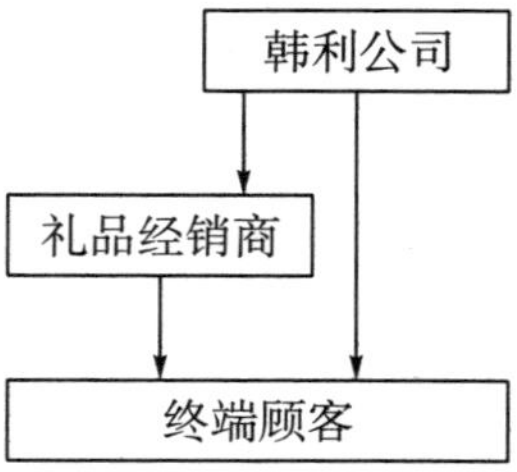

图1　韩利公司渠道结构图

（2）如何保证及时供货。

供货不及时的原因有两种：一是顾客要求供货周期短，二是订单处理流程不畅。为了保证及时供货，公司需要采取相应的改进措施。首先，对历史销售信息进行分析，结合每一计算周期（月）对不同产品的消费需求（比如每年在成都举行糖酒会期间，企业客户的礼品需求量会有一个高峰期），针对每一种产品计算合理的库存量，并根据计算结果准备库存。其次，加强对订单的科学管理，根据礼品行业和公司的实际状况，合理简化订单管理流程，并在执行中灵活实施订单管理，以缩短订单处理时间；同时公司购买了两辆面包车作为市内流动送货车，以保证及时供货。

（3）顾客满意价格管理。

为了实现顾客对价格满意的目标，韩利公司确定定价的基本原则为顾客理解价值定价法。公司经营的产品都是知名产品，消费者对价格的敏感性不高，消费者对价格的不满意主要表现为对价格的稳定性和一致性的不满意。

①文物礼品定价。

公司对文物礼品制定了系列价格。根据每件文物礼品的不同规格、形状、年代、成色、画意、图案等，把文物礼品的价格确定在288～36888元/件，以满足不同价格心理承受范围的消费者需求。

②皮具定价。

皮具定价既不以成本为基础，也不以需求为基础，而是根据竞争状况来确定皮具礼品的价格。公司经营的皮具都是国际知名品牌，代理和销售这些产品的利润较高，而且公司是这些产品在成都市范围内的独家代理和销售商，公司在遵循其总体定价策略的原则基础上，把同品牌同规格产品的销售价格确定为略低水平，力求以此吸引更多消费者。

③其他产品定价。

其他产品主要是指公司选择经营的各种高档工艺礼品，这些产品的价格制定原则采用竞争导向定价。针对不同的产品，在该产品不同的生命周期阶段，采用不同的价格。

（4）顾客满意促销管理。

促销目的是宣传企业、产品及扩大销售。在促销方面，注意不要引起顾客的反感和负面情绪。

①广告促销。

公司将不定期推出公司产品和公司形象广告。

公司选择了一家专业广告公司和一家平面设计制作公司作为公司的长期广告和宣传合作伙伴，负责公司广告与宣传的设计、制作以及管理工作。

广告主要选择专业杂志、POP、管理类报刊（适合企业高层管理者和决策者的阅读习惯）等公司的广告受众能直接接触的媒介作为广告载体。

②营业推广促销。

公司采取了一系列营销推广活动以刺激销售和维系消费者。

“荣誉消费者”活动：公司在推出文物礼品的同时，推出了该项活动。活动规定凡购买公司推出的文物礼品的第1位、第10位、第100位、第500位、第1000位（以购买时间为准）的消费者，将自动成为公司的“荣誉消费者”。公司“荣誉消费者”将永远享受公司经营的所有产品的市场价格8折优惠，获得公司每一个新推出产品的赠送样品，不定期获得公司的赠送纪念品等。

“赠送老客户”活动：该项活动规定，集团消费者持2018年以内购买公司产品的发票累计总额超过5万元的客户，可以获得公司价值2000元的赠送礼品；个体消费者持2018年以内购买公司产品的发票累计超过2000元的客户，可以获得公司价值100元的赠送礼品。公司承诺每年举办该类活动。

"参加展销会"活动：参加展销会，可以在消费者相对集中的市场环境中，通过公司产品和形象展示，树立公司在消费者心目中的良好形象，为公司同消费者之间架起一座桥梁。同时，在展销会期间，公司能够取得一定的销售收入和订单。

公司将在以后的经营活动中积极参与各类相关展销会。从公司已经参加的两次展销会来看（4 月份的成都工艺礼品展销会和 5 月份深圳的礼品装饰产品展销会），取得的效果良好。

"经销商奖励计划"活动：公司自 2018 年起推出"经销商奖励计划"活动。活动规定，凡经销公司产品年销售额达到 10 万元以上的中间商（包括经销商和零售商），在每年底将获得公司 10%的提成奖励；超过 30 万元的中间商，在 10 万～30 万元的范围内获得 10%的提成奖励，超过 30 万元的部分将获得 15%的提成奖励；超过 100 万元的部分将获得 20%的提成奖励。通过该活动，可以刺激中间商推广公司产品的积极性，同时，维系公司同他们的长期、友好、成功的合作关系。

4. 服务系统

（1）售前咨询。

公司有效地展开售前咨询服务，为没有明确礼品选择意向的消费者推荐礼品，为不了解商务礼仪文化的顾客介绍商务礼仪，为客户仔细介绍各类礼品的特征、用途、适合人群等多方面的行业知识，使客户购买之前能感受到公司在为他们着想，把客户的问题当作公司自身的问题来对待，深受客户好评。

（2）售中支持。

韩利公司在售前咨询的基础上，同时推出了有效的售中支持服务。第一是免费为客户选择和送寄样品，让客户坐在家中就能实现产品选择和最终购买行为；第二是为客户提供多种有效的付款方式，如现金、支票、多种类储蓄卡转账等，任由客户选择，尽量为客户减少烦琐的程序。

（3）售后服务。

韩利公司还推出多种有效售后服务，除传统的送货、免费再包装，还有代客户送礼、免费退货服务等，获得了良好的客户评价。

三、结论——韩利公司导入顾客满意经营体系效果

韩利公司自全面导入顾客满意经营体系之后，全公司经营和管理完全按该体系的相关要求开展工作，经过半年多时间的运作，至 2018 年 6 月，公司取得了良好的经济效益和社会效益（参见表 5）。

表 5　韩利公司 2018 年上半年损益汇总表

编制单位：成都韩利实业有限公司　　　　2018 年 6 月 30 日　　单位：元

项目	行次	本月数	本月累计数
一、商品销售收入	1		6340404.00
减：销售折扣与折让	2		12000.30

续表5

项目	行次	本月数	本月累计数
商品销售收入净额	3		6328403.70
减：商品销售成本	4		3664502.00
经营费用	5		2663901.70
商品销售税金及附加	6		364818.30
二、商品销售利润	10		2299083.40
加：代购代销收入	11		60135.60
三、主营业务利润	14		2359219.00
减：管理费用	16		125367.40
财务费用	17		8432.00
四、营业利润	20		2225419.60
五、利润总额	25		2225419.60
减：所得税			734388.47
六、净利润			1491031.13

思考题：

1. 分析本案例中韩利公司的顾客满意系统是否完善？需要补充哪些模块内容？
2. 案例中韩利公司提出的提升顾客满意度的策略，存在哪些不足？
3. 如果你是该顾客满意系统方案的设计者，请考虑应如何为该方案设计合适的网络顾客满意策略体系？

久盛地板的品类聚焦战略案例

陈　莹[①]

2017年，诸多家居品牌纷纷跨界进入泛家居领域，久盛地板却反其道而行之，把所有资源聚焦到实木地暖地板品类中。久盛地板何以逆行业浪潮而动?

一、企业介绍

久盛地板有限公司（以下简称久盛）前身为湖州久盛地板厂，成立于2001年，同年获“浙江南浔建材市场畅销品牌”。2002年，企业通过ISO9001、ISO14001认证，改制为浙江久盛地板有限公司，被评为“湖州名牌”，并成为中国林产工业协会团体会员和中国木材与木制品流通协会地板委员会常务理事单位；2004年，通过Ⅲ型环境标志国际认证，获得“浙江省名牌”，成为浙江农林大学教学科研实验基地；2011年，荣获由中国木材与木制品流通协会颁发的“中国实木地板王牌”称号。与此同时，久盛地板还是《实木地板国家标准》及《实木地板国际标准》双起草单位，WWF（世界自然基金会)、GFTN－China（全球森林贸易网络）组织成员，中国林产工业协会副会长单位，中国室内装饰协会副会长单位，先后被评为国家火炬计划重点高新技术企业、国家林业重点龙头企业等称号，获得了浙江省质量奖，并承担了国家“十二五”科技支撑计划项目和国家“863”计划项目[②]。

一路走来，公司伴随着中国房地产和装饰行业的发展，稳步成长。目前久盛地板有限公司已经成为集研发、制造、销售于一体的全球专业木地板供应商和服务商，拥有现代化花园式新工业园生产集群，形成以实木地暖地板、实木地板为主的产品布局，在国内1000多个城市拥有1800多家专卖店，产品远销欧美30多个国家和地区[③]。

二、案例背景

近年来，我国地板行业的发展已经进入相对成熟的阶段，生产企业多、营销成本增大、品牌之间竞争激烈，同时在木材涨价潮、产品同质化等多重因素的共同作用下，地

---

① 陈莹，女，成都信息工程大学讲师。研究方向：营销管理、消费者行为等。

② 百度百科：久盛地板公司－企业大事记. https://baike. baidu. com/item/久盛地板公司/8058355?fr＝aladdi。

③ 关于久盛：久盛地板有限公司官网. http://www. jiushengboard. com/index. php/about/profile. html。

板行业内部的竞争日益加剧，已近白热化。中小型地板企业的生存日渐艰难，大企业也不敢掉以轻心，大都在寻求新的战略布局，以期在激烈的竞争态势下得以生存和发展。这时，久盛地板将目光瞄准了一个新的品类——实木地暖地板。

实木地暖地板是近些年才有的新鲜事物，其产生来源于消费者生活品质提高、对取暖和环保的双高要求。由于历史的原因，以黄河为界，我国北方供暖主要实行集中供暖，采暖设备主要是外露式的暖气片；而南方，即便冬季“湿冷”异常，却无法享受集中供暖的待遇，多采用空调、电暖炉等分散采暖的方式。大约在2010年，随着厂家的宣传，地暖逐步走入人们的视线。地暖全称地板低温辐射采暖，采用辐射采暖的方式，相较对流采暖（如空调、暖气片）在舒适性和节能性上要好很多，另外，地暖符合中医“温足而凉顶”的人体供需，给人以脚暖头凉的良好感觉，符合人体散热要求的热环境，再加之不占用室内空间，受到很多装修家庭的青睐[①]。但是在具体的使用过程中，地暖却存在着一个致命的缺陷，不是地暖本身，而是和地暖搭配使用的地板。一般家庭装修时会选择铺木地板或者瓷砖，但是地暖搭配瓷砖的话，舒适度没那么好，而且地暖埋藏于瓷砖之下属于隐蔽性工程，可维修性差，一旦发生渗漏，维修复杂、成本高。如果选择铺设木地板，仍然存在着很多让消费者望而却步的地方。首先，最好不使用传统的实木地板，因为实木的导热不好而且耐热性也不好，很容易发生变形。那么，剩下的选择就只有实木复合地板和强化地板了，但是这样的选择也存在这样或那样的问题：危害1——地板在地暖高温下加倍释放甲醛，危害2——会使常温下甲醛含量合格的地板变得不合格，危害3——地板胶遇热会产生有害物质。这样一来，尽管消费者对地暖本身很感兴趣，但是由于必要的搭配产品——木地板的问题，让很多消费者对选择地暖望而却步。

这种情况下，很多木地板生产厂家也注意到了消费者的痛点，一种新型产品——实木地暖地板出现在市场。实木地暖地板，又名钢化地暖、钢化地热，是“钢化地暖实木地板”或“钢化地热实木地板”的简称，所用的木材取自西非地区，如花梨木、柚木、缅茄木、格木等。这种矿物质所形成的“钢骨架”结构比一般木材稳定性高。实木地暖地板由于其独有的木材温润感、环保性能，将成为未来主要的采暖方式。

久盛地板早在2012年已经将实木地暖地板品类推向市场，目的是适应北方市场。在地暖环境下，温度变化幅度比较大，容易破坏实木地板的稳定性，大部分材种会出问题。为了适应地暖环境，当时久盛推出的这款功能性地板，是实木地板当中的一个细分的小品类，面对的是高端小众市场。从功能角度看，实木地暖地板的稳定性和各方面指标都比较好，但因为成本较高，还没有规模化生产，当时没有引起企业的足够重视。但是随着地暖越来越普及，大家对健康的要求越来越高，这个品类也在不断发展。

实木地暖品类在久盛以每年100%的速度增长，逐渐接近10%的销售份额。以往企业也在推这个品类，但是没有作为重点品类来推广。

在新的市场形势下，企业开始重新审视产品结构，发现实木地暖地板是个很有价值

---

① 为什么北方越来越少人用地暖？看完明白其中猫腻. 生活大搜集. https://baijiahao.baidu.com/s?id=1607494092946125236&wfr=spider&for=pc。

的品类——不论是自身的销售数据还是顾客认知程度，增长的趋势非常明显。随后，企业也在很多城市做了多轮调研，发现这一品类非常符合消费的趋势和方向，消费者非常容易接受这一健康环保的品类。基于上述信息，企业判断这个品类会逐渐成为各大木地板品牌的主要品类，甚至很有可能成为爆发式增长的品类。

相较同行业泛家居的趋势，久盛地板却反其道而行之聚焦单品类，企业高层也不是没有纠结。但是经过梳理市场信息和企业竞争能力之后，发现有这样几个原因支持久盛的选择：

首先，从自身的销售数据、消费者访谈和营销公司给企业的数据报告中，企业发现这个品类有很大的成长空间。消费者了解实木地暖地板这个品类的速度，让生产企业认识到这是一个可以占领消费者心智的品类，它的市场规模会不断扩大。

其次，从竞争的角度看，久盛原先的实木地板即便可以形成销量上的第一，但很难形成消费者心智上的第一——各大品牌平分秋色。基于想在一个新的战场建立绝对领先地位的目的，久盛选择了实木地暖地板品类。在短期内，竞争对手在产品、技术、终端渠道的推广和服务体系等方面是无法跟上久盛的，因为它们都在向大家居方向延展。

最后，久盛自身优势适合做这个品类，企业在产品前端的供应链、制造品质管理、科技研发、产品创新上，具备做品类升级的优势能力。从这个角度看，实木地暖地板品类是一个细分品类，更是一个升级品类。

三、品类聚焦战略的实施

至于战略的实施，对久盛来说更是一个系统性工程。其中，久盛把重点放在产品结构上，对产品结构进行了梳理，最大限度地做了实木地暖产品的开发、出样、展呈，突出核心品项。同时，减少常规产品的出样，在大部分地区拿掉了实木复合地板的上样。

在渠道层面，久盛对全国1800家终端门店做了产品结构调整、终端形象升级和VI升级，包括终端销售辅助道具、导购话术的系统性升级。这块投入有两亿元，以更好地展现其实木地暖地板品类。另外就是加大品牌发声力度，强化行业公关。

企业把服务体系的建设放到战略地位。久盛聘请了专业团队，针对实木地暖地板的售后服务，建立了安装、验收的标准体系，还包括整套培训体系。服务体系升级后，企业在终端对消费者做出承诺：质量保证25年。

至于是否有竞争者加入该品类，久盛该如何应对？久盛董事长张凯认为，产品是重中之重，只有不断地研发和投入，产品才能保持领先。在渠道上，要不断加大实木地暖地板品类的布局和推广。在传播上，要不断把产品优势和创新点告诉消费者，不断加大传播的声量。在服务上，要建立与别的企业不一样的体系。总的来说，因为久盛在实木地暖地板方面有先发优势，所以具备一定的消费者心智优势。目前品类的整体情况是，很多企业都在概念上推出实木地暖地板品类，但实质上有能力把产品做好的不多，能够规模化地把实木地暖地板做好的企业更少。①

---

① 久盛地板：聚焦更小的品类，收获更大的成长．经理人网．http://www.sino-manager.com/?p=85546。

本案例根据企业公开网络资料和企业管理者的访谈报道整理而成，希望通过研究久盛地板的聚焦战略，学习合理为企业规划品类，根据消费者需求和市场竞争状况调整竞争战略。

思考题：

1. 竞争战略是指通过确定顾客需求、竞争者产品、本企业产品这三者之间的关系，来奠定本企业产品在市场上的特定地位。在本案例中，久盛地板主要竞争战略是什么？

2. 支持久盛选择该战略的原因来自哪些方面？

3. 久盛该如何应对后来加入该品类的竞争者？重点是什么？

用数据说明问题

——HW体育的预警诊断

尚　玮①

HW体育有限责任公司（以下简称HW体育）自1997年在S省独家代理了国际著名体育品牌耐克、阿迪、李宁后，进入高速发展阶段，平均每年销售增长35%以上，截至2009年吊牌价销售额为27.58亿元。

“盛世之下必有危卵”，对企业危机的预判属于企业危机管理的预警诊断。诊断中常采用“病表检查—病症分析—病因探寻”的逻辑思路。病表检查是指检查经营中出现了什么状况，病症分析指这种状况背后的机理是什么，病因探寻指出现这种机理的原因是什么。

一、病表检查

（一）检查方法

运用趋势预测法导入经营参数，检查企业究竟出现何种问题。

（二）检查结果

第一，财务报表显示销售额和销售数量均显著增长，但EBIT（息税前利润）出现了降低情况。2007—2009年吊牌价销售额从19.89亿元增长为27.58亿元，销售数量显著增长；净销售额从12.42亿元增长到15.86亿元，销售收入显著增长，但是EBIT从0.97亿元降低到0.63亿元（见表1）。

表1　2007—2009年财务报表显示数据　　单位：元

项目	2007年	2008年	2009年
零售吊牌价总额	1989593480	2684992105	2758011457
净销售额	1242462429	1576201641	1586275791
EBIT（息税前利润）	97384170	42435030.6	63285393.7

① 尚玮，男，成都信息工程大学教师，企业管理博士，讲师。主要研究方向：营销安全、数据营销。

通过速率分析发现，收入曲线和利润曲线呈现分离的现象（见表2）。

表2　2007—2009年销售及利润增长率分析表

项目		2008年	2009年
零售吊牌价总额	同比2007年	35%	39%
净销售额		27%	28%
EBIT（息税前利润）		−56%	−35%
零售吊牌价利润率		−68%	−53%
净销售额利润率		−66%	−49%

第二，同比2007年，2008年至2009年两年平均吊牌价销售额增长率为37%，两年平均吊牌价利润率为−60.5%，呈现曲线分离的现象（如图1所示）。

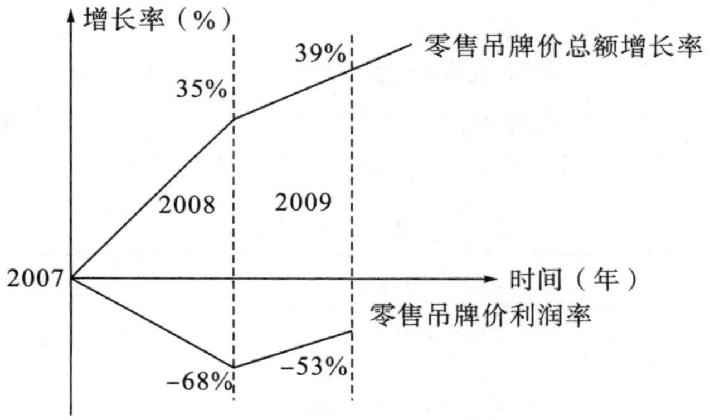

图1　销售增长率和利润增长率曲线分离

（三）检查结论

“卖得多，亏得多”，企业已经进入规模不经济的阶段。

二、病症分析

（一）分析方法

将业务拆分成业务因子，探索何类业务因子呈现不正常状态以及这种不正常状态的出现机理。

（二）因子构建

在与HW体育公司12位业务总监进行了29次的面对面访谈后，确定了以“每平方米毛利”“每员工毛利”“货品毛利”“招商毛利”“管理费用”为被检业务因子。人力资源部及财务部提供用于检测因子状态的经营参数。如图2所示。

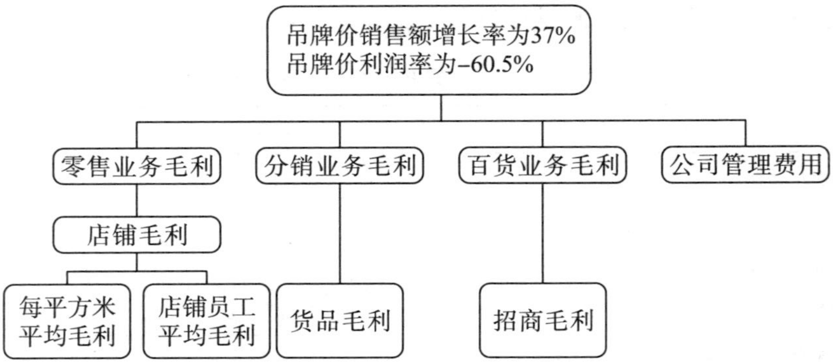

图 2　业务因子检查图

（三）首要因子的分析

1. 分析要素

HW 体育的业务核心是开设体育用品店铺，重要的影响因子是店铺业务。按照“投入—产出”模型，构建店铺业务的要素是资本投入要素（*K*）构成的店铺面积和人力投入要素（*L*）构成的店铺人数，由此形成对投入要素经济性的判断（见表 3）。

表 3　店铺因子的分析参数　　单位：元

项目	2007 年	2008 年	2009 年
吊牌价	931874.70	1552143.90	1579299.50
折扣额	157186.30	397894.30	431944.50
净销售额	774688.40	1154249.70	1147355.10
货品毛利（扣出销售成本）	235128.60	280688.90	298813.30
店铺营业费用	199048.80	283995.30	291791.80
店铺营业毛利	36079.80	−3306.40	7021.50
管理费用（含分销人员）	25731.60	60669.10	59208.20

2. 分析结果

第一，资本投入要素分析发现，增加营业面积已不能实现店铺总毛利增长（见表 4 至表 5）。从表 5 中可以发现一组矛盾，2008 年单店每平方米销售（以下简称平销）增长率（10%）>每平方米成本（以下简称平成）增长率（5%），依据算术公式“每平方米毛利额（以下简称平利）增长率＝平销增长率－平成增长率”，平利增长率应该为 5%；而 2008 年实际平利增长率为－107%。总营业面积总增长（36%）>店销增长率（10%），且平均店铺面积增长率为－3%的数据可以解释矛盾产生的原因，即单店面积减少但低利店铺的数量在增加。由此可以判断，通过增加店铺实现规模扩张的方式已经失去经济性。

表 4　2007—2009 年平销/平利/平成统计表

项目	2007 年	2008 年	2009 年
总营业面积	38318	52062	63460
平均店铺面积	113.3669	110.300847	105.415282
平销	20217.35	22170.6744	18079.9726
平利	941.5898	−63.508409	110.645011
平成	5194.655	5454.94339	4598.04279

表 5　2007—2009 年平销/平成/平利情况分析表

项目		2008 年	2009 年
总营业面积增长率	同比 2007 年	36%	66%
平均店铺面积增长率		−3%	−7%
平销增长率		10%	−11%
平成增长率		5%	−11%
平利增长率		−107%	−88%

第二，人力投入要素分析发现，继续加大折扣力度已不能实现店铺总毛利增长和货品销售数量增长，应管控折扣率（见表 6 至表 7）。表 7 中存在一对矛盾，店面单人销售额（以下简称店面人效）（吊牌价）（33%）>店面人数增长率（26%），即单人卖货更多；店面人效增长率（净销售额）增长率（18%）>店面单人成本（以下简称店面人成）增长率（13%），店面单人销售利润（以下简称店面人利）增长率应该增长，但店面人利增长率为−107%；店面人效增长率（吊牌价）2008 年、2009 年增长率均为 33%，且折扣率增长率为 153%、175%，这可能是解释这对矛盾的理由，即折扣率过高且加大折扣已经不能提升销售数量。

表 6　2007—2009 年人效/人成/人利统计表

项目	2007 年	2008 年	2009 年
店面人效（吊牌价）	389.4169244	515.3200199	517.4637942
店面人效（销售净额）	323731.0546	383217.016	375935.4721
店面人成	83179.6052	94287.93586	95606.74827
店面人利	15077.24186	−1097.733997	2300.633165
折扣额	157186.30	397894.30	431944.50
店面人工数（含非店面后勤）	2393	3012	3052

表 7　2007—2009 人效/人成/人利情况分析表

项目		2008 年	2009 年
折扣率增长率	同比 2007 年	153%	175%
店面人效增长率（吊牌价）		33%	33%
店面人效增长率（净销售额）		18%	16%
店面人成增长率		13%	−3%
店面人利增长率		−107%	−85%
店面人数增长率		26%	28%

三、病因探寻

究竟是店铺数量导致的规模不经济还是应归因于销售折扣，需要采用历程回源的研究方法，以质化的方式通过访谈、事件查询和相关性检验等手段寻找诱因。经过与董事长、总经理以及 2006 年后入职的重要员工进行深度访谈，发现 2008 年公司参与 USG 项目是导致出现经营拐点的原因。

USG 项目是在美国基金主导下，对中国国内四大体育用品经销商的资本整合，整合后的公司称为 USG。整合后，USG 公司将成为全球最大体育用品零售商，具有利用销售渠道的市场垄断定价权。2007 年美国爆发次贷危机，致使融资方退出 USG 项目，UGS 项目终止。

2008 年 USG 组织了一次在中国境内的超大规模大型低价倾销活动以消化库存，2009 年 HW 公司继续以特价货为基础采取了折扣销售的营销策略，这与 HW 体育有限责任公司在 S 省的市场领导者地位极为不符，破坏了市场价格体系，导致出现销售规模增大而利润减少的现象。

思考题：

1. 本案例中使用了哪些营销诊断的方法？

2. 案例中两次使用了速率分析，速率分析适用于哪些情况？

3. 如果你是 HW 体育的经营者，在明确管控折扣率后，请考虑如何计算确保经营不亏（EBIT>0）的销售价折扣率？

服务优化的目标聚焦

——IPA方法的运用[①]

尚　玮[②]　梁明燕[③]

一、IPA概述

在顾客满意度研究中企业经营者常常面临这样一个问题："如何才能将有限的企业资源聚焦在顾客真正关注的地方"。IPA分析法是马蒂拉和杰姆斯于1977年所提出的"重要性——绩效表现分析法"的简称，是目前最简单实用的顾客满意关注点分析方法。IPA的含义是"顾客对某商品或服务的满意感知来源于其对于该商品或服务的重视程度和对各属性所表现出来的优劣程度的评价，是一种借由对消费者的重要性和消费者认为表现情形的测度，以定出特定产品的相关属性优先顺序的技术"。IPA模型分析图把顾客对产品或服务的重要性、绩效表现评价的总平均值作为$X-Y$轴的分割点，将消费者对属性的重视程度列为横轴，消费者对属性表现的满意度列为纵轴（如图1所示）。

第一象限称为继续保持区，顾客非常看重并且对所表现出来的现状感到非常满意的产品或服务属性；第二象限称为供给过渡区，顾客并不看重但是对所感知到的现状感到满意的产品或服务属性；第三象限是优先顺序较低区，顾客并不是很看重，也对表现出来的现状感到不太满意的产品或服务属性；第四象限是重点加强改善区，顾客非常看重但同时又对所感知到的现状感到非常不满意的产品或服务的属性。

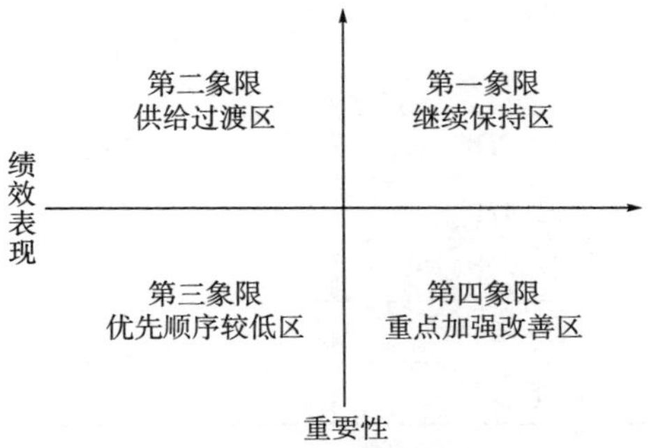

图1　IPA分析图

① 本案例部分内容摘自梁明燕的毕业论文《基于IPA分析法的JL体育金开运动中心顾客满意度研究》。

② 尚玮，男，成都信息工程大学教师，企业管理博士，讲师。主要研究方向：营销安全、数据营销。

③ 梁明燕，女，企业营销管理经理，管理学学士。主要研究方向：销售管理。

二、测量受体的概述

金开运动中心是亚洲规模最大的体育用品零售单体店铺，位于成都市核心商圈春熙路内，经营面积2.6万平方米，相当于36个足球场、62个篮球场、132个标准网球场。每年接待500余位运动员，服务614万顾客，120万个运动者每年带走200万件运动装备。在电子商务蓬勃发展的时代，实体店铺必须更为遵循“顾客粘性”的方针，通过增强顾客的线下服务体验以应对线上的价格冲击，这是本案例的实践意义。

三、测量维度和测量项目的设计

我们通过对管理层、店铺员工、消费者的深度访谈和零售店铺满意度相关文献的检索，将测量维度确定为价格感知、商品感知、购物环境、购物体验、人员服务、购物便利、售后服务、促销活动共八个维度，并形成了30项指标（见表1）。

表1 测量维度和指标

测量维度	测量指标	测量维度	测量指标
价格感知	价格合理	商品感知	商品种类
	体现价值		商品质量
	体现公平		符合需求
购物环境	视觉感受	购物体验	品牌理解
	主题楼层		购物愉快
	卖场音乐		印象深刻
	商品陈列		体验项目
	卖场温度		受到尊敬
	空间感觉		
人员服务	准确导购	购物便利	结账过程
	员工礼貌		营业时间
	耐心程度		通道设计
	主动性		产品介绍
	专业性		
售后服务	服务项目	促销活动	促销项目
	服务便利		促销实惠

将每一测量指标转换为具体的测量项目，例如，商品种类指标转换为“您认为该商场的商品种类是否齐全”的测项。每一测项采用李克特5度量表，用1～5来表示从非常不满意到非常满意，非常不重要到非常重要。

四、问卷的发放与回收

在金开运动中心，我们采用了随机抽样的方法，将问卷分别投放到了每个楼层的不同专柜，并由店铺工作人员在卖场公共区随机发放，同时调查者在一旁引导顾客填写并解释测项的含义；继而采用滚雪球抽样法，在顾客微信群和工作人员朋友圈子中投放问卷。线上回收有效问卷 55 份，线下发放问卷 140 份，实际回收有效问卷 66 份，共计 121 份。

五、数据的整理与分析

（一）没有发现急需优化的服务因子

采用 SPSS 软件，经过因子萃取后依然保持 30 个因子的状态，然后用散点图将所有因子在 IPA 图形中呈现（如图 2 所示）。因子在散点图中的分布相对较集中于第一象限继续保持区和第三象限优先顺序较低区，意味着没有发现急需优化的服务因子。

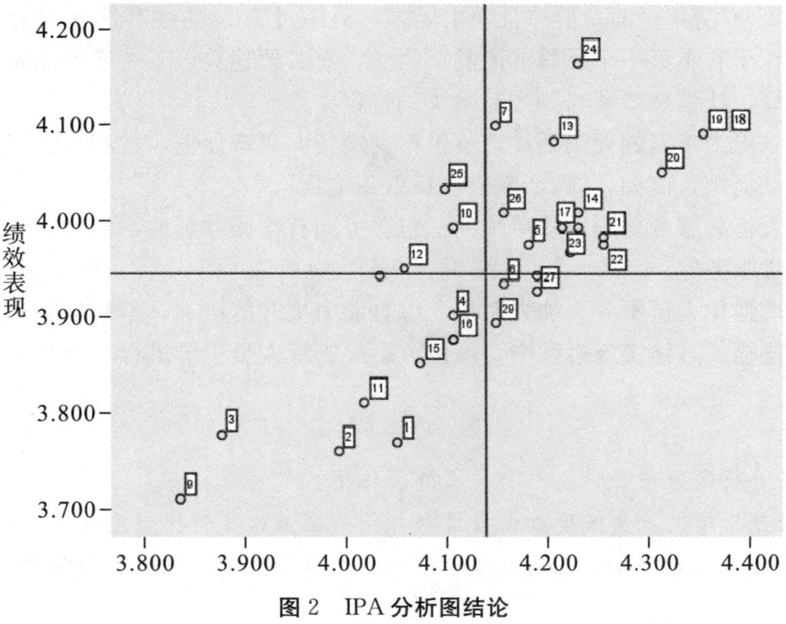

图 2　IPA 分析图结论

（二）人员服务是影响顾客满意的首要因子

图 2 第一象限继续保持区中 18、19、20、21、22 分别对应准确性、员工礼貌、耐心程度、主动性、专业程度，这五项同属于“人员服务”这个维度。

（三）各象限的因子评述

（1）继续保持区的因子包括营业时间、视觉感受、员工礼貌、品牌形象、耐心程度、产品介绍、准确性、购物愉快、专业程度、受到尊敬、商品质量、结账过程、主动性。该区域的项目有 13 项，占因子数量近 50%，可以推测顾客对金开运动中心比较满意。

(2) 供给过渡区的因子包括过道设计、商品陈列、空间感觉，这三项因子对顾客满意度的重要性不大且贡献值低，但评价较好。经营者可以调用实现这三个因子的经营资源到其他项目。

(3) 优先顺序较低区的因子包括卖场音乐、体现公平、物有所值、价格合理、卖场温度、印象深刻、体验项目、促销实惠、商品种类。虽然这 9 项因子的重要性非常低，但却是形成商场氛围的必要因素，有必要将此部分指标推动到第二象限。

(4) 重点加强改善区的因子包括促销活动、售后项目、符合需求，也是影响消费决策的因素，促销活动是成交价格的影响因素，售后项目是产品使用成本的影响因素，符合需求是产品价值的影响因素。因此，经营者有必要对产品的商业组织流程进行优化。

六、优化策略建议

(1) 建立售前消费调查系统，优化产品的采购组织。金开运动中心有超过 60%的顾客为 18～25 岁的年轻消费群体且学生居多，有超过 50%的顾客选择到金开运动中心购物的原因在于看重某一个品牌的商品，因此，有必要建立以某一运动品牌为分类标志的用户数据库，让消费者参与到产品采买的过程中。

(2) 建立更为丰富的促销活动，从价格促销转向买赠促销，尤其是利用周边品牌的尾货实施联动促销，例如，“购新款鞋送新款睫毛膏”。

(3) 扩大售后服务范围。从单纯的三包服务向有偿服务延伸，例如，洗鞋服务、补鞋服务、送货服务等。

(4) 继续强化人员服务。加强对员工综合能力提升的培训，不断提高员工的服务专业性和服务技能。具体实施过程中，可由人事部管理人员主导进行改善和提升。

思考题：

1. IPA 分析的原理是什么？有什么管理作用？
2. IPA 分析中的测量维度如何设计？如何将测量维度转化为测项？
3. 如果你是金开运动中心的管理者，如何将建议转换为具体的经营事项？

一次关于 CIS 策划合作的谈判纪实

钱永贵①

一、谈判背景分析

（一）甲方：四川华立电器有限公司

四川华立电器有限公司是专业开发、定点设计、生产制造工业电炉和工业电源设备的企业。

公司总部位于成都市高新技术区，公司拥有现代化办公系统及计算机 CAD 设计系统。公司办公和生产建筑面积为 22000 平方米。公司现有职工 372 人，工程技术人员 130 人（其中高工 28 人）。1992 年，公司被评为国家高新技术企业。

公司成立 10 余年来，为我国冶金、铸造、汽车、有色工业及国防工业提供了一大批关键电炉设备和工业电源设备。每年为国内外厂商提供几百套不同规格、技术性能安全可靠的感应电炉和电源设备，并出口到亚洲、非洲等国家。

公司拥有雄厚的经济技术实力、丰富的生产经验、周到的售后服务。在这充满机遇和挑战的时代，公司通过努力，全心全意为消费者提供更先进、更安全、更经济的电炉设备和电源设备。

（二）乙方：四川智源管理咨询有限公司

四川智源管理咨询有限公司是四川经济学会所属的经济实体，成立于 2015 年 6 月，是一家专业的企业管理咨询公司。公司自创立之初，便秉持“信诚、智创、合和”的价值理念，致力于对四川中小型企业提供全程顾问式服务的智业机构。公司所有咨询师均有市场一线背景，具有市场实际操作经验与知名企业服务背景。

公司主要从事市场调查与研究、企业 CIS 策划、广告策划、媒体策划、产品推广策划、促销活动的组织与策划、公关活动策划、营销咨询与诊断、营销管理体系设计等服务项目，涉及电子电器、房地产经营、医药卫生用品、机械工业、旅游服务、快速消费品、建筑装修、宾馆超市、食品、教育产业等多个行业。

公司追求为客户解决实实在在的问题，一方面不断丰富知识面与实际操作经验，另

---

① 钱永贵，男，成都信息工程大学，管理学副教授，主要研究方向：市场营销、教学管理。

一方面认真解决客户的每一项要求。公司深知企业的成功并非一蹴而就，更知道企业的每一份收益来之不易，用钱就要用在刀刃上。因此，“敬业”“实效”“步步为赢”便成为公司的经营理念、立足之本。

公司的策划不仅仅满足于客户的认可，更需要执行的效果，更注重能够为客户创造实实在在的效益。

（三）谈判内容：CIS策划的合作

2018年2月，四川智源管理咨询有限公司公开举办了一次关于CIS的学术讲座，在讲座中论及国内许多经营情况良好的企业忽略在企业建立系统的CIS的现状，并指出这种状况对企业长远发展的影响。四川华立电器有限公司总经理受邀参加了这次讲座，结合对公司的思考，深有感触，产生了邀请智源公司为自己作CIS策划的念头。并于5月初通过电话联系到智源公司客户咨询部，向对方简单介绍了公司的基本情况，表达了合作的初步意向。双方约定，在6月底之前就合作问题进行深入的谈判。

（四）策划项目：CIS简介

CIS的全称是“Corporate Identity System”——企业形象识别系统，意即运用视觉设计，将企业的理念与特质予以视觉化、规范化、系统化。它是将企业的经营管理活动以及运作此经营活动的企业管理理念或经营哲学的企业文化，通过传达媒体来增进社会认同的符号系统。它包括理念识别（MI）、行为识别（BI）、视觉识别（VI）三个部分。

1. 理念识别（MI）

理念识别是企业识别系统的核心。它不仅是企业经营的宗旨与方针，还包括一种鲜明的文化价值观。对外它是企业形象识别的尺度，对内是企业内在的凝聚力。系统的CIS工程，从理念识别开始，不管在理论结构还是操作程序上，它都是一个起点。企业理念识别是CIS开发实施的关键，能否开发成功一个完善的企业形象识别系统，主要依赖理念识别的建立与执着。只有把这一思想体系扩展到动态的企业活动与静态的视觉传达设计之中，才能很完美地创造独特的企业形象。

一个企业的理念识别系统包括企业使命、经营哲学、行为基准和活动领域等四项。企业理念的应用形式有标语、口号、广告、企业歌曲、企业座右铭、条例、手册等。

2. 行为识别（BI）

行为识别是企业CIS中理念诉诸计划的行为方式，通常在组织制度、管理培训、行为规范、公共关系、营销活动、公益事业中表现出来，通过对内对外活动或传播加以体现。在CIS中，行为识别是最宽泛的领域，也是迄今为止理论探讨缺乏系统性的范畴。行为识别因素可以分为对内对外两个方面。对内方面包括干部教育、员工教育、服务态度、电话礼貌、应接技巧、服务水准、作业精神、福利、工作环境、内部营缮、生产设备、废弃物处理、公害对策、研究发展，对外方面包括市场调查、产品开发、公共关系、促销活动、流通对策、代理商、金融业、股市对策、公益性、文化性活动等。

3. 视觉识别（VI）

视觉识别将企业理念与价值观通过静态的具体化的视觉传播形式，有组织、有计划地传达给社会，树立企业统一性的识别形象。视觉识别系统由基本设计要素与应用设计要素两部分构成，是企业形象最直接也最直观的表现。

企业视觉识别系统的基本要素包括企业名称、企业品牌标志、企业品牌标准字、企业专用印刷书体、企业标准色、企业象征造型和图案、企业版面编排模式，企业视觉识别系统的应用要素包括企业证件、办公用品、对外账票、符号、交通工具、促销（SP）广告、大众传播广告、商品及包装、制服、其他出版物、印刷品类、其他用品等。

二、谈判前的准备

四川智源管理咨询有限公司客户部接到对方合作意向之后，为了通过月底的谈判，一次性与对方签订合作协议，并能达到双赢的效果，立即紧锣密鼓地展开了谈判进程分析和准备工作。

（一）详细收集对方背景信息

要想达成对己方有力的协议，就需要在谈判之前，收集更多的相关信息，尤其是与对方直接相关的信息。

智源公司充分利用自接到对方合作意向至约定谈判时间的20天时间差，通过各种渠道，收集到许多对谈判有用的信息。

1. 对方经营背景详情

智源公司通过电话方式了解到对方的基本情况，还收集了以下有关信息：四川华立电器公司前身是一家集体企业——四川华立开关厂，成立于2004年，2010年改制为华立电器有限公司。

华立公司经营十多年来，取得了长足的发展，由原来的手工作坊式工厂发展成为生产自动化程度较高的现代化公司。固定资产由成立时的150万元增加到现在的4000万元左右，年产值已经过亿元。

近几年来，尽管华立公司尚在不断赢利和发展，但发展的速度已经逐步减缓，部分月份同期相比甚至出现停止不前的情况。公司高层虽多次开会讨论研究，但没有找到根本原因，此状况不能得到有效改善。

公司有意借助外脑，通过专业化管理咨询的参与和介入，对此现象进行分析，并提出有效的实施方案。

2. 对方CIS现状

华立公司成立时，设计了公司的徽记。由于当时的市场环境影响，直到2010年改组为公司之后，才把徽记和公司名称合并，并进行注册登记。

公司没有系统的CIS，也没有从根本上认识到CIS对企业经营和管理的重要意义。

3. 对方对CIS策划的认识

对方对CIS的认识缺乏理论性和系统性，认为CIS实质上就是VI，即强调视觉识别系统，忽视 MI 和 BI。

（二）谈判焦点分析

结合对方详细的信息，智源公司咨询师们通过分析，得出如下谈判焦点：

（1）对方对 CIS 的认识尚不够清晰和准确，需要对对方进行引导和教育，促使对方从全面和系统的角度理解 CIS，说服对方在公司系统导入 CIS，并接受相应的咨询费用。

（2）对方有借用外脑改善企业经营和管理的意愿，且对智力产品（即咨询和策划方案）的价格标准没有感性认识，对价格的承受能力也许较低，谈判中应注意向对方灌输智力产品的价值和衡量智力产品价值标准的有关理念。

（3）对方的问题不只是缺乏系统 CIS，在内部管理和外部经营上同样存在较多问题，在同对方谈判时，有意识地向对方提出其面临的更多的管理问题，希望促进下一合作项目。

（4）对方在电器行业的实践经验优于己方，因此，在谈判时，尽量从理论的角度阐述问题，对实践经营中的问题尽量设法由对方主动谈，但要注意回避让对方了解到己方对电器行业不熟悉的弱点。

（三）疑问解析设计

在充分进行准备的基础上，还要对对方可能提出的问题提前准备相关资料，以避免回答时出现明显的错误，导致谈判失败。因此，智源公司在谈判之前，设计了疑问解析书，就以下对方可能提到的问题进行了事先准备：

（1）贵公司曾经服务的知名客户有哪些？

（2）贵公司是否服务过与华立公司相同行业的客户？

（3）贵公司的咨询师团队的基本情况有哪些？

（4）贵公司在 CIS 策划方面服务过的知名客户有哪些？

（5）贵公司设计的 CIS 的应用效果怎样，有哪些知名企业？

（6）如果双方合作，贵公司设计 CIS 的工作程序有哪些？

（7）贵公司在设计 CIS 时，考虑的因素有哪些？

（8）贵公司怎样协助实施 CIS 导入计划？

（9）贵公司设计 CIS 的总费用是多少？

（10）贵公司咨询策划费用的收取标准与依据是什么？

……

（四）谈判之前邀请对方到公司考察

5 月 28 日，邀请对方到公司进行考察，向对方展示公司的实力，邀请对方感受公司员工的工作节奏和敬业精神，让对方对本次合作充满信心。

（五）其他准备工作

在谈判之前，除了进行疑问解析设计，还需要准备其他可能有用的资料。

1. 谈判时间与地点的选择

综合分析，对谈判地点的要求主要有：环境优雅，安静；档次适中（太高，有做作的嫌疑；太低，影响公司形象）；服务人员素质要求较高，服务时不能对谈判产生任何影响。

谈判时间最好为上午，因为谈判的性质决定谈判过程的复杂性，要求参与谈判的双方思路清晰，并有充足的时间。谈判之后，能够迅速开展进一步的工作，中间，不宜有休息日间隔。因此，选择6月12日上午9：00。

2. 文件资料的准备

文件资料包括参与谈判人员的名片、智源公司简介、智源公司咨询师团队简介、智源公司服务客户简介、智源公司CIS策划样本5本（不同风格、不同行业、体现不同理念）、智源公司报价表（对报价进行分解）、合作建议书样本、合作协议书样本、合作协议书附件样本等相关资料。

3. 谈判人员的分工与合作安排

智源公司派出谈判人员3人。

咨询总监：负责谈判过程中从理论的角度阐述CIS策划项目的有关问题，如项目程序、项目影响因素、项目实施程序等。

客户部经理：负责处理谈判过程中涉及合作的有关事项，如合同签订、合作费用的解释、后续合作、服务等有关问题。

客户部文员：负责资料准备和传递、谈判过程中的服务等事项。

4. 谈判程序的设计

对谈判过程进行设计，分以下五个步骤。

（1）介绍与闲聊阶段。

见面时，双方相互介绍之后，不要直奔主题，而是先闲聊一段，比如天气、对对方的仰慕，甚至昨天进行的球赛等，以缓解双方都具有的紧张情绪，提高双方熟悉度和信任度。主要责任人：客户部经理。

（2）理念引导与教育阶段。

对对方进行CIS策划系统的讲解，指出在企业系统导入CIS的重要性和必要性。主要责任人：咨询总监。

（3）合作前景的分析与描述阶段。

对双方开展合作的前景进行分析和描述，重点介绍项目策划的程序，要求通过程序的科学性说明确保策划方案的有效性。主要责任人：咨询总监。

（4）合作协议签订阶段。

在对方接受合作程序和费用的前提下，签订协议。责任人：客户部经理。

（5）共进午餐与闲聊阶段。

邀请对方共进午餐，并在午餐中与对方进一步交流，促进双方的了解，加深印象，为下一步策划工作和下一个合作项目的挖掘打下基础。

三、谈判过程中技巧的应用

2018年6月12日上午9：00，双方经预先约定，在成都锦里西路某茶楼进行了合作的实质性谈判。谈判基本按预先设计的谈判程序进行，并取得了良好的谈判效果，顺利与对方签订了合同。

下面，主要介绍在谈判过程中一些谈判技巧的应用。

（一）充分运用闲聊的妙处

谈判之前，不要直奔主题，谈判之后，不要戛然而止，在谈判前和谈判后，增加一些适当的闲聊，有助于活跃谈判的气氛，促进谈判的成功。

由于本次谈判双方在谈判之前并不十分熟悉，见面时的闲聊就显得尤为重要。智源公司客户部经理在双方见面握手致意之后，立即将话题引到华立总经理在法国的所见所闻上，并盛赞对方紧跟时代的要求，到先进国家去学习和交流先进的经营管理理念的行为。通过半个小时对法国的闲聊（主要以对方介绍法国见闻为主），双方消除了谈判前的紧张情绪，为下一步进入谈判正题打下了基础。

（二）以诚信为筹码

为了有效地与对方交涉，智源公司必须提供部分有关自身确切的信息给对方。在提供这部分信息的时候，对不利于达成合作的信息，要注意用词的选择。

比如，在谈到智源公司所做过的策划项目是否都是成功的时候，客户部经理谈道："应该说，在我们策划的项目中，我们做了一次调查分析，最后获得成功并达到预期目标的项目占总策划项目的91.3%，比如××、××项目，但也有失败的项目，比如××项目，后来分析失败的原因，主要是……"

经理的这番话，让对方听起来感觉很实在，没有虚夸自己。同时，有失败的经历也并非完全是坏事情，至少大家都知道"失败是成功之母"的道理。

（三）以己之长，攻彼之短

在谈判过程中，注意对比自身优势与对方的不足。针对对方缺乏系统的CIS知识，公司咨询总监从理论的角度阐述了CIS策划的原理、发展历程，以及对企业经营的重要性。同时，在谈到项目工作程序的时候，强调程序的科学性和理论性（先调研、诊断，再应用专家意见法进行分析，最后制订实施方案以及实施方案的过程），并强调理论需要结合实践经验，才能制订出最佳的项目策划方案。

（四）成本分解，妙用无穷

报给对方的总费用，如果不进行分解，将给对方造成价格昂贵的印象。因此，谈判过程中，尽可能将项目总费用分解。

本项目最后成交金额20万元。如果不把项目费用分解的话，对方一般难以接受。

智源公司的报价采用了费用分解的方式：将总费用分解为项目调研费用、项目诊断费用、项目策划费用和项目实施费用。把占绝大多数的项目策划费用，又分解为MI设计费用、BI设计费用、VI基础部分设计费用、VI应用部分设计费用（应用部分设计费用又具体细分到每一个应用项目）。细分的结果是每一项费用都较少，让对方无从压价，同时，感受到协议中价格的实在性，促进了最终的合作。

（五）让步的技巧

让步时，必须为自己的让步找到充足的理由。无理由的让步会让对方产生不信任的感觉，认为你前面提出的条件不合理，易引起谈判双方的误会。

本次谈判中，智源公司最初报价为22万元，协议约定价格为20万元。在对这2万元的差距让步时，客户经理首先说："这件事情我不能做主，可以请示一下公司总经理，不过，估计让价可能性不大。"然后，便给总经理打电话，汇报此事。电话完毕之后，他说道："由于我们的报价本身是实在的，对于一般的客户，我们的报价没有下降的余地。不过，我们老总说，华立总经理是一位具有远见卓识的企业家，勇于借助外脑加强企业经营和管理，是一个值得交往的朋友。考虑到下一步与贵公司建立长期的战略合作伙伴关系，本次我们就破例，只收取贵公司20万元。"

（六）让数字说明问题

在谈判过程中，引用相关的数据更具有说服力。如果引用的是公开数据，则需要强调数字应具有准确性。

本次谈判中，在对方问到公司曾经服务的客户时，回答："到今天为止，127家，我们相信，贵公司一定会成为我们的第128家客户。"在对方问到智源公司策划项目成功的可能性时，回答："我们做了一次调查分析，最后获得成功并达到预期目标的项目占总策划项目的91.3%……"在这些问答中，数字准确的说服力显得十分重要。

（七）合适的时候，做一个好的听众

当对方侃侃而谈时，记住不要轻易打断他，有时，做一个好的听众对谈判有很大的帮助。

本次谈判中，在闲聊时，当华立总经理谈到其在法国的经历时，智源公司的谈判人员几乎没有更多的插话，完全由对方侃侃而谈，拉近了双方的距离。在谈到电器行业经营的一些实践经验时，智源公司的谈判人员也扮演听众的角色，一方面，避免表现出自身对电器行业的不熟悉；另一方面，让对方充分发表他们的意见，感受到智源公司尊重他们，他们在经营管理上有其可取之处、可学之处。

思考题：

1. 商务谈判的实质是什么？谈判活动的开展，需要哪些基本前提？
2. 本案例中，从乙方角度出发，分析谈判中成功的因素有哪些？
3. 从乙方角度出发，分析在谈判各环节，还存在哪些不足？

网易云音乐生活方式营销案例分析

陈 莹[①]

现今社会产品极大丰富，“消费升级”论断的出现标志着消费者已经进入关注产品的深层次内涵——象征意义、心理满足的时代。从营销者的角度来说，面临着产品甚至服务越来越同质化，自己的卖点也急需差异化和创新。这样，消费者和企业的共同需求催生了“生活方式营销”的出现，尽管“生活方式”对于许多人来说还是一个十分抽象的心理概念，但是越来越多的营销前行者已经开始挖掘它的商业价值。

本文借鉴网易云音乐营销人员相关言论和媒体相关报道，从“生活方式营销”角度集结案例资料，研究现代年轻人的消费偏好、心理特征，探索企业如何从“生活方式”角度抓住新一代消费者，从而为塑造品牌独特形象、建立产品差异化寻找一条新颖路径。

一、什么是“生活方式营销”

在经典的消费者行为学教材中，Solomon（1999）为生活方式下的定义是“一个人花费时间和金钱的方式”[②]。生活方式是人们展现出的关于自身活动、兴趣和看法的模式。每个人都有自己认同和向往的生活方式，有的人喜欢自由奔放和无拘无束，有的人喜欢热闹与荣华，有的人喜欢挑战和冒险，有的人喜欢恬淡与安逸……无论哪种生活方式，都是人们个性化生活历程中的一种宝贵体验，也是现代人满足物质需求后日益追逐的精神需要。

现在，“生活方式”指标已经被广泛地应用于市场细分和消费者特征描述。顺理成章，“生活方式营销”也成为时下企业用来塑造品牌特性的重要方法。

所谓“生活方式营销”就是以消费者所追求的生活方式为诉求，将公司的产品或品牌演化成某一种生活方式的象征，甚至是一种身份、地位的识别标志，达到吸引消费者、建立起稳定的消费群体的目的[③]。

---

① 陈莹，女，成都信息工程大学讲师。研究方向：营销管理、消费者行为等。

② Aaron Ahuvia，阳翼：《“生活方式”研究综述：一个消费者行为学的视角》，载《商业经济与管理》，2005年第8期。

③ 生活方式营销．百度百科．https://baike.baidu.com/item/生活方式营销/3170229?fr=aladdin。

二、案例描述——网易云音乐“乐评专列”击碎万颗心

2017年3月20日，杭州市地铁一号线发生了一件让人震惊的事。整个一号线都沉浸在一片热烈的红色海洋之中。不少人驻足观看，或沉默，或叹息。究竟发生了什么？原来是，听歌还能写评论的音乐APP——网易云音乐——怀着满满的情怀，挑选了非常精彩的歌曲评论，贴到了整列地铁上，这是网易云音乐做的一次成功的“音乐的力量”的策划案。

网易云音乐副总裁李茵介绍，乐评一直是网易云音乐的核心功能，全站有高达4亿条乐评，都是用户自己撰写的。在日常策划讨论中，公司市场团队内部经常会一起交流看乐评的感受，看哭了，看笑了，都是常事。李茵主织了站内用户调研，收回了7千张问卷，据统计，有超过一半用户觉得能从评论里面找到慰藉和共鸣。有一天晚上，李茵刷了一个小时的乐评，看到了好多感人的故事、逗趣的段子。这时，她突然想到，能不能让动人的乐评直接就印在车厢里，做“乐评专列”呢？把这个想法分享给团队后，得到了大家的认同，于是一个精彩的“乐评专列”的策划方案诞生了。

网易云音乐从平台4亿多条评论中筛选出点赞数最高的5000多条，然后再对这5000多条评论进行人工筛选，最终挑选出最容易引起地铁受众情感共鸣的85条乐评文案。2017年3月20日，通过与杭港地铁的沟通和合作，网易云音乐打造了一个“乐评专列”，这次“乐评专列”的营销主题是“看见音乐的力量”①，于是就出现了上述那一幕。

网易云音乐红色车厢、布满乐评的内景很快吸引了过往乘客、行人驻足围观，而戳心的乐评更打动了每一位地铁乘客，直呼“这波好喜欢”“扎心了网易云音乐”。很快就在线上引起了一阵“红色”刷屏潮（因为乐评是以红色为背景），转发走心的网易云音乐乐评，成为一时间的现象级热潮。

尽管这次活动对于品牌的显露非常克制，大量篇幅都是展示评论本身，但最终还是吸引了目标人群的注意，满足了都市青年群体的情感需求，从而最终使品牌获益。因为评论本身已经足够有力量，能陪伴和感动看到评论的人；同时，乐评使所见之人产生共鸣，并认为乐评标签了自己，这样就更容易促使目标人群自发分享，最终达到了活动的自传播效果，实现了策划的目的。

三、案例分析

国内在线音乐平台的竞争一向激烈，拥有年轻用户无疑才拥有未来。与其他平台不同的是，网易云音乐一直以鲜明的“音乐社交”标签来与年轻用户沟通，在2018年更是以连续的创新营销活动，持续诠释“音乐的力量”。“音乐的力量”与网易云音乐以往

① 复盘网易云音乐戳心“乐评专列”创意全过程. 搜狐号－首席品牌官. https://www.sohu.com/a/130174182_618348。

的主题“听见好时光”相比，更强调圈子，让不同的人之间通过音乐这个平台进行更多的交流。从上述案例中，我们不难发现生活方式营销贯穿了整个策划方案的始终，从识别目标人群的生活方式，到满足该种生活方式人群的情感需求，网易云音乐“乐评专列”敲开了目标人群的心门，获得了他们极高的认同。

（一）听音乐本身就是年轻的“90后”“00后”的主要生活方式

相关调研资料显示，听音乐是年青一代消费群体的主要生活方式之一。2017年1月11日，“echo”回声App联合华晨宇、周冬雨、张一山、吴磊、许魏洲、欧豪、白举纲、董子健、李艺彤、黄婷婷等17位“90后”新生代青年，正式发布《2016中国年轻人音乐生活方式白皮书》（以下简称《白皮书》），数据显示，61.3%的“95后”、69.35%的“00后”“随时随地”都在听歌。《白皮书》认为，“95后”年轻人是“不听音乐会死星人”。在音乐时刻伴随人们日常生活的今天，越来越多的年轻人深受音乐潜移默化的改变和影响。在音乐审美方面，34.3%的年轻人生活方式被音乐改变，42.1%的年轻人审美趣味受到音乐影响。不仅如此，60.83%的年轻人认为“音乐品味相同”是“在一起愉快玩耍”的重要因素①。

（二）通过音乐这种载体获得更多的情感和满足

网易云音乐能深刻洞察都市青年群体的情感需求，“乐评专列”直击城市青年内心。现如今，越来越多的年轻人为了理想、为了工作离开家乡只身来到大城市，寻找光鲜亮丽的理想。但在日复一日的疲惫生活中，比成功更早到来的往往是孤独、寂寞和挫败感，他们好像患上了“城市病”，找不到前进的方向。而近段时间热炒的“1988年中年女子”“90后的中年危机”等新闻，更让“80后”“90后”陷入焦虑与恐慌。

在网易云音乐精心挑选的近百条优质乐评中，当“理想就是离乡”“年轻时我想变成任何人，除了我自己”“哭着吃过饭的人是能够走下去的”“你那么孤独，却说一个人真好”“成功的速度一定要快过父母老去的速度”“喜欢这种东西，捂住嘴巴也会从眼睛里跑出来”“谢谢你陪我——校服到礼服”……这些乐评映入眼帘时，让挤在封闭拥挤的地铁中的上班族们找到了一丝慰藉，迸发出或治愈、或奋进、或催人泪下的力量，完成强烈的情感共鸣。

（三）通过音乐找到自己的归属圈层，让音乐成为一种社交方式

网易云音乐副总裁李茵认为“每个人生而孤独”，在孤独的时刻，人们都需要在某种环境中释放自己的情感，并且希望在同样的圈层找到相同情感的应和。所以，当下的年青一代用音乐选择他们的社交圈，用音乐表达他们的态度，已经成为他们生活中很重要的一部分，音乐正在改变和重塑他们的生活与社交。

另一份来自艾瑞咨询的《2016中国在线音乐行业研究报告》显示，“85后”“90

---

① 2016中国年轻人音乐生活方式白皮书：音乐重塑生活和社交. 搜狐号-英迈传媒. http://www.sohu.com/a/124172805_522898。

后”占据整体音乐用户的47%，超过67%的用户喜欢评论音乐，并通过音乐与朋友交流，有7成的用户愿意为高品质音乐付费，用户年轻化、互动社交化、付费化成为未来音乐市场的主流趋势。

在网易云音乐，“90后”用户比例高达59%，对互动社交的需求旺盛，在一首周杰伦的歌曲《晴天》底下，就刷下了惊人的50多万条评论与互动。正如奥美资深创意总监赵圆圆在《1万字解读“90后”一代》中剖析的一样，“对于‘90后’来说，媒体不是电视、手机、App，媒体是我们聚集的地方，只要我们在，一切就有价值。”“90后”追求个性，但更渴望圈子；从不在意别人的想法，但是想找到同类一起共鸣[①]。

“原来，在音乐中，我们都曾有过同样的心情。感谢音乐让我们相遇”。很多人在看到乐评之后，写下了这样的感受。可以看出，当下的年轻人以音乐作为社交方式，是否爱听音乐、选择何种音乐，已然成为年轻人新的生活方式标签，评判彼此是否喜欢同一类型的音乐成为“是否能够一起玩耍”的重要标准。

在网易云音乐“乐评专列”营销案例中，企业以“生活方式”为标签，精准定位自己的音乐产品为“音乐+社交”；在精准定位之下，准确满足目标消费群体的情感需求，让我们深深地体会到了生活方式营销的魅力，也为其他企业实施生活方式营销提供了完美的素材。

思考题：

1. 思考现今商业环境下，以“生活方式”作为市场细分指标的现实意义是什么？
2. 结合自身体验，分析以“90后”为代表的年青一代有哪些主要生活方式？

① 这个夏天，网易想用“音乐的力量”与你交流. 搜狐号-国际在线. http://www.sohu.com/a/167828622_115239.

“美乐平”产品市场调查与分析[①]

钱永贵[②]　何　英[③]

一、案例背景介绍

（一）祛痘行业市场简介

在目前药品零售系统市场上，共有约40种祛痘类产品。但为大众熟知的品牌产品却少之又少，除了福建恒泉的“迪豆”、济南东风制药的“新肤螨灵软膏”以及法国薇姿“薇姿油脂调护抑痘精华霜”等知名品牌以外，很少再有祛痘产品注重祛痘广告投放及祛痘品牌宣传。

福建恒泉化妆品有限公司的“迪豆”占领了“祛痘销售额第一”“祛痘销售量第一”“祛痘市场份额第一”“祛痘市场占有率第一”等四项桂冠。其中，“迪豆”的市场份额高达48.8%，几乎是其他所有祛痘类产品的总和，较位居第二的邦力迪维霜要高出16.1%。可以说，“迪豆”占据了祛痘行业垄断地位。

“迪豆”作为近几年成长迅速的专业性祛痘大品牌，在消费者心目中已成为“祛痘”的代名词。“祛痘品牌影响消费，祛痘消费造就品牌”已成为市场规律，祛痘品牌大而吸引更多祛痘消费者，更多祛痘消费者又造就更大品牌，这是祛痘市场的良性循环链。

祛痘产品中价格最高的是福建恒泉化妆品有限公司的“迪豆痘速效健肤组合”，祛痘单价为196元；而祛痘价格最低的为重庆华邦制药的“邦力痤疮王”，祛痘单价仅为14.9元，两者差距达13倍多。

从调查数据上看，80～100元的单位价格已经普遍得到祛痘消费者的认可，位于此价位的祛痘产品销售量最大。

从近几年祛痘产品的市场销售情况可以看出祛痘产品市场潜力巨大。一个一直没让业内营销人士“看得起眼”的祛痘市场，竟然蕴含如此之大的商机，未免让人始料未及。随着祛痘市场教育的深入和普及，以往被误认为“必须长”“无须治”的青春痘已为“轻松治”“无须烦”所代替，祛痘市场潜力也由此迅速膨胀。有关祛痘专家预测，

① 本案例部分内容摘自何英的毕业论文《千方中药饮片“美乐平”产品市场调查与营销建议》。

② 钱永贵，男，成都信息工程大学，管理学副教授，主要研究方向：市场营销、教学管理。

③ 何英，女，企业营销经理，主要研究方向：市场营销。

未来几年内，祛痘市场仍是高速发展的朝阳市场。

（二）公司简介

四川千方中药饮片有限公司始建于1956年，原名“公私合营新都药材加工厂”，先后更名为新都药材加工厂、新都县中药材公司中药饮片厂，2002年1月改制注册为成都千方中药饮片有限公司，2008年3月更为现名。

企业位于四川省成都市新都卫星城工业开发区，紧邻成都荷花池中药材专业市场。历经50多年的发展，企业现已建立了包含药材种植、饮片加工、曲类中药生产及中药批发的中药产业链。

其主要业务：生产和销售中药饮片（净制、切制、炒制、烫制、煅制、制炭、蒸制、煮制、炖制、燀制、酒制、醋制、盐制、姜汁炙、蜜炙、油炙、煨制）、毒性饮片（净制、切制、炒制、烫制、蒸制、煮制、酒制、醋制）、曲类、青黛、水牛角浓缩粉、保健用品，中药材的种植，中药饮片新产品、新技术开发。旗下千方医药分公司批发中药材、中成药、中药饮片、化学原料药、化学药制剂、抗生素制剂、生化药品、生物制品（不含预防性生物制品）。

其主导产品：中药饮片500余种，建曲、六神曲、半夏曲、胆南星、水牛角浓缩粉、青黛，以及专利产品袋泡型中药饮片：板蓝根、葛花、密蒙花、灵芝等。

企业建立了符合中药饮片GMP规范的质量体系，建有现代化生产基地和质量检验中心，企业机构健全，拥有一支中药炮制专业技术队伍，生产、质量管理关键岗位均由执业（中）药师执掌。企业先后通过ISO9000：2000国际质量体系认证、GSP认证及中药饮片GMP认证。产品质量和企业声誉得到社会和行业好评。

二、市场调查背景

2018年6月，为了更好地研究祛痘产品市场消费者行为，研究者开展了对祛痘外用药品行业的调查。结合祛痘外用药品行业历年供需关系变化规律，研究者采用定量与定性相结合的科学研究方法，对我国祛痘外用药品的市场环境、生产经营、产品市场、品牌竞争等进行了翔实系统的调查与分析，进而得出调查结果。在此基础上，对行业发展趋势做出了定性与定量相结合的分析预测。同时，对美乐平祛痘产品提出了一些营销建议，为企业制定发展战略、进行投资决策和企业经营管理提供权威、充分、可靠的决策依据。

此次调查主要集中在四川省内进行，即关于祛痘产品的市场情况的研究，共发放3万份调查问卷，其中回收有效问卷29868份。此次问卷调查目标对象为消费者集中、人口密度高、购买决策相互影响较大的成都市青少年群体，这类消费者很容易形成对品牌的认可，调查的目的不仅是了解青少年关于祛痘产品的使用情形以及对祛痘产品市场的一次摸底，更重要的是，通过这次调查了解广大青少年的消费心理以及消费特征。在调查方法上，主要采用重点抽样，并在其基础上采取随机分层抽样，最后在重点城市成都市中随机抽取社会人群，发放调查问卷进行调查。

三、消费者行为分析

通过对调查问卷进行分析，消费者行为主要表现在以下几个方面。

（一）消费者购买动机

消费者购买祛痘产品的主要目的是祛痘，随着市场发展与消费者多需求的增长，后期出现了祛痘产品一系列的附加功效，如清除脸部因为长痘而留下的痘印以及补充肌肤水分及养分，使人的皮肤达到最好的状态。可见，随着消费需求多样化的发展，消费者已经由购买祛痘产品的最初目的是清除脸部青春痘发展成多方面需求，而其他的附加功效也必然是产品迎合消费者的趋势。

随着消费水平的提高，消费者的消费意识也逐渐提升，在选择祛痘产品时除了注重其祛痘效果以外，更多的是其附加功能以及产品的健康性。而产品的绿色属性也正成为产品市场的一大发展潮流，纯天然绿色植物提取无添加物的产品是现在市场的主流产品。

（二）消费者结构

1. 男性市场成为新的增长点

在青春痘产品市场消费者的总体构成中，女性占 45.9%，男性占 54.1%。但从产品特征上看，祛痘产品女性化色彩较浓，因此更加受到女性的欢迎，在女性消费者中，祛痘产品的市场渗透率达 56.82%；与此相应的是，男性的市场渗透率只有 43.18%，不及平均水平，低于总体水平。可以说，女性消费者撑起了祛痘产品市场的大半江山，但是产品市场发展至今，已有越来越多的男性产生了消费意识，这一趋势促使越来越多的适合男性的产品出现在市场上，成为市场消费新的拉长点，可见，祛痘产品的男性市场必然成为新的增长点。

2. 消费者表现出明显的年轻化特征

祛痘产品主要针对的是青春痘发病群体，青春痘患者年龄段在 12 至 30 岁。中国是人口大国，这部分人口数量众多。有关青春痘方面的资料显示，我国青春痘的发病率呈逐年上升趋势，占年轻人总数的三分之一以上。从易发青春痘人群的人数来看，其中中学生青春痘患者的人数为 2.94 亿。

这些年来，由于生活压力增大、快节奏的工作效率，又促使部分上班族患有严重的青春痘。

可见，在祛痘产品市场中，有着巨大的市场上升空间。

3. 教育程度高低与产品的需求分析

在所有消费者中，初、高中学历者占了 45.3%，但从市场渗透率和 TGI 指数看，中学学历者对祛痘产品的消费兴趣低于总体水平；而中专以上学历者对祛痘产品的消费欲望上升，并且学历越高，消费人群的比率越大，特别是现在的青少年市场和青年工作者市场。这反映出了高学历者对祛痘产品及其实用性的追求。

综合以上因素，我们选择了青少年人群作为目标市场，此市场正好迎合了祛痘产品市场的需求。

（三）消费者群体特征

1. 中国青春痘患者人数分析

有关青春痘方面的资料显示，青春痘（又名痤疮）的发病率，有逐年上升趋势，青春痘患者的增长速度，甚至已经超过了近视。

中国皮肤病协会、中国青少年联合会联合调查结果显示：青春痘的发病率占青年人的1/3以上，也有人说，80%以上的青年人不同程度地遇到过青春痘问题。

2. 青春痘患者价格承受能力

据统计，在患青春痘的人群中，中、重度青春痘患者占20%左右。中、重度青春痘患者中，想要治疗的达到60%以上。目前，内服外用祛痘产品治愈一人的青春痘，费用在1000～3000元。但是，能够找到正确治疗青春痘的方法，或者可以承受祛痘产品价格的，只有30%左右，绝大多数治疗青春痘的人，会因为祛痘产品见效慢、治疗青春痘周期长、承受不了经济负担而中断治疗青春痘。

（四）目标群体行为分析

1. 目标群体个性分析

目前祛痘品消费市场竞争日趋激烈，各种品牌不断涌现，祛痘产品市场成为典型的买方市场，消费者的选择范围越来越大。

据调查得出，青春痘产品消费的主要群体由13～30岁的青少年市场构成，他们的消费行为带有很强的品牌意识；追求时尚、追求独特、追求新兴事物，同时注重产品实效性是其主要特征；也因为集体生活环境的影响，从众意识比较强烈；青少年消费者成长过程中以及其成为最终消费者，对产品的影响力是非同一般的，这种影响表现于巨大的消费潜力和强大的消费引导性。

2. 青少年的生活态度和消费观念

作为年青一代，每一个青少年有着独特的生活态度和消费观念，他们渴望彰显自己的个性，喜爱追求新奇、时尚的产品，而且受广告、网络媒体的影响较大。

3. 目标群体对祛痘产品的使用情况

根据调查分析，青少年对祛痘产品的使用情况是乐观的，在过去三个月中使用祛痘产品的比例占72.8%，同时三个月之前使用过祛痘产品的占78.12%，可见，在青少年中祛痘产品的使用比例是很高的。同时，基本都有使用过几种祛痘产品的经历。这说明青少年使用祛痘产品的习惯是产品发展的优势，并且还可以进一步培养。

4. 目标群体对祛痘产品的要求

（1）品牌是影响目标群体的一个重要因素。

①广大青少年通常会选择品牌知名度较高的祛痘产品。调查显示："迪豆"和"丁家宜"的品牌认知度较高。这类品牌更注重女性市场的发展，属于终端产品，这与广大青少年的实际消费情况相吻合。

②其他高端产品及低端产品因为其消费受众有限而所占市场比例有限，这是与消费者市场相一致的。

（2）目标群体最重视的因素是实际功效、健康安全、价格、购买场所。

①实际功效：消费者选择祛痘产品是为了其有效的祛痘功效，所以，祛痘产品的祛痘功效是消费者最关心的因素，并且多数消费者关心其健康安全性，含有有害添加剂的产品不会购买；消费者在使用产品时，除去最基本的祛痘功效能够得到更加完善外，往往还希望产品同时具备一些其他附加功效。这说明产品的多功能化成为一种发展趋势。

②虽然消费者能接受的价格主要集中在30元左右，但是支持价格在30～60元、60～90元以及100元以上的消费者也占有很大的市场。

③目标群体购买地点。在产品供应方面，消费者更喜欢有一定信度并能为其带来便利的产品，即当其想购买“美乐平”产品时，首先想到的是能在附近购买得到。对于理想的购买场所，选择在药品店购买祛痘产品的消费者达到56.2%，选择在就近产品店购买的消费者为15%，选择在大型商场或超市购买的占9%，托朋友或同学购买的为6.7%。

④在购买频率上，目标人群一般都为一个月，希望产品可以很快地产生效果，不愿长时间使用一种产品而功效却不明显。现在消费者可以通过多种途径了解产品，主要包括报纸等平面媒体以及电视广告、网络等立体媒体，货架、促销以及公共关系等多种途径。

（3）促销因素的影响。

目前祛痘产品的促销方式主要有现场打折、送实物礼品、现金返还或成为会员和抽奖等，促销频率日趋加大，一般一年促销次数达4～5次，每次促销活动持续一个月，促销地点一般选择在一些繁华地点或大型药品商店、超市。广大青少年对促销产品的选择性较大，主要在于促销产品品牌知名度和美誉度、价格因素等。

思考题：

1. 消费者行为研究对市场营销活动的主要意义是什么？

2. 针对以上案例调查对消费者的研究结果，制定有针对性的产品、价格、渠道和促销策略体系。

华帝的世界杯退款促销①

刘侃宁②

一、案例事实描述

2018年俄罗斯世界杯火热开战，中国企业抓住这一大好营销时机，在俄罗斯世界杯期间大量投放广告，期待提高品牌的全球知名度。本届世界杯的中国赞助商有万达、蒙牛、VIVO、海信等7家企业。此外，大量商家也纷纷借世界杯之势展开专项营销活动。根据市场研究公司Zenith发布的调查数据，2018年世界杯期间各国企业投入的广告费用总计达24亿美元（约合154亿元人民币），其中，中国企业在本届世界杯期间的广告支出最多，达到8.35亿美元（约合53.5亿元人民币），是美国4亿美元的两倍，更远高于东道主俄罗斯的6400万美元。

然而，高投入不一定等同于高回报。不少世界杯期间高频次出现的广告，由于广告词设计不当，再加上高频次的机械重复，引起了大量观众的反感和吐槽。而在2018年俄罗斯世界杯期间，引发关注度最高，讨论话题最多的，并不是投入巨额赞助费的世界杯官方赞助商，而是法国队的官方赞助商——华帝。

2018年3月，中国高端厨电品牌华帝正式宣布与法国国家足球队签约，成为法国国家足球队官方赞助商，并宣布两者将在产品和品牌等众多层面展开密切合作，为热爱足球运动、热爱生活的全球华人带来欢乐。

2018年5月30日，华帝在权威纸媒《南方都市报》发布一则全版广告，内容是“法国队夺冠，华帝退全款”，承诺若法国国家足球队在2018年俄罗斯世界杯夺冠，对于在2018年6月1日0时至2018年6月30日22时期间，凡购买华帝“夺冠套餐”的消费者，华帝将按所购“夺冠套餐”产品的发票金额退款。

2018年5月31日，“法国队夺冠，华帝退全款”的广告语在社交媒体刷屏，华帝的搜索指数直线飙升。同时，在华帝官方网站上，也公布了此次活动的细则。

（1）活动时间：2018年6月1日0：00—6月30日22：00。

（2）参加条件：凡购买本店“夺冠套餐/产品”并成功付款的用户皆可享受“法国

---

① 本案例部分内容摘自：[1] 南方都市报的《“华帝退款事件”四点解析：呼吁理性看待》，搜狐网 http://www.sohu.com/a/242096723_161795；[2] 中国广告网资讯《世界杯最牛营销？法国队夺冠，华帝真的退全款?》搜狐网，http://www.sohu.com/a/239701433_651653。

② 刘侃宁，女，成都信息工程大学讲师，主要研究方向：广告策划、促销管理。

队夺冠，华帝退全款”权益；享受此项活动用户需满足“订单付款时间”在6月1日0：00—6月30日22：00及“开票日期”在6月1日—7月1日期间，两个条件需同时满足。（注：发票在产品发货后三个工作日内开具）

（3）赠品特惠升级说明：以上“夺冠套餐/产品”中烟灶套餐加400元可享受赠品特惠升级，价值为1499元的i13030消毒柜；“赠品特惠升级”权益和“退全款”权益两者只能二选一，不可重复享受。

（4）“退全款”金额：7月15日法国队夺冠后，各渠道/店铺按照顾客发票金额返顾客等额的平台消费卡。若发票包含“夺冠套餐”与“非夺冠套餐”，则只退“夺冠套餐”产品金额，以“夺冠套餐”实际付款金额进行退款。

（5）退全款具体方式：

渠道	“退全款”方式	说明
天猫	猫超卡	天猫超市使用，等同于现金
京东	京东E卡	京东全平台自营店使用，等同于现金
苏宁	苏宁礼品卡	苏宁易购全平台使用，等同于现金
国美	美通卡	国美在线直营品使用，等同于现金

（6）“退全款”时间：7月15日法国队夺冠后，顾客需在7个工作日内（7月15日—7月24日）联系客服，凭活动期间购买产品的订单号/发票进行返卡登记，逾期联系客服视为放弃权益。

2018年6月起，华帝开始通过多种媒体渠道大批量地投放这个广告，持续保持热度。这样的广告投放之后，立即引起了广大网民的热议。众所周知，法国队是本次世界杯夺冠大热门，华帝作为法国队的赞助商发布了这样吸引眼球的广告，与蒙牛的“天生要强”系列广告一道，成为本次世界杯期间广告营销的正面案例。

随着世界杯赛程的推进，传统热门强队如德国、阿根廷、西班牙、葡萄牙等纷纷被淘汰，而法国队一路过关斩将，表现十分亮眼。随着法国队的高歌猛进，网络上关于华帝是否能够兑现承诺的讨论也持续火热。对此，华帝的线上反应也十分迅速，在几场关键的比赛过后，华帝官方微博都会发文给消费者吃“定心丸”，表明华帝一定会兑现承诺的坚决态度。

2018年6月30日，法国队淘汰阿根廷队，顺利杀入世界杯八强。华帝也顺势宣布“法国队夺冠，华帝退全款”的活动将延期三天，再次提升活动热度。

2018年7月1日，媒体报道华帝第二大经销商不明失联，再次引爆消费者对于华帝能否兑现退款承诺的担忧。对此，华帝官网微博发文回应称：“一切从消费者利益出发，华帝就京津代理商失联一事表示遗憾，一切市场活动如常进行！”

2018年7月11日，有消息称，华帝在京津地区的所有产品已全部停止销售、售后、安装和配送，经销商失联的原因是华帝让线下渠道承担活动的退款费用。对此，华帝表示：“法国队夺冠，华帝退全款”的营销活动对终端零售业务有明显的提升作用，品牌知名度得到了提升。活动产生的费用在公司年度预算内，属于公司可控费用，不会对经销体系和公司业绩产生重大影响。

根据百度指数的数据，华帝的搜索指数在世界杯期间出现过两次峰值，第一次是在华帝官方宣布“法国队夺冠，华帝退全款”之后，另一次则在7月1日媒体报道华帝的经销商失联，网友表达了对华帝退款能力的担忧时。第二次的搜索峰值甚至高过了第一次。同时指数反映出华帝和法国队的搜索波动基本一致，说明在观众的心目中，已经将华帝和法国队紧密联系在了一起。而签下阿根廷足球队巨星梅西作为品牌代言人的蒙牛，在阿根廷淘汰之后，其广告影响力已经远远不如华帝。

2018年7月16日凌晨，世界杯决赛落下帷幕，法国击败克罗地亚队，成功加冕。华帝官方微博也在第一时间宣布：“庆祝法国队夺冠，华帝退全款启动!”并公布具体退款流程。此后几日，华帝也一直通过线上线下媒体渠道发布退款流程指南，持续引爆关注。至此，华帝凭借“法国队夺冠，华帝退全款”这一波借势营销，成功地实现了品牌的充分曝光，成为世界杯广告营销战的“最大赢家”之一。

然而，进入退款流程以后，华帝与消费者之间却发生了多起退款纠纷。有消费者由于商家发票开具推迟，超过了活动规定的时间而不能参加退款活动；有消费者在线下经销商处进行退款申请时，遭遇经销商的拖延甚至拒绝；有消费者购买了“夺冠套餐”里面的所有产品，但由于是分开购买而非打包购买无法参加退款活动；有消费者表示在购买套餐时以为是退款，兑现时变成了退还购物卡，无法接受……一时间，关于“华帝忽悠消费者”“华帝用户退全款受阻”的消息传得沸沸扬扬。舆论普遍谴责华帝在此轮营销活动中有玩文字游戏，误导消费者之嫌。

2018年7月20日，中国消费者协会（以下简称“中消协”）发布微博称，收到华帝退款促销活动相关投诉73件，中消协已经向华帝公司发出“约谈函”，将与广大消费者和社会各界共同监督华帝公司履行承诺。华帝随后回函表示：线上参与活动约2900万元，截至7月20日10时，线上共收到退款申请4292件，申请退款金额1550万元；截至7月20日，退款给消费者1340万元，其余退款申请正在审核。线下参与活动约5000万元，截至7月20日10时，已退款1629件，已退款单数占总款数比例约19%。其中部分经销商已经完成了全部退款。华帝称，线上申请退款时间为7月15日—7月24日，审核时间为7月17日—7月31日，8月1日全部退款完毕，退款异议处理时间为8月2日—8月6日。已经安排人员加班加点24小时审核，确保按照公告时间如期完成退款工作。对于线下退款的安排，华帝表示，公司会指导参与活动的经销商有序开展退款活动，安排部署专人负责，根据区域进行划分，督促线下经销商承诺按照活动协议约定执行。同时，华帝也表示，存在退款异议的消费者主要有以下三种情形：

（1）个别消费者购买的并非是“夺冠套餐”型号产品，不符合退全款条件，却要求办理退全款。

（2）根据活动规则，赠品特惠升级权益和退全款权益只能二选一，但个别消费者在选择赠品特惠升级后，仍要求退全款。

（3）个别消费者在非活动期间购买的产品，仍要求办理退全款。

8月1日晚，中消协通报：“法国队夺冠，华帝退全款”整体落实基本完成，截至7月31日24：00，华帝线上线下退款共完成14443单，完成退款金额6335.9万元，占线上线下购买“夺冠套餐”总数的86.43%，京津地区出现问题的销售渠道由华帝总部直接接管，退款工作已提前完成。同时，按照中消协要求，华帝公司延长了申请退款登记的时间，对于因非消费者原因未能在规定时间开具发票的“夺冠套餐”保留退款的权益，承认有合理理由仍未领取退款的消费者的权益。

至此，华帝退款风波暂告一段落，网络也出现了为华帝“平反”的声音：退款的方式是以购物卡的形式发放，选择赠品升级则无法再享受退款活动等规则一开始就在华帝的活动公告中做了说明，公告中也明确提出参加退款活动的必要条件是在规定时间内购买“夺冠套餐/产品”以及在规定时间内开具发票，造成误解的原因还是消费者未能仔细阅读活动规则。而消费者在非活动期间购买的产品和非“夺冠套餐”型号产品也要求退款属于无理取闹。然而，对于此次退款风波的旁观者而言，留下更多的关键词仍然是“华帝退款难”“华帝营销套路满满”“欺骗消费者”等，甚至有人评论华帝“一手好牌，打得稀烂”。

二、案例启示

根据华帝的活动营销方案，此次退款活动线上退款责任由华帝总部承担，线下退款责任由经销商承担。初步统计，活动期间华帝线下渠道总零售额为7亿元以上，同比增长20%左右。其中“夺冠退全款”指定产品的终端零售额大约为5000万元，占线下终端零售总额的7%，如实际发生退款，经销商需要承担的成本只是“夺冠退全款”指定产品的进货成本和部分促销费用，实际费用低于5000万元。线上渠道总零售额为3亿元以上，同比增长30%。其中“夺冠退全款”指定产品占线上终端零售总额的9.67%，如实际发生退款，华帝总部需承担的成本只是“夺冠退全款”指定产品的生产成本和部分促销费用，实际费用低于2900万元。与蒙牛、VIVO等砸下重金成为世界杯赞助商的大手笔相比，华帝并未邀请球星拍摄广告，也没有投放中央电视台每秒百万元的广告，7900万元的费用却引发了线上线下的持久讨论和关注，并带来总销量同步25%的增长，可谓一次成功的以小博大。

然而，在进入退款阶段之后，尽管华帝在活动规则中早有声明，但仍然由于各方面的原因引发了多起消费者退款纠纷，最终带来多项负面评价，未能给此次活动画下圆满的句号。从一开始公布的官方活动细则来看，华帝并无违反承诺之处，最终也确实落实了向消费者承诺的退款，但留下的负面网络口碑，说明在此次活动中，华帝的活动设计和危机公关仍然有许多不足：

（1）尽管官网一早就公布了活动细则，说明了退款的方式和满足退款的条件，但在“法国队夺冠，华帝退全款”的各种宣传活动中，对活动细则强调不够，以至于大量消费者认为退款就是退现金，造成误解，引发退款纠纷。

（2）部分线上客服和线下经销商及销售人员对于活动内容理解不到位，对顾客做出了无效承诺，最终无法兑现，也引发顾客不满。

（3）线下退款由经销商承担，而不同区域的经销商对于退款流程的设计不同，带来了有差距的客户退款体验。经销商服务素质的参差不齐也引发了退款慢、退款难等各种矛盾。

(4) 华帝官方微博在7月17日以后，每日都会公布线上线下退款金额和退款进度，但并未通过网络主流媒体进行广泛的宣传，未能将华帝兑现的承诺传递给广大消费者。

(5) 退款活动持续的话题引来大量旁观者的关注，华帝兑现对消费者退款承诺以后，并没有就退款风波的始末在网络主流媒体平台上进行大规模澄清，而是仅仅在微博上发布了公告，并未获得较好的关注度，也因此给众多旁观者留下"误导""套路"等负面印象。

思考题：

1. 在此次华帝的世界杯退款促销中，"以小博大"成功的关键点在哪里？
2. 华帝应当如何加强对线下经销商的促销管理？
3. 如何评价华帝的危机公关？

华润置地成都分公司营销渠道分析①

刘　琳②

一、国内房地产营销渠道的演变

1978—1992 年，我国房地产开发商既是建筑商又是开发商，而且还是经销商。开发商负责把楼盘建起来，保证质量验收合格，然后进行销售。谈不上渠道的建设和管理问题，此时的渠道特点：长度短、宽度窄、结构单一（如图 1 所示）。

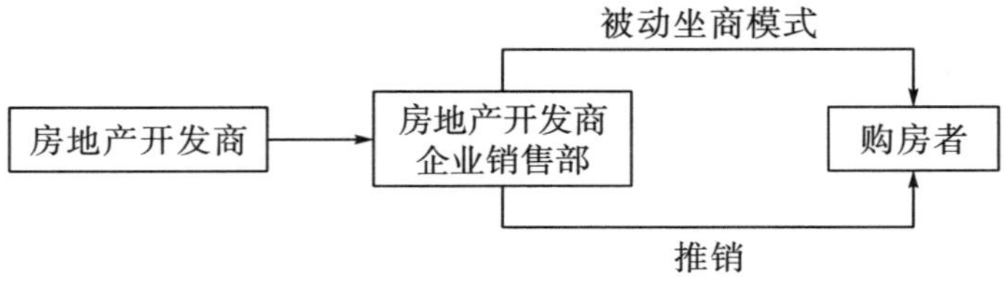

图 1　起步阶段的房地产销售渠道

1993—2003 年，房地产营销渠道从零级到两级甚至出现多级渠道的跨越。房地产代理经销商的出现，开发与销售的分离，使得楼盘开发商能够全心全意做好自己的产品，中间商可以全心全意进行销售，两者优势互补。合理分工不但能为开发商和销售商带来可观的回报，也使得市场进入一个有序的状态（如图 2 所示）。

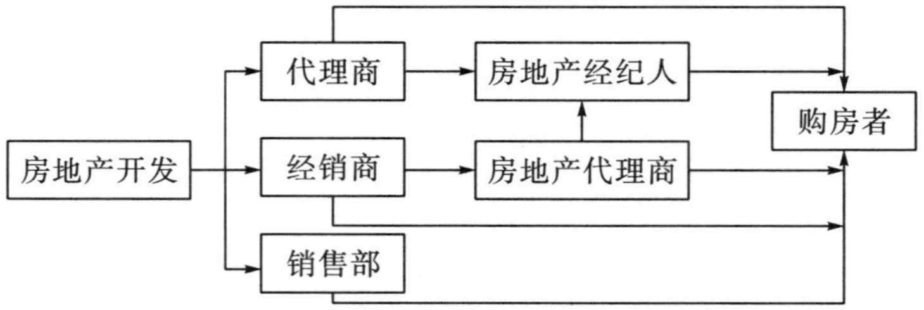

图 2　发展阶段的房地产销售模式

2003 年以后，房地产行业利好，出现了许多竞争对手，房地产商都在积极探索创建自己的营销渠道，以期寻求更好的发展。

---

①　本案例部分内容摘自何鑫鑫的毕业论文《华润置地成都分公司营销渠道分析》。

②　刘琳，女，成都信息工程大学，管理学副教授。主要研究方向：市场营销、教学管理。

二、华润置地成都分公司 2017 年项目介绍

华润置地有限公司是财富 500 强企业华润集团旗下的地产业务企业，是中国内地最具实力的综合型地产开发商之一。主营业务包括商业地产开发及运营、物业服务等。华润置地成都分公司自 2002 年进入成都以来，创建的华润万象城、华润二十四城、华润东湖公园翡翠城、华润凤凰城……以优质的产品回报顾客，以优质的服务打动顾客，在成都市有着良好的口碑。2017 年该公司在成都主要有以下几个项目：

（1）华润云庭：位于三圣花乡，周边居住环境良好，因东进政策和旅游景区的影响，房价上升较快，居住和投资都非常合适。

（2）华润时光里：位于成都南边新川版块，打造的公寓项目，主要面对经济实力较好、有投资房产需求的客户和受成都限购限贷政策影响的外来人口。

（3）华润公园九里：位于成都西双楠板块，未来市场前景好，楼盘的可塑性非常强，公园居多，适宜投资和自住。

（4）华润金悦湾：处于成都正西门，打造的是华润大型豪宅系列，整体的环境和配套设施非常好，对于成功人士来讲是地位的象征。

（5）华润龙湾御府：靠近国际商贸城地段，周围环境非常安静，小区容积率非常低，三面环河、环公园，非常适宜居住。

（6）华润润府：处于东二环，毗邻万象城、华润二十四城，投资价值非常高。润府周边设施配套已经趋于成熟，非常适宜居住，生活非常便利。

三、华润置地成都分公司 2017 年营销渠道状况

公司营销有外包和直销两种方式。公司一方面与营销渠道代理商合作，把楼盘项目的营销渠道推广工作外包；另一方面，公司负责产品的生产（如图 3 所示）。虽然这样对于开发商来讲会降低成本，但是，渠道代理商质量可能会影响公司及楼盘的品质。

图 3　营销渠道层级结构示意图

2017 年华润置地成都分公司共开发 6 个盘，共计房源 3000 多套。除了委托代理商进行销售外，公司自己也有销售团队，主要采取四种方式：行销、商场摆展、小区摆展、电话销售等，也包括老客户带新客户，努力完成楼盘和渠道的到访任务和销售任务（如图 4 所示）。

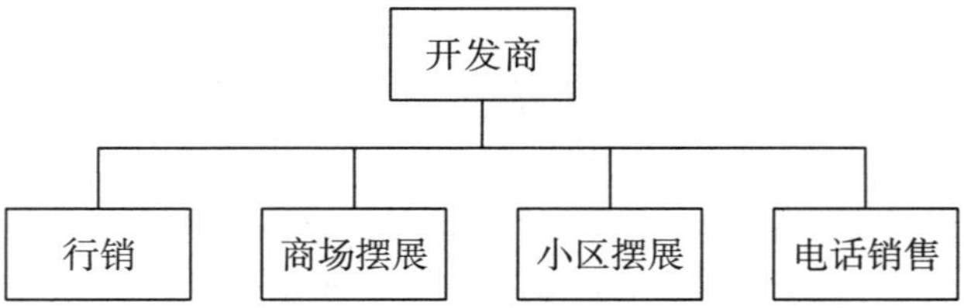

图 4　营销渠道宽度结构示意图

下面以华润公园九里为例加以描述。

华润公园九里营销渠道分为行销、商场摆展、小区摆展、电话销售四个渠道，因而分别从渠道成本、上门到访量、有效客户数目等方面来介绍渠道部门的业绩状况（见表 1、图 5 至图 6）。

表 1　线下渠道业绩表

	行销	商超摆展	小区摆展	电话销售	总计
渠道成本	36000	377200	53000	33600	499800
上门到访	400	280	120	135	935
有效客户	62	56	24	27	169

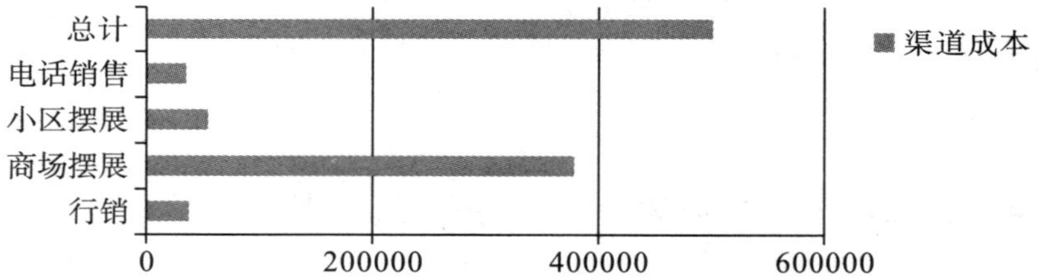

图 5　营销渠道成本对比图

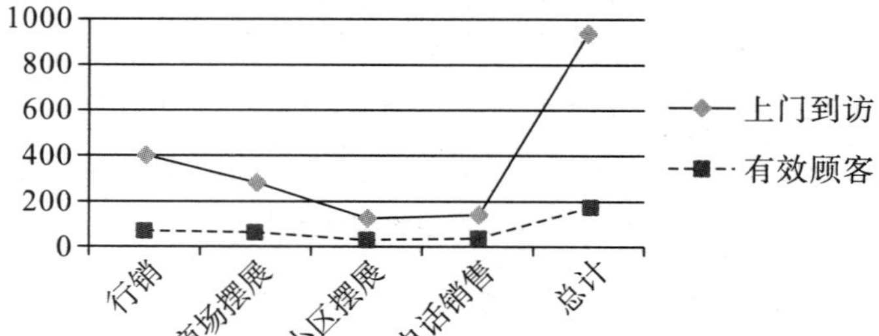

图 6　不同营销渠道业绩对比

从表 1 和图 5 至图 6 的对比中，我们可以得到如下结论：

行销是销售的一种方式，行走并销售，走到哪里卖到哪里，沿街叫卖、上门推销都是行销，行销者俗称行商，区别于店铺销售的坐商。行销是这四种营销渠道中花费较少，上门到访量最高的销售方式。但是，行销的顾客一般都是专业看盘客，意思是说，只要哪里有楼盘，这些人都会去看的，对楼盘和公司的忠诚度较低。

商场摆展的效果较好但费用却是最高的，到访量一般。

小区摆展和电话销售，两者的花费不高，到访量也相对较弱。电话销售是以成都各个区域的比较优质的楼盘客户和潜在购买客户为主要推销目标。小区摆展主要针对的是华润的老业主，在小区内部摆展花费不高，顾客的购买能力强，意向投资的客户是比较少的，但是，受老客户带新客户的利益驱动，也会让老业主带来一定数量的新客户到访。

四、华润置地成都分公司营销渠道存在的问题

（一）华润置地营销渠道部门对消费者行为分析不足

公司对于房地产营销渠道终端展场的分布缺乏前期的市场调研。营销渠道前期的蓄客阶段是一个非常重要的阶段。而市场调研就应做好市场分析工作（如图 7 所示）。营销渠道人员要挑选有购买力、讲求生活品质、购房意愿强烈的顾客，这个准备工作为后期楼盘热销埋下伏笔。

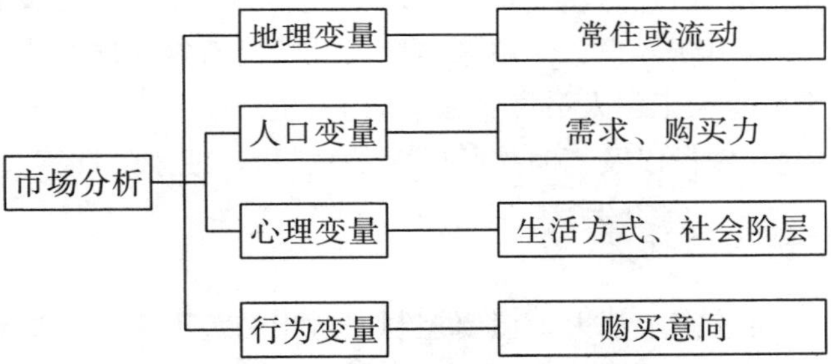

图 7　市场细分的四个变量分析图

公司在华润公园九里营销渠道终端的选址上出现了一个比较大的失误，选择了川藏欧尚超市展厅，欧尚超市商场内部的商品物价偏低，并且人流量不大，可以推断前来购物的人群购买力较低。虽然前来咨询的顾客较多，展厅距离楼盘的位置非常近，顾客买房的意愿也非常强烈，但是大多数来商场购物的顾客都是没有购房资格或者购房实力不够的人群。

公司忽略了有投资需求、资产相对来说宽松一点的顾客，这类顾客生活在繁华的市中心或者活动在生活品质比较高一点的场所。公园九里 1、2 期营销渠道宣传忽略这一点，使得楼盘虽然在交通、学校、公园和配套设施等方面非常完善，但是因为渠道宣传不到位，蓄客量少，没有让有真实需求、有购买意愿的消费者看到楼盘信息，错失了一大批潜在顾客。

（二）营销渠道冲突严重

公司营销渠道分为线上渠道和线下渠道。线上渠道主要是安居客、房天下等门户网站，主要宣传和积累线上客户的信息；线下渠道主要依靠人力建设，通过线下的活动和人力安排达到收集客户信息、蓄客的工作任务。随着市场细分越来越细化，营销渠道之

间的矛盾冲突也越来越明显。

华润营销渠道冲突这一部分主要集中在线下宣传的四个不同终端，即行销、商场摆点、小区摆展和电话销售。主要的冲突就是楼盘售楼部到访客户出现交叉时的归属问题。由于关系到工作业绩利益归属问题，营销渠道成员间都会据理力争，导致各营销渠道成员间相互争夺和指责，完全没有全局意识和大局观念，严重影响了公司形象和整体利益。在这个问题上，如果处理不彻底，会继续影响整个营销渠道的良好发展和营销渠道成员的工作积极性。

五、建议和意见

（一）分析区域消费者行为精准营销

公司在营销楼盘时，应分析楼盘所在区域消费者状况，研究其行为习惯，有针对性地进行摆摊设点精准营销。企业为了向客户提供创新式的个性化的客户交互和服务，有必要收集所在区域的客户信息并建立信息管理系统，协调企业与顾客间在销售、营销和服务上的交互，从而吸引新客户、保留老客户以及将已有客户转为忠实客户。对企业的CRM管理系统，严格要求工作人员详细录入客户的信息（姓名、电话、现居住地、购买意向户型、考察过的楼盘以及当时接待顾客的场景），便于后期跟进顾客。

（二）化解营销渠道冲突

营销渠道冲突不可能完全消灭，但要控制在适当的范围内，善加利用。同时，坚决制止导致营销渠道成员关系破裂的渠道冲突。

1. 销售促进激励

为了更好地激励成员，有必要对以前的制度进行修改和完善。比如，按业绩奖励的制度，顾客归属细则，分销商人员的培训管理。

2. 进行协商谈判

协商谈判是为解决冲突目标而进行的讨论和沟通。成功的协商谈判能够将原本可能中断的渠道关系引向新的成功之路。

3. 清理营销渠道成员

对不遵守制度，屡犯不改的营销渠道成员，应该重新审查，将不合格的成员清除出去。

4. 使用法律手段

法律手段是指存在营销渠道冲突时，一方成员按照合同或协议的规定要求另一方成员行使既定行为的法律手段。

思考题：

1. 请对华润置地成都分公司营销渠道建设进行评价。
2. 你认为营销渠道冲突问题如何才能更加有效地控制？

澳大利亚红酒的国际市场营销策略分析

刘　竞[①]

自20世纪中后期开始，澳大利亚红酒产业逐渐成为国际红酒市场中的重要成员之一。20世纪中后期澳大利亚红酒年总出口量为870万升，到20世纪末时，年出口总量已经上升至3800万升左右，至21世纪初，其年出口总量已经达到2.8亿升。红酒出口的成功，从宏观上来看主要依赖产业合作、融资能力以及政策扶持；从微观来看，澳大利亚的红酒企业凭借其优质的质量、合理的定价，以及不断创新的技术能力在国际红酒市场占有一定的市场份额。

最初澳大利亚红酒的主要出口国是英国。澳大利亚的红酒商非常看好英国市场，期望能够战胜法国成为英国的最大红酒出口商。英国有几个非常吸引红酒商的要素：这个市场没有非常强势的本土竞争者；当时消费者出现了比较明显的从啤酒转向红酒的需求偏好；对于英国消费者而言，澳大利亚的总体形象是比较好的；两个国家的心理差异非常小；当地消费者非常喜欢澳大利亚红酒。随着澳大利亚红酒在出口方面的不断成功，他们的目标市场开始不断扩大，逐渐发展到德国、美国和日本。然而，在这些新的市场中，澳大利亚红酒商面临着一系列的挑战。在德国，澳大利亚红酒知名度非常低；在日本，红酒总体消费保持一般水平；在美国，红酒分销渠道异常复杂。在国际市场中，与饮料、食物市场一样，红酒消费受各市场之间文化细节方面的影响非常大，澳大利亚红酒企业面临完全不一样的市场环境。一些营销人员认为，澳大利亚红酒的主要市场可以根据其发展程度分为五类：萌芽型市场，以泰国、中国等为代表，这类市场中消费者拥有非常少的澳大利亚红酒消费需求，澳大利亚红酒品牌数量有限；缝隙型市场，以德国、芬兰等为代表，这类市场通过专业销售网点销售有限的澳大利亚红酒品牌；渗透型市场，以美国、加拿大等为代表，这类市场拥有比较好的澳大利亚红酒品类和曝光度；成长型市场，新西兰等国，这类市场的澳大利亚红酒品牌拥有较好的品牌知名度、强势的渠道渗透能力和有规律的媒体曝光度；成熟型市场，以英国为代表，该类市场中澳大利亚红酒拥有非常好的市场份额，顾客的文化水平和品牌认知度非常高。在这五类市场中，只有英国市场发展态势最让人满意。如何在其余四类市场中取得良好的发展绩效是澳大利亚几大红酒企业需要解决的问题。虽然有越来越多的中小企业不断进入出口市场，但几大公司始终占据最大的份额。他们分别是B、S、H、O四家公司，他们使用

---

① 刘竞，男，成都信息工程大学教师，毕业于澳大利亚悉尼大学。主要研究方向：市场营销、品牌运营和管理等，主讲课程：市场营销学、品牌管理等。

不同的战略来完成国际化进程。

一、B公司的营销策略

B公司是一家酿造业集团公司，其主要业务是酿造和销售啤酒。然而，在20世纪末期时，随着越来越多的企业开始生产和销售啤酒，B公司发现澳大利亚啤酒市场开始出现饱和，市场稳定性和吸引力开始逐渐减弱。企业不得不做出战略性的调整。开始的时候，B公司收购了一些本土企业，接着又想通过收购国外啤酒企业来进行国际化，但经过调研和分析，认为国外啤酒业市场与澳大利亚一样不具备稳定的发展前景。公司逐渐将目光焦聚到了其他业务单位，经过一系列的市场调查研究，公司发现红酒市场具备较稳定的发展前景，因此，开发红酒产品被看作是企业接下来的重大多元化发展战略。公司通过收购本土红酒企业开始进入红酒行业，并在接下来的时间里整合了这些公司的销售渠道。B公司下一步的战略开始转向国际化，为了在国际市场中获得成功，B公司制定了两个基本战略：一是持续发展其兼并和整合获得的国际红酒贸易渠道，二是收购或者与优秀的国际红酒生产商合作。接下来的几年时间里，B公司收购了美国加利福尼亚的W品牌，B公司期望通过这次收购将其国际化进程发展到一个新的水平。B公司认为这个收购能够强化两个公司的品牌经营和渠道管理水平。首先，W品牌当时的出口量只在其产量中占有微不足道的份额，它能够受益于B公司拥有的国际渠道网络。与此同时，B公司期望W品牌能够辅助其在美国市场的品牌建设和销售。因为W品牌的背后是一个优质的红酒生产企业，他们拥有优秀的管理团队和销售团队。这次收购之后，B公司不断努力经营，逐渐发展成为全球第二大的红酒生产企业。

二、S公司的营销策略

S公司的红酒业务是整合了L和B两个品牌而形成的。21世纪初该公司在国际市场销售业绩良好，其品牌销售到了80个国家和地区。和其他的澳大利亚红酒品牌一样，S公司也希望逐渐扩大国际市场范围，慢慢摆脱对英国市场的过度依赖。为此，S公司签订了众多的合资合同，与本土公司一起，S公司开发了针对加利福尼亚的红酒品牌，也尝试开发专门针对法国南部某地区的红酒品牌。然而，由于商业文化和习俗问题，在法国的经营并不是很理想。S公司的另一项策略是购买海外土地以发展葡萄园，他们意识到了在海外采购葡萄用于生产其核心品牌产品的重要性，因此，该公司在加利福尼亚购买了土地用于种植葡萄。随着不断的战略调整，S公司发现了关键性的问题，在尝试将自己打造成国际红酒领导品牌的过程中，他们将自己的国际化市场战略分解成四个部分：一是关注产品质量，二是创建国际品牌，三是建立国际分销渠道，四是扩大规模和体量。在每一个战略的规划和执行上，S公司都表现得非常稳健。

三、H 公司的营销策略

H 公司是由两家红酒企业合并成立的，这两家公司于 20 世纪开始出口红酒，H 公司继往开来致力于开拓国际市场。公司不断扩大其销售渠道，有时会通过控股的方式获取新的渠道网络。因此，该公司在新西兰、英国和美国都建立了良好的销售渠道，并致力于开拓欧洲大陆的市场，特别是德国市场。在建立渠道的同时，公司也努力寻求生产型的企业联盟。公司与西西里岛本土企业各占 50%的股份建立了合资公司，H 公司提供技术和营销资源，合作企业提供葡萄和红酒加工设施，合资的主要战略目的在于打造国际性品牌 D。H 公司还与智利的红酒生产企业合资，智利企业提供红酒，H 公司提供技术和营销资源。而其意大利的合作伙伴给予 H 公司一个在传统红酒生产国家的据点。H 公司的国际化合作之路非常顺利。

四、O 公司的营销策略

不同于其他几个红酒巨头，O 公司是法国跨国公司在澳大利亚并购两家红酒公司而成的一家红酒企业。由于具有跨国公司背景，O 公司很早就开始实施国际化战略。不同于其他国际红酒企业的发展战略，O 公司一直以来都专注于单一品牌的运营和管理，20 世纪初，O 公司旗下的红酒品牌 J 就已经成为英国红酒市场上的领军品牌。但在其他多个国家的市场中，J 的表现并不是非常好，仅仅在日本和美国的销量增长比较迅猛。通过调研发现，不同于英国市场的消费者，多个国家的红酒消费者在使用这类产品时比较注重产品之外的品牌形象，而在早期的时候，J 对于消费者而言就是白葡萄酒的同义词，品牌联想比较狭窄，对于很多个国家和地区的消费者而言，J 品牌实在缺乏吸引力。因此，O 公司必须通过多种途径尝试丰富该品牌的内涵，建立一些新的联想。通过不断的调研和测试，公司选择了一些较为适合的联想内容开始进行传播和管理，比如限量发行的年份酒等概念。随着品牌联想的逐步完善，J 品牌开始被多个国家的市场接受，如阿根廷、智利、南非国家甚至是中国。接下来的几年时间里，该品牌开始在亚洲区域得到良好的发展。通过对 J 品牌的成功经营和运作，O 公司在市场的发展之路较为顺利。

上述几家企业的运营管理和营销活动都存在一些问题。首先，这些公司早期都是以产品为导向而非市场导向来进行营销活动，这种行为模式导致这些企业在进入国际市场时难以适应当地的市场环境，进而遭遇了各种各样的问题。其次，这些企业都将战略布局聚焦在与他们自身非常相似的市场上，这样的做法同时具备优势和劣势，优势在于这种相似性便于这些企业快速融入环境和开展活动；劣势在于在未来的很长时间里，这些企业都难以摆脱这个单一市场。与此同时，这些企业拥有选择恰当的本地企业进行兼并或合作的能力、对产品质量和原材料的掌控能力、卓越的国际销售渠道构建能力，以及团队建设能力、品牌运营和管理能力等，这些值得其他企业借鉴。

思考题：

1. 红酒的消费者行为是否会影响企业国际化的成败？哪些是关键性影响因素？
2. 案例中的四个公司在国际化进程中采用了哪些战略？
3. 在进行战略选择时，企业需要考虑哪些问题？
4. 这四个公司的经营模式给予我们什么样的启示？

经销商退网引发的比亚迪渠道危机案例分析[①]

唐承林[②]

汽车行业经销商退网是一件很正常的事情，厂家和经销商之间的利益博弈以及其他可能引发渠道冲突的地方都可能导致经销商退出厂家的经销网络。2010 年，比亚迪经销商退网事件在业内影响巨大，引起了媒体大众对自主品牌汽车发展的关注。本文基于比亚迪官方的相关言论和媒体的相关报道，从渠道冲突的角度审视汽车行业渠道管理问题，以期通过案例的形式对相关问题进行剖析，为汽车行业渠道管理提供参考。

一、案例背景

基于 2009 年销量的翻倍增长，进入 2010 年自信的比亚迪开始进行战略性扩张，在 2009 年 43.5 万辆产能的基础上将产量提升至 76 万辆，且将销售目标定在 100 万辆。然而，令比亚迪意想不到的是产能大幅增加的 2010 年，其销量并未实现同比例增长，销量仅从 2009 年的 44.8 万辆，增长到 51.7 万辆，离最初制定的 100 万辆的目标相去甚远。为实现销售目标，比亚迪除采用分网销售冲量外，还使用“销售返点政策”，针对每个独立的销售网络，比亚迪给各经销商都制定了很高的销售指标，完成任务者（以经销商的提车数量计算）就能获得一定比例的销售返点。有时候销售返点甚至还要高于卖车的毛利，以激发经销商提车与卖车的动力。其实这种销售方式具有“双刃剑”的效果，如果经销商提车卖不出去就会变成经销商压货，使流动资金紧张，一旦市场恶化，内部就形成激烈的竞争关系。

在 2010 年初，比亚迪并没有意识到决策有任何问题，但是随后发生的一系列事件让比亚迪认识到事态的严重性。首先爆发的就是 2010 年 4 月比亚迪经销商退网事件，包括四川、湖南、山东等地区的一些比亚迪汽车经销商陆续退出比亚迪的销售网络。然而，最初比亚迪并没有正视经销商的问题，甚至还通过网络公关，将矛盾焦点转移到这是竞争品牌的策反行为，这一做法让媒体对比亚迪产生诸多质疑。随后事态越发严重，比亚迪对经销商网络已经处于失控状态，经销商们面临压库、资金周转不畅、利润低甚至亏本等问题，宣布退网的比亚迪经销商达 308 家，整体净销售退网比例达 22.63%。

几个月后比亚迪迅速认识到自身的问题。9 月 27 日，比亚迪销售公司总经理在深

---

① 改编自肖伟：《“压库”矛盾升级　比亚迪遭遇经销商退网危机》，中国新闻网，2010 年。

② 唐承林，男，成都信息工程大学讲师，博士。主要研究方向：技术经济及管理、营销管理。

圳的经销商大会上，公开承认比亚迪公司此前决策的错误，并宣布积极应对经销商诉求、压缩2010年的销售目标、收缩批发量、成立比亚迪汽车金融公司、加快提供新车等销售政策，并向全国经销商深深鞠躬。这些举动对平息比亚迪的退网风波起到至关重要的作用。

二、比亚迪经销商渠道策略分析

（一）扩网带来的危机

2006年比亚迪有500家左右的服务网点，发展到2010年，最多的时候其网点达到1200家左右，短短几年内，比亚迪汽车服务网点膨胀得非常厉害。比亚迪把这1200家服务网点分成4个大的销售网络分别销售当时旗下车型，其中A1网销售F3、F6、S6，A2网销售F3R、F0、S8、L3，A3网销售F3R、G3，A4网销售M6。

比亚迪仍不断增加新的销售网点，这导致专营店经营更加艰难。以成都市场为例，2009年之前A2网只有3家店，2009年之后逐渐增加到5家。在成都市，比亚迪A1、A2、A3网共有14家经销商。而当地销量最好的上海大众汽车在当地仅有13家经销商。网络的扩张导致经销商之间竞争更加激烈。比亚迪汽车销售公司副总介绍，比亚迪销售公司目前的架构主要是由总经理统管4个副总，4个副总分管A1、A2、A3、A4 4个网络和300家经销商，每个网络下又以区域设置大区经理负责制。比亚迪经销商的最终准入审核由总经理和4个副总决定，最终的决定因素是比亚迪在当地区域的销售情况以及网络布局的密度。

据了解，比亚迪的经销商资质其实是参差不齐的。一般情况下，申请者只需200万元的启动资金即可入网，算上100万元押金、100万元配件和物料进货款以及后期的提车款，约1000万元资金就能滚动起一家比亚迪4S店的运营。

事实上，2010年前两年比亚迪汽车销售公司就开始在渠道建设上实施“千店工程”，具体包括网络覆盖率省会城市达到100%、地级市达到80%以上、县级市达到70%以上、总网点达900个、客户服务中心8个，并提供配件配送和技术支撑。正是这些遍布全国的超过1000家的销售网络，支撑着比亚迪销量从10万辆到20万辆再到40万辆的连年翻番。

（二）压库带来的问题

据报道，比亚迪不顾经销商承受能力，近乎疯狂地压货，导致经销商资金链处于危险境地，成为此次经销商退网风波的主要原因。

有湖南经销商告诉媒体，当年加入比亚迪时，是看好了比亚迪高额的利润和返点及其电动汽车蓝图，“现在这两个目标已经破灭，是该离开的时候了。”

据报道，该经销商称，按照当时比亚迪的承诺，经销商的赢利模式很明确。以比亚迪最畅销的F3为例：每台差价4000元、月度返利1000元、季度返利1000元，广告补助1000元外加年度返利。因此，每卖出一台车，毛利在7000元到8000元。此外，比亚迪还承诺给每个加盟经销商3年360万元的建店费用。

据该经销商介绍，在这种奖励制度下，卖车差价只占一小部分。但数据显示，比亚迪用了大约4年的时间建成了对省会城市100%、二三线城市70%的覆盖，全国经销商达到1000家的销售网络，这个数字已直追大众和丰田。由于竞争压力大及众多比亚迪经销商之间的杀价，返利最后成为经销商的主要利润来源。“这些返点都是建立在高额任务基础上的，但比亚迪规定的任务在正常情况下没有一个经销商能完成。如果第一个月能完成80辆的任务，第二个月则可能会加大到150辆，到了第三个月则要求250辆。”一旦某个月度任务完不成，不但拿不到月度返利，季度和年度返利也会成泡影。

因此，在实际操作中，经销商为了拿到比亚迪的返利，一是高息借债囤车，二是“割肉贱卖”，然后疯狂冲量完成月度、季度甚至是年度任务。这也造成了一个怪现象——比亚迪的卖价比进价低，同时直接导致众多比亚迪经销商纷纷把矛头指向强制性压货，而无法承受的经销商只好被逼退网。

（三）失衡的战略

“频发的退网事件反映了比亚迪在快速增长期对网络销售管理及重视程度不足，一味求快的发展模式必然带来恶果。”盖世汽车网首席执行官陈文凯表示。当然，这仅仅是比亚迪面临的问题的一个方面。

来自中汽协的统计数据显示，比亚迪2010年3月份的销量为68129辆，此后连续5个月一路下滑至8月份的31069辆。这迫使比亚迪不得不在年中总结会上做出调低今年销量目标的决定。按照比亚迪原有的计划，80万辆的销量目标同比去年（44.8万辆）增幅为79%，而调整后的60万辆同比去年增幅计划仅为33%。

此前，有业内人士分析，比亚迪高速增长的顶点可能出现在年销50万辆的时候。实际上，比亚迪自身对市场也有这种担忧。“我们无法准确地解释近5年来比亚迪爆发式增长的内在因素，同时这个增长能有多长的持续性。”比亚迪内部人士坦陈，初期的垂直整合战略等是被逼出来的，而在积累期完成之后，比亚迪的确需要一个更为体系化的战略。

比亚迪股份2010年上半年业绩报告显示：截至2010年6月30日，比亚迪股份经营性现金流余额为31.56亿元，同比2009年中报的49.66亿元减少18.1亿元，下降幅度超过36.45%，手持现金及等价物则更是出现自2008年以来首次负增长，相比2010年上半年期初余额减少5亿元，在2009年中报中，比亚迪股份的现金及等价物余额则为增加3.6亿元。

经营性现金流余额及手持现金余额的减少使得比亚迪股份必须依靠银行借贷来缓解资金压力。2010年中报显示，其包括银行贷款的借贷总额同比2009年中报出现了近一倍的增长，总额达到64亿元，随着计息银行借贷已陆续到期，比亚迪集团年内回归A股并不顺利，可能会令比亚迪发展资金更为吃紧。

“以往比亚迪追求垂直整合的发展模式，事必躬亲。在进入汽车业初期，这种模式对比亚迪的促进作用明显。”陈文凯认为，目前比亚迪已进入高速增长期，而且又面临着车市整体低迷的压力，比亚迪忽略一些汽车行业的基本规则导致问题开始显现。

三、案例启示

关于经销商退网问题，媒体有不同的分析，实际上比亚迪经销商退网的背后有很多原因。有资深业内人士介绍，比亚迪对待经销商的思路很明确，能跟上公司脚步的公司就大力扶持，跟不上的就只有自生自灭，这也就形成了有经销商要加入比亚迪，同时也有经销商要退出比亚迪的奇怪现象。据报道，和其他车企不同，比亚迪的销售策略借鉴了家电销售模式，把汽车当作快速消费品来对待，经销商也就是家电大卖场，通过走量、拼价格的方式来占领市场。但也有媒体分析，如果不是这样迅速做大规模的策略，比亚迪能否走到今天更不好说。据报道，除了更早进入汽车业的吉利取得成功之外，2003 年的中国民企造车潮，至少有 8 到 10 家公司争相涌入，但只有比亚迪闯出了一番天地。其余不是被更大的汽车公司整合，就是依旧默默无闻，或者干脆退出了汽车领域。

比亚迪经销商退网事件给业界尤其是自主汽车品牌发展起了很大的警示作用，汽车厂家在发展过程中如何处理渠道关系，如何依托渠道网络实现自身规模的扩大值得思考。2010 年上半年，国内乘用车市场增速与 2009 年同期相比放缓，但比亚迪汽车却依然保持着逆市增长的态势。这在整个汽车行业来说都是不可思议的。这个 2003 年才成立的自主品牌企业开发出的逆向开发模式为其产品提供了很低的成本优势，在短短几年内创造出令人羡慕的增长速度。其品牌下的 F0、F3 等车型更是屡创自主品牌的销量纪录。比亚迪独特的营销模式在短短几年内就招募了一千多家经销商，这种奇迹一样的增长速度也是其他企业难以企及的。但正是在这种急速扩张的模式下引发了经销商大规模退网事件，给企业的销量和品牌带来了极大的负面影响。

思考题：

1. 试分析比亚迪经销商退网危机和营销战略的关系。
2. 结合案例分析厂家应如何给经销商压库。
3. 比亚迪经销商退网的主要原因是什么？

启碁绿色营销实践及其启示

鲍　文[①]

启碁科技股份有限公司（以下简称启碁）创立于1996年，为世界500强企业——纬创集团的子公司，专精于通信产品的设计、研发与制造，总部位于中国台湾新竹科学园区。启碁笔记型电脑内置天线以40%市场占有率位居全球第一；卫星通信产品与数位家庭产品出货超过3亿件；企业级无线通信产品独占鳌头，为全球主要晶片供应商（Alpha site）的优先合作伙伴；具备车规无线模组及24 GHz/77 GHz/79 GHz高频雷达产品自主开发能力，是全球主要汽车电子供应商之一。启碁愿景是成为卓越的无线通信与通信网络技术整合的领先者，以专业的通信技术为客户提供全方位无线通信解决方案。启碁关注全球环境保护，倡导绿色营销，除遵守所在地的环境相关法令规范，积极配合客户需求与供应商共同促进环境管理和绿色产品管理，还在工作环境中落实节能减排。

一、启碁的环境管理

（一）环境目标

自2015年以来，启碁因业务发展，用电量逐年增加，且温室气体主要排放源为工厂电力。启碁于2017年9月设立“Green Committee”，由全球制造总厂统筹，采取包括厂房、生产线、设备能耗等在内的节能减排应对措施、建置太阳能发电站与能源监测系统，以及设置“能源管理系统委员会”，导入ISO 50001能源管理系统，积极降低产品生产过程与日常营运中的能源消耗，并结合企业内部推广环保意识，朝着绿色工厂的方向迈进。

（二）包装管理

启碁致力于研发制造绿色产品，使其符合低毒性、低污染、省能源、省资源及易回收等对环境友好的产品，产品出货阶段使用的包装材料，包含瓦楞纸、珍珠棉（EPE）、塑料袋、标签贴纸、说明书、纸浆盒、泡壳等均为可回收环保材料，并符合欧盟包装与

---

① 鲍文，男，河南泌阳人，成都信息工程大学教授、硕导、博士。研究方向：区域经济、市场营销，主讲企业战略管理、营销策划、现代农业创新与乡村振兴战略、农村扶贫与发展等。

包装废弃物指令（Directive of Packaging and Packaging Waste，94/62/EC，简称PPWD）规范的铅（Pb）、镉（Cd）、汞（Hg）、六价铬（Cr6+）四种有害物质的管制规范。同时持续缩减包装材积，以提升有效的空间利用率，增加装柜数量，降低产品在运输时所造成的能源消耗与环境污染，减少不必要的运输成本与碳排放。启碁于2015年取得森林管理委员会（Forest Stewardship Council，FSC）核发的FSC© CoC认证，通过有计划、有制度的森林管理与产销监管链，确保启碁所使用的包装彩盒、瓦楞纸袋、黏性标签及其他印刷纸原材料均采用经认证的栽培林，让更多森林受到适当的保护与管理。

（三）污染废弃物管理

由于启碁所从事的事业系研发与技术密集产业，生产过程仅包括表面黏着、精密组装、测试与研发等项目，不易生成废气、废水、噪音及毒化物等污染，亦无排放氮氧化物（NO_x）、硫氧化物（SO_x）与其他空气污染物质，除了因使用电力所排放的二氧化碳，基本无环境污染问题。启碁委托合格的检验机构检测生活污水、空气污染物及废弃物，以确保符合法规要求。

在废弃物处理方面，均执行垃圾分类及废弃物减量，设置符合规定的废弃物贮存区，并委托废弃物清理公司进行处理。2017年10月起，启碁参与正隆股份有限公司所推广的“蒲公英计划”，将公司销毁的机密文件共计1130千克，交由正隆回收再制作成蒲公英环保用纸。2018年3月，推动工厂减塑/废弃物减量专案，拟请供应商回收并重复使用包装材料，希望能在减少废弃物的同时符合循环经济精神。启碁的废弃物主要来自产品生产过程，2017年9月，工厂为提高废弃物回收效率，新增下列措施与机制：设置废弃物分类桶于生产线旁边，产线人员可直接进行分类，减少后端收集再分类的人工与时间；增设半自动压纸捆包设备，以减少废纸箱回收的人工与时间，并可增加废纸储量；每日废纸处理工时由原本的6.5小时缩减为5小时；整改废弃物暂储区域，同时缩短废弃物清运路线，每日废弃物清运作业时间由原本的9小时缩减为6小时。

（四）绿色采购

绿色产品具有再生材质、可回收、低污染或节约资源的特点，启碁自主选购绿色采购认证标志产品，希望能为环境友好多尽一分力。2017年，启碁投入绿色设备采购金额达2364.9万元，包括民生用品、办公室用品与资讯产品。

二、启碁的绿色产品

（一）绿色产品管理

启碁所有绿色产品相关事项均由绿色产品科统筹负责，协同业务、采购、研发、制造等各单位，在产品设计、生产、出货阶段中有效监控环境产品开发管理流程，工作内容包含：国际法规与客户环保要求的符合性评估与执行、环保标志符合性评估、执行客户的绿色环保要求、推动绿色产品持续改进、管制有害物质以及绿色产品稽核，并将供应商纳入管理，确保启碁绿色政策实施成效。

（二）有害物质管理

启碁制定了“绿色产品有害物质管理程序”与“环境有害物质标准规范”，并依此建立有害物质管制清单，严格要求供应商遵循，以及签署“供应商环境有害物质符合声明书”，确保其交付启碁的产品及零件（包含随产品交付的配件、包装材料及其他料件）符合 WEEE、REACH、ErP、Batteries 等指令，以及未使用冲突矿物等相关的国际规范与启碁对环境有害的禁用物质的要求。除了对供应商源头进行管理，启碁在厂内也使用精密的 XRF 进料检验仪器，对原材料及产品中具有对环境冲击及有害的禁限用物质，进行严格的量测与监控。启碁于 2006 年导入无铅制程，随后将产品无卤化规范引入产品生产，降低生产过程对环境的冲击，并通过绿色采购与供应商共同达成国际环保规范，致力于提供客户节省能源、无毒或低毒性、低污染、可回收的设计与制造服务，以及对环境冲击较低的绿色产品。供应商使用绿色产品资讯管理系统上传其产品成分分析报告、检测结果、保证书等相关文件，采购单位与品质管理相关单位即可及时且有效地确认供应商所提供的原材料是否符合客户要求，产品经理亦可迅速取得产品成分，随时掌握绿色供应链执行情况。启碁在产品开发阶段均会依照“绿色产品有害物质管理程序”确认产品符合欧盟 RoHS（2011/65/EU）、REACH SVHC（Substances of Very High Concern）、欧盟电池指令（2006/66/EC）、欧盟包装及包装废弃物指令（94/62/EC）、欧盟全氟辛烷磺酸指令（2006/122/EC）以及客户指定的有害物质禁限用要求。2016 年，启碁所出货产品无任何违反绿色产品要求的事项。

启碁已取得由国际电工技术委员会依据其电子零件品质评估制度所发展出的有害物质流程管理标准 IECQ QC080000 认证，针对组织产品中所含有害物质进行减免或消除，并系统化进行有害物质管理，以减少或避免有害物质的产生。自 2007 年起，启碁已成为 SONY 等全球一线品牌大厂认可的绿色伙伴，至今仍持续通过每年的验证，可见，启碁管理有害物质的成效，已获得广大客户认同。

（三）生态化设计

欧盟能耗相关产品生态化设计指令（Energy-related Products directive，ErP，2009/125/EC）对所有进入欧盟市场的能源使用相关产品，做出生态化设计的框架性规范，涵盖产品全生命周期（Life Cycle Assessment，LCA），从设计、生产、包装、运输、使用到废弃处理。目的在于提高产品所使用能源和资源的效益，并减少污染物排放。启碁制定了“能源使用、产品生态化设计作业规范”，运用产品生命周期评估方法，针对产品化学物质、能源效率与回收三大方向，进行产品环境冲击评估。启碁依据客户需求导入产品生态化管理流程，将环境化设计的诉求转化为先期产品设计基本要求，将环境因素置入产品设计阶段，包含有关危害物质限制、能源效率、回收再利用、环境资讯披露等生态化设计环节。同时，将供应商零部件设计提升至符合启碁的能源使用生态化设计。比如，Outdoor IP Camera 产品节能方案在产品前端设计时，即将产品使用时的功率消耗纳入考量，将原本定电压设计改为定电流设计，改善IR LED Board的设计与IR LED数量，减少不必要的耗损，并以软件调整供IR LED电流大小，以达到客户要求并减少不必要的功率消耗。经实测，该产品改良后降低19.6%功率消耗。

三、启示

（一）环境友好的高科技产品更受青睐

启碁作为一家高科技企业，其卓越的业绩表现为纬创集团进入2018年度财富500强立下汗马功劳，从使用电力的间接碳排放到包装、原材料采购、污染废弃物管理等都采用全球领先的环境管理措施，在绿色产品生产方面采用生态化设计、绿色认证，以及成为SONY等全球一线品牌大厂认可的绿色伙伴，至今仍持续通过每年的验证。毋庸置疑，启碁的绿色营销是其高技术产品为商业伙伴所认可的亮点之一。

（二）绿色营销的核心是企业的社会责任

安全和健康问题一直是人们关注的焦点，低毒性、低污染、省能源、省资源、易回收、可再生等一直是启碁所关注的，而且付诸企业生产运营的各个环节，甚至生活领域。即使是面对全球气候变化这样的问题，启碁也从节约用电、提高能效方面追求节能减排，降低企业二氧化碳排放强度，从自身角度为减缓全球气候变化做出应有的贡献。

思考题：

1. 启碁严格的环境管理和绿色产品生产影响其效益吗？为什么？
2. 绿色产品认证、绿色标签对于食品和启碁这样的专业通信技术企业有什么共同点与不同？

ING 银行在 A 国市场的品牌战略

刘　竞①

ING 集团在加拿大创办了首家国际直销银行，其核心经营思想在于更低的运营成本、高效的精准营销、更大的市场范围和高效率的服务。在对多个国家进行有组织地调查研究之后，该直销银行开始对各国银行业进行分析，选择较为适宜的市场，进而使用品牌 ING Direct（除了在德国使用 DiBa）陆续在全世界开展业务。

经过对 A 国市场的调研分析，ING 意识到该国金融市场上存在着客户需求没有被很好地满足的低成本缝隙市场。研究显示，A 国银行业主要依赖较高的顾客转移成本来保持现有业务和实现产品销售。与很多传统银行业盛行的国家相同，A 国银行业很少甚至完全不考虑增加银行业产品的附加价值，几乎没有去尝试进行产品创新或改进产品质量，对于建立新的产品市场，他们也没有太大的兴趣。传统银行业务体系中，风险管理和股东回报几乎完全依赖早年建立起来的顾客转移成本，以及使用他们的分支机构网络来促成交叉产品销售。并且，A 国的银行业存在高额的间接成本，他们拥有非常广泛的分支机构网络，这些都成为银行业难以实现低成本销售的关键性因素，而 A 国银行也没有尝试改变品牌定位和产品结构。这些环境因素和组织现状给了 ING 非常好的市场机会。接下来的一段时间，ING 开始准备进入 A 国金融市场。

如何将组织的核心经营思想与当前存在的缝隙市场进行匹配，并制定出科学的营销战略和策略成为组织获得成功的关键性问题。随后，ING 直销银行发现 A 国银行业市场上存在两种相互影响和作用的重要趋势。第一，银行业逐步放宽和取消一系列以往的规制，行业准入和运营门槛的降低给予新入者更多的机会，进而导致金融服务和产品供应商之间的竞争不断加剧。第二，信息和通信技术科技日新月异，这使得金融公司、保险经销商以及其他非银行业的公司能够在不需要网络分支机构存在的条件下进入零售银行市场。因此，ING 提出了“免费银行”这一独特的销售主张（USP）。该销售主张与当时主流金融机构大相径庭。他们宣传的关于供应品的广告也同样的简单直接：“谁说所有的银行都是一样的?”支持这一主张的途径是通过市场调研，在现有银行业务范围中是否存在特定的尚未满足的需求，并且开发出相应的产品分类来满足这一需求。ING 没有分支机构，不需要像传统银行一样负担大量的管理和业务人员的费用，因此，其开设银行和经营维护费用远低于普通银行，他们向 A 国市场提供了低成本甚至免费的金

---

①　刘竞，男，成都信息工程大学教师，毕业于澳大利亚悉尼大学。主要研究方向：市场营销、品牌运营和管理等，主讲课程：市场营销学、品牌管理等。

融产品——没有营业网点，不提供实体银行卡，消费者主要通过电脑、手机等远程渠道获取银行提供的各种服务项目。

这样的品牌价值和营销组合策略存在非常大的差异性和竞争优势，然而，看似异常吸引的产品却存在一个非常大的问题，ING品牌在A国完全没有知名度，直销银行模式对消费者而言异常陌生，而且很多顾客对此持怀疑态度。当地消费者将直销银行理解为虚拟银行，在客户看来两者存在非常大的差别，但这却是顾客接受该模式的唯一方式。为了在市场中取得成功，ING直销银行努力通过各种沟通手段，在潜在的A国顾客心目中建立基本的消费者认知——ING直销银行在本质上不同于其他银行。ING面临的直接问题在于如何创造品牌意识和形成产品差异化的感知。而最大的一个问题是如何说服顾客相信直销银行的安全性，因为A国的消费者只能够在网络上进行操作，而不是像传统银行一样具备信任感知。

为了实现其品牌价值和产品差异化，并且让消费者接受和产生信任感，直销银行在3个月的时间里花费了3.5亿美元用于电视广告和印刷广告。在接下来的一年中，企业花费了9亿美元用于打造一个新的品牌定位——没有中间机构的直销银行（straight forward）。定位论创始人杰克·特劳特对成功的定位的理解："在对本产品和竞争产品进行深入分析，对消费者的需求进行准确判断的基础上，确定产品与众不同的优势及与此相联系的在消费者心中的独特地位，并将它们传达给目标消费者的动态过程。"显然，"straight forward"这一品牌定位符合这一描述。首先，ING花费了大量时间对市场和竞争对手做了深入的调研及分析，寻找到这一需求缺口。其次，在此之前没有任何一个A国银行曾经使用过这一定位。事实证明，这一定位是成立的。接下来的研究表明，当年早些时候，60%的顾客开始意识到ING直销银行的品牌名称，并且在品牌建设和广告宣传的过程中，消费者对此的反应开始越来越好，品牌拥有了一些狂热者。在进入A国市场的超过6个多月时间里，ING直销银行的主要细分市场集中在18~30岁的人群，这些人是比较能够接受新兴技术的一些人，他们不像那些年纪较长的顾客对网络银行持怀疑态度。随着这些人群开始使用直销银行，银行的顾客群开始扩大，逐渐地，各个年龄层的人开始接触并参与到直销银行的使用中来。在8个月的时间里，ING直销银行拥有了四万名稳定顾客，以及8.5亿美元存款。

ING的成功之处在于对以下一些关键性问题的把握。首先，当公司尝试进入新的市场时，在调研的基础上对全新的市场环境做出分析是非常必要的，因为很多公司的核心价值对于全新的市场并不一定成立。在公司不确定其核心价值能够被新的市场理解的状况下，该组织用了超过两年的时间去调查这个市场中是否存在机会。其次，确定即将进入的市场是否存在较好的盈利能力。通过长期的调研和观察发现，基于早些年的低利率，A国银行消费者缺乏存钱的需求，那些潜在顾客和转移成本较低的储蓄账户上都有吸引人的银行利率。更为重要的是，基于对当地消费者和竞争对手的研究，企业选择了恰当的品牌定位，并且坚定不移地致力于建立独一无二的品牌形象和销售主张；在产品策略上，企业采用单一产品的模式进入市场，虽然竞争对手认为只局限于一件产品就进入市场是一件潜在的很危险的举动，但企业坚信当市场出现需求缝隙时，迅速进行补缺并且焦聚于产品价值的研发比大量开发新产品更能赢得市场。当遭遇困境（信任问题）时，企业积极进行沟通，努力解决当前产品和各种问题，最终建立了良好的品牌信用和关系。最后，在品牌传播策略方面，遵循企业核心价值和品牌精髓，制作匹配的、恰当的、简单易懂的广告语，并且选择恰当的媒介进行传播，为品牌运营提供了有力的支持。

思考题：

1. 当需要进入一个全新市场时，ING做了哪些方面的调查研究？
2. 当ING进入A国时，它面临哪些机会和威胁？
3. ING的品牌定位为什么能够取得较好的效果？
4. 哪些必要条件能够支持一家企业在某个全新市场运营和管理其品牌并获得成功？

耐克在伦敦奥运会的社交媒体埋伏营销[1]

刘侃宁[2]

埋伏营销（ambush marketing），又译为“伏击式营销”或“偷袭营销”，是在体育赞助营销兴起以后出现的衍生物。体育营销，尤其是全球性大型赛事的官方赞助营销，曾经一度受到全球各大知名企业的追捧，与明星推广并列为大众认可度最高的两大市场推广策略。但在奥运会、世界杯这样赞助费用高昂，且官方赞助具有唯一性和排他性的全球顶级体育活动中，未能获得赞助权的企业往往试图采用埋伏营销的方式，通过各种营销活动给消费者造成一种虚假印象，误以为他们也是赛事的赞助者，或在某种程度上与赛事有联系。在赞助费用日益高涨的今天，全球顶级的体育赛事如夏季奥运会、国际足联世界杯等的官方赞助费用已达上亿元，企业在此类赛事上投入巨大，却未必能获得预期的丰厚回报。因此，在全球范围内，埋伏营销已不仅仅是中小型企业的选择，不少具有强势品牌力与雄厚资金背景的企业也纷纷效仿，展开多样化的埋伏营销。

一、耐克的埋伏营销

1984 年洛杉矶奥运会是第一届成功的商业化奥运会，吸引了可口可乐、美国通用公司、富士胶卷等国际顶尖企业的参与。此后，奥运会营销一路水涨船高，国际奥委会顺势推出了“奥林匹克全球合作伙伴”TOP 计划。成为 TOP 赞助商的企业可以获得该企业品类产品上的奥运五环标志唯一使用权，同时需要向国际奥委会支付高额的费用。至 2008 年北京奥运会，TOP 计划已经推进至第六代，国际奥委会也收获了超过 23.9 亿美元的丰厚回报。

2012 年伦敦奥运会，TOP 合作伙伴的最低赞助门槛为 8000 万美元（2008 年北京奥运会时这一数字为 6000 万美元）。尽管费用高昂，依旧吸引了包括可口可乐、麦当劳、宝马汽车等众多世界顶尖品牌的加入，其中，在体育用品这一产品领域，阿迪达斯公司付出了一亿英镑的高额费用，成为伦敦奥运会的 TOP 合作伙伴。这意味着，作为阿迪达斯直接竞争对手的耐克公司，不能使用奥运字眼或者五环标识进行任何商业宣传，一旦违规，耐克将面临天价的赔偿金额。面对四年一次的营销传播良机，耐克巧妙

---

① 本案例部分内容摘自：周燕丹：《化腐朽为神奇：耐克微博“埋伏营销”成效显著》，中国服装网 http://news.efu.com.cn/newsview-245629-1.html。

② 刘侃宁，女，成都信息工程大学讲师。主要研究方向：广告策划、促销管理。

地利用网络新媒体，展开了一场以“活出你的伟大”为主题的埋伏营销传播活动。

2012年7月27日，耐克精心制作的全球统一广告短片《活出你的伟大》（*Find your greatness*）登陆各大社交媒体：“这里没有盛大的庆典，没有激昂的致辞，没有耀眼的灯光，但这里有伟大的运动员；一直以来，我们只相信伟大是属于少数人的，只属于那些巨星，但其实，我们都可以伟大，这不是说要降低伟大的标准，而是要提升我们每个人的潜能。伟大，不限地点，不限身份，属于每一个正在追寻它的人。”耐克一如既往打动人心的文案引发了大量共鸣，迅速在社交媒体上获得众多关注和转发。在这则广告短片中，耐克并没有一处涉及奥运宣传的字眼，而是巧妙地打了“擦边球”。在短片中出现了世界众多地名中带有“伦敦”二字的地点，如牙买加的小伦敦，南非的东伦敦，以及“伦敦旅馆”“伦敦广场”等。虽然耐克并没有说这是一个奥运会广告，但广告中多次出现的与“伦敦”有关的画面，让广告受众很自然地将该广告与即将举行的伦敦奥运会产生联系。在2012年伦敦奥运会开幕式之后，这则广告也正式在全球25个国家的电视台以多种语言播出。随后，耐克充分利用自身在广告传播策划上的优势，推出了大量以“活出你的伟大”为主题的平面广告。耐克在英国本土打出的一张耐克平面广告上，出现网球运动员手持球拍站在网球场上的画面，文案设计为“伟大不止SW19”，而SW19正是伦敦奥运会网球主场馆温布尔登网球馆的邮编。如此含蓄隐晦却又让人浮想联翩的表达，既回避了奥运会的相关传播限制，又在事实上加强了品牌与奥运之间的联系，甚至让人期待耐克推出更多“一语双关”的文案。

在耐克一直看重的中国市场上，这样的“埋伏营销”更是通过网络新媒体的平台，吸引了众多关注的目光。2012年7月28日，网球女王李娜在众人的关注中，意外在女子网球单打的首轮即爆冷出局，引人唏嘘。耐克在第一时间于微博上发布了两则相呼应的“活出你的伟大”系列平面广告。两则广告都以网球场的画面为背景，配以醒目的两则文案“伟大的反义词不是失败，而是不去拼”“你会不会为伟大再战四年”，恰到好处地匹配了这一热点事件，既为运动员的表现喝彩，又及时为“活出你的伟大”广告活动增添了关注点和热度。随后，耐克凭借超强的快速反应和极富感染力的文案设计，在中国奥运军团参赛的各项热门事件之后，都有令人拍案叫绝的平面广告在微博上推出，并迅速获得大量的转发和关注，掀起了一波又一波的“伟大体”热潮。

在中国小将叶诗文夺得女子混合泳400米金牌，并打破世界纪录之后，有不少国外媒体由于其太过年轻而对其成绩表示质疑。耐克为此送上意味深长的一句“伟大，与经验无关”。在中国女子自行车队骑出夺冠成绩，却被判犯规只能屈居亚军时，耐克发布了“裁判能决定你的成绩，但决定不了你的伟大”。在中国男子体操选手陈一冰发挥完美，却以0.1分的微弱差距遗憾摘银，引发舆论质疑裁判是否打分不公时，耐克感叹“没有绝对的公平，但有绝对的伟大”。当中国观众为自己的奥运健儿在赛场上遭受的各种不公平对待而愤愤不平时，耐克的这些广告文案恰到好处地为他们提供了一个情绪的出口，安抚了观众的内心，也为自己博得了更多的口碑。

同时，耐克的此次广告文案注重传递更多积极、阳光、向上的正能量，配合人人都能“活出你的伟大”这一主题。中国女子射击夺得首枚金牌后，耐克以“伟大可以是第一，也可以是第六”提醒观众，获得第六名的中国选手同样值得尊重；王皓第三次与奥运乒乓球男单金牌失之交臂后，耐克用“三个亚军，证明的是你三次想赢冠军的决心”给予鼓励；中国跳水梦之队毫无悬念夺金之后，耐克也用“再没有悬念的伟大也是努力得来”表达敬佩之情……

在这次众多“活出你的伟大”主题广告文案中，刘翔在伦敦奥运会的退赛事件，让耐克的“伟大体”交出了一份堪称“教科书级别”的完美答卷。

2008年北京奥运会上，刘翔的因伤退赛给耐克带来了不小的公关危机，但由于耐克反应迅速，第一时间登出了“爱运动，即使它伤了你的心”的危机公关广告。广告中刘翔平静的面孔与充满人文关怀的广告词为耐克赢得了一致喝彩。

2012年伦敦奥运会，尽管耐克团队已经针对刘翔可能出现的各种状况制定了广告预案，但刘翔在110米栏预赛首栏就摔倒，未能获得任何参赛成绩，仍然大大出乎耐克的意料。面对这样突发的情况，耐克团队立即针对原有广告预案进行了调整。在刘翔摔倒15分钟以后，耐克官方微博发布了刘翔身着耐克运动服的平面广告并配文“谁敢拼上所有尊严/谁敢在巅峰从头来过/哪怕会一无所获/谁敢去闯/谁敢去跌/伟大敢”。该条微博广告发出以后，在24小时之内被转发13万次，收获评论26000多条。中国观众讨论着刘翔摔倒事件，赞美者有之，讽刺者亦有之，共同点就是一提到刘翔，大家必然会联想起耐克的这一则广告文案。有广告业内人士评价耐克的“伟大体”广告最成功之处就是“写出来的刚好就是大家心里想的”。

和耐克来势汹汹的“活出你的伟大”网络营销传播活动相比，作为此次奥运会官方TOP合作伙伴的阿迪达斯，却未能在伦敦奥运会期间溅起水花。事实上，在一项关于伦敦奥运会官方赞助商的调查中，有37%的被调查者认为耐克是本届伦敦奥运会的赞助商，而只有24%的被调查者能正确指出阿迪达斯才是伦敦奥运会的官方赞助商。在奥运会的营销赛场上，耐克再次凭借网络新媒体的埋伏营销，在不破坏游戏规则的前提下，巧妙地将奥运会与耐克品牌的关联在观众的脑海中进行了强化，不仅实现了品牌影响力的提升，也大大刺激了奥运会期间耐克产品的销量。

二、案例分析与启示

此次耐克“活出你的伟大”埋伏营销活动能够风靡网络，原因有以下三点：

一是事前准备充分。在奥运会开幕之前，耐克对于中国奥运军团的各路选手都进行了详细的接触和了解，对于热门的选手和热门的夺冠项目的多种可能结果都事先做好了广告预案。在伦敦奥运会之前，耐克出版了一套体育珍藏画册《伟大，不只是胜利》配合此次活动主题。在其中便能看到耐克对于刘翔的记录：从2011年起刘翔便试图改进上栏技术，从八步改为七步，而这样做的风险包括撞上栏架或者被绊倒……耐克和刘翔的合作已有十年，对刘翔的了解超过了任何一个体育品牌，也因此能在第一时间写出平实却打动人心的广告文案。

二是社交媒体助力快速反应。与2008年相比，由于微博、微信等网络社交媒体的盛行，耐克在网络广告的传播速度上也做到了前所未有的迅速。耐克为此次奥运会特地组建了60人的营销传播团队，针对奥运会期间的热点事件进行24小时的快速响应。结合事前的广告预案，大部分热点事件发生后，耐克均能在30分钟以内做出反应，制作出关联热点的平面广告在社交媒体上发布。社交媒体传播的快捷性和便利性助推了耐克“活出你的伟大”的广告效果。

三是准确把握观众心理，颠覆“唯金牌论”的价值观。在2008年北京奥运会成功举办以后，中国观众的民族自信心普遍高涨，已经逐渐摆脱了需要靠奥运金牌数量增加民族自信的心态，转而更多地关注运动本身。耐克“活出你的伟大”广告营销传播恰到好处地说出了“不以成败论英雄”“只要努力拼搏付出，不是冠军也依然伟大”的观点，刚好切合观众的心理，也带动观众思考运动的本质意义，既博得了观众的关注与好感，又使品牌内涵得以升华。

思考题：

1. 耐克是如何通过平面广告与文案的配合，加强品牌自身与奥运会的联系的？
2. 在新的网络社交媒体传播时代，如何提升营销传播活动的效果？
3. 埋伏营销还有哪些方式？是否涉及营销道德问题？

对“日伞男子”现象的思考①

刘　琳②

一、“日伞男子”成为日本街头奇特风景

《环球时报》驻日本特约记者报道：2018年高温天气给日本的街道带来不一样的风景。你看，对面走来的那位白领男性，他西装革履，头发打理得根根油亮，一只手拎着黑色公文包，一只手撑起黑色遮阳伞，这就是时下在日本十分流行的“日伞男子”。所谓“日伞男子”，就是撑起遮阳伞上街的男性，也是2018年日本推特的热搜词之一。“日伞男子”这个词还获得了2018年度“流行语大奖”的提名，足见日本社会对这一新奇现象的关注。8月10日的《每日新闻》里甚至出现了这样一则消息——“就连九州男儿都变成了日伞男子”。日本九州地区的男性，一向以“男人中的男人”著称。异常高温天气令“男人中的男人”也无法抵抗，所以不得不买把遮阳伞“护身”。

二、“日伞男子”现象产生的原因分析

（一）政府鼓动

2018年，很多国家都在承受着高温，特别是日本，高温夺走了很多人的生命。政府也想了很多的办法来应对这件事情，首先就是提醒群众尽量不要待在户外，要多喝水，政府在很多地方都提供了供水点，整个国家都在想办法减少因中暑而导致的伤亡。比如位于日本首都圈内的埼玉县政府，为了鼓励男性上下班以及外勤时都能积极主动地撑起遮阳伞，组织男性公务员成立了一个“日伞男子推广队”。为了营造男性也能自然地使用遮阳伞的社会氛围，这群小哥每天通勤时都会打伞，向路人展现男人伞下的英姿，并且还会进行防暑宣传。据埼玉县全球变暖对策课介绍，如今埼玉县最高气温在35摄氏度以上的天数，是50年前的7倍。

---

① 本文部分资料来自网络相关新闻。

② 刘琳，女，成都信息工程大学管理学副教授，主要研究方向：市场营销、教学管理。

（二）消费者观念悄然变化

在日本男性是不喜欢打伞的，这样会让他们非常害羞，他们认为自己没有那么娇气，还有就是打伞让自己看起来很“娘”。将男性打伞与“娘”之间画上等号，背后其实隐藏着两个刻板成见。一则，男性与女性是不同的，女性是精致的、细腻的、柔弱的，男性是随性的、粗犷的、刚强的。毒辣的阳光就好比外在的社会竞争和社会压力，男性需要独自面对这一切，而女性可以享受到“庇佑”。这就是传统说法中的“男主外，女主内”。二则，男性的“娘”是一种引人羞愧的气质，男性“娘”也往往意味着这个男性软弱，没有竞争力，抗压能力差，无法承担起责任，难以独当一面。还有一个重要的原因，因为遮阳伞一般都是那种蕾丝或者是小碎花样式，所以有些男性没有办法接受自己打这么“娘”的伞，一般他们都会选择戴帽子，很少见到他们打伞。

为了预防中暑，日本也经常呼吁男性：不要在意目光，不要觉得羞耻，赶快撑起遮阳伞吧！用过一次就欲罢不能！曾有媒体对男性进行过“能不能接受男性打伞”的采访，某县政府工作人员表示：从前以为遮阳伞是女性专属，我没有考虑过打伞是因为没有男性这样做。现在我意识到，遮阳伞就好像一个移动阴影，有了它凉快不少。毕竟在阴凉处身体还是凉快的，现在最重要的是保命，而不是去思考这样会不会让自己感到羞耻。屡屡刷新纪录的高温，令不少日本男性走进了卖场，去选择一把“护身用”遮阳伞。

在东京目黑区有一家三层的伞店，该店共放了500多款遮阳伞，其中有30款是男士用的。据店员介绍，为防止中暑，每天会有几个男性顾客来买遮阳伞。其中以老年人和经常需要外出跑业务的上班族居多。店员说：“感觉到男士遮阳伞好像逐渐为大家所接受。”

（三）减少中暑的风险

2018年各地都出现了罕见的高温气候，日本更是出现连续多日的猛暑日，而在过去3个多月内，因中暑被紧急送往医院的人数累计超过7万，其中138人因中暑死亡……炎炎夏日，女性可以通过打伞来阻止自己与太阳的“亲密接触”，进而降低中暑的风险。另外，日本环境省也有数据显示，使用遮阳伞避免太阳直射到身体上，可令体感温度降低3到7摄氏度。根据日本环境省早年间的调查，打遮阳伞在一定程度上还可以减少出汗量。因此，男人出于防止中暑的风险也在考虑是否使用遮阳伞。

（四）减少脱发的风险

“日伞男子”风靡还有一个重要的原因——脱发。脱发如今已不再只是中年大叔的苦恼，一些“90后”甚至还没有“脱单”就开始脱发了。成为一名“日伞男子”，其实也有助于摆脱脱发的苦恼。藤田保健卫生大学皮肤科学领域教授岩田洋平说：“男性脱发的原因之一，就是被过量的紫外线照射伤到了毛根，让头发变得容易脱落，建议有脱发倾向的男性尽快使用遮阳伞。”感到危机的当地男性组成“男性撑阳伞小队”，并组织体验活动，向男性宣传撑阳伞的好处，大多数男性体验之后表示“想要尝试”。

（五）企业跟进

除了政府努力，制造企业针对“日伞男子”专门进行了产品外观改进。在某些商店里，人们看到有些男性遮阳伞伞柄的部分被设计成了武士刀的刀柄模样，英国的巴宝莉，德国的Knirps，法国的圣罗兰、Jean Paul Gaultier等国际奢侈品大牌也推出了可折叠放入公文包的男性遮阳伞，日本的雨具品牌a. s. s. a甚至推出了可以跟男性西装相搭配的条纹伞，让“日伞男子”在“护身保命”的同时，还能兼顾到刚毅帅气的形象。在福冈县福冈市中央区的大型百货岩田屋的绅士用品卖场里，男士遮阳伞的销售额是2017年同期的2倍以上。拥有180多年历史的日本老牌百货公司高岛屋在全国店铺里都增设了男性遮阳伞专柜，销售额一跃增长了6倍。日本大丸百货因设立男性太阳伞专柜，该百货在2018年6月的销售额同比2017年增长了5倍。

三、结论

（一）需求是可以创造的

平心而论，大男子主义在传统的日本文化中还是根深蒂固的，特别是在女性参与较少的日本职场中。传统日本文化熏陶下长大的日本男人往往有着不服输的硬汉风格。在他们看来，街头打伞应该是女性的专属。然而随着时代的变迁，女权意识在日本不断高涨，日本男性的传统特征也正悄然发生着改变。甚至很多日本男性从着装到言行都较女性化，抗压能力弱、动不动就放弃的男人也越来越多。基于这样背景，推出有利于男性健康的男士伞就有了一定的基础。当政府、家人、企业等都在宣传撑伞的好处时，男人们没有理由不去尝试成为“日伞男子”。

（二）全民促销有成效

除了政府公务员积极投身宣传活动，还有警察署的工作人员也为普及“日伞男子”贡献自己的一分力量。在炎炎夏日，针对“日伞男子”特制的广告海报铺天盖地，还有专门的男士遮阳伞贩卖宣传。类似东京Hands涩谷店的日本各商店还专门开辟了男用阳伞专区。有一位之前从来不打遮阳伞的日本小哥当街进行了模拟实验，他买了人生第一把遮阳伞，并且UV阻隔率99.9%。实验在新宿的午后进行，太阳非常毒辣，仅仅是站着都觉得非常热……用红外线放射温度计在没打伞的身体周围测量温度为37.6度，接下来，小哥打着他人生中第一把遮阳伞在附近走动，之后再进行温度测量，身体周围温度变成了35.3度，虽然下降的温度并不多，但是这位小哥说，在遮阳伞的庇护下，感觉太阳一点都不毒辣，遮阳伞的效果也太棒了。

（三）企业牢牢抓住了商机

由于传统观念，日本男子不撑遮阳伞，有老人或者生病的人需要一把遮阳伞的时候多是拿把雨伞当作遮阳伞。由于持续高温酷暑难熬，在政府及全民宣传活动下，男人们的撑伞热情被激发起来，纷纷走进商店想要选一把中意的遮阳伞，这就为制造企业和中间商提供了商机。面对新的需求、新的市场，企业也参与到改变消费者观念的活动中，企业从产品设计、定价、渠道、促销等方面迎合男人们的多方需求，从而获得良好的收益。

思考题：

1. 从营销的角度分析，“日伞男子”现象还给了你哪些启示？
2. 针对“日伞男子”现象，企业还有哪些营销活动可以做？
3. 列举我们生活中类似现象并进行分析，看看有没有我们还没有把握的商机。

李宁品牌重塑回归“一切皆有可能”[①]

唐承林[②]

为了摆脱“中国耐克”的跟随者形象，2010 年，在公司成立 20 周年大会上，李宁公司重新锁定目标消费者——“90 后”，倾力打造“90 后李宁”，并将广告语由“一切皆有可能”改为“Make The Change”（让改变发生）。然而，一场试图更新品牌形象，提高价格的转型却让李宁公司遭遇滑铁卢。

一、李宁“让改变发生”遭遇滑铁卢

2010 年 6 月 30 日，李宁公司高调宣布品牌重塑战略，发布全新的标识和口号，并对品牌基因、目标人群、产品定位等做了相应调整，打造“90 后李宁”。李宁公司新口号为“Make The Change”，品牌新标识则抽象了李宁原创的“李宁交叉”动作。按李宁公司的解释，2008 年奥运会结束后，由于体育行业错估了奥运市场带来的增长趋势，盲目扩张导致 2011 年大量体育品牌出现库存积压问题。随着体育产业规模的快速发展，外延扩张与内涵发展的矛盾日趋明显。李宁看到了行业内的同质化，主动对公司做出转型和调整。但是，这次“痛下狠手”使李宁公司连续三个财年出现业绩亏损。在 2012 年至 2014 年，李宁公司的业绩一直处于亏损状态，三年的亏损金额分别为 19.79 亿元、3.91 亿元和 7.81 亿元，累计超过 31 亿元。事实上，2011 年，李宁公司开始走下坡路，业务接连下降，股价跌 16%。在整个行业艰难去库存的背景下，李宁公司在 2012 年迎来了 1990 年公司创立以来的首次亏损，亏损金额达到 19.79 亿元。

犯错的代价是惨痛的。2015 年，安踏体育年营业收入达 111.26 亿元，成为第一个进入“百亿俱乐部”的中国体育用品企业。从此，安踏超越李宁成为国内体育运动行业的领先者。

100 亿元，这是很多中国体育品牌的梦想。李宁公司 2010 年的营业收入距 100 亿元仅一步之遥，后来却与这个目标相距千里：2013 年营业收入 58.24 亿元，净利润亏损 3.91 亿元，2014 年营业收入 67.3 亿元，净利润亏损 7.81 亿元。泥足深陷的李宁公司三年亏损金额累计超 31 亿元。

---

① 本案例部分内容摘自新浪财经：从巨亏 31 亿到净利年翻 44 倍 李宁如何救活“李宁”？http://finance.sina.com.cn/stock/hkstock/ggscyd/2017-09-11/doc-ifykusey8129784.shtml。

② 唐承林，男，成都信息工程大学讲师，博士。主要研究方向：技术经济及管理、营销管理。

同时，庞大的经销体系起到了反效果，李宁公司开始持续关店，2014年底，它在全国的店铺数量从8000家缩减到5000多家。

李宁曾预期三年完成公司转型，培养自己专业的产品。但事与愿违，三年后李宁公司并未完成转型，李宁在采访中坦言“转型失败比亏损更有压力”。

二、品牌重塑之殇

2006—2007年，李宁公司对消费者的市场调查报告显示，李宁品牌实际消费人群与目标消费人群相比，有了一定偏移，即整体年龄偏大，35～40岁的人群超过50%。另外，消费者，尤其是年轻消费者，在对李宁品牌的印象中，“积极向上”“有潜力”“中国特色”“认同度”等方面得分很高，而“酷”“时尚”“国际感”等特质则相较国际品牌略逊一筹。这促使李宁开始着手研究品牌重塑课题，启动品牌重塑工程。2007年5月，李宁公司开始与外部合作伙伴接触，探讨品牌重塑事宜。2010年6月30日，李宁公司高调宣布品牌重塑战略，发布全新的标识和口号，并对品牌基因、目标人群、产品定位等做了相应调整，打造“90后李宁”。李宁公司新口号为“Make The Change”，品牌新标识则抽象了李宁原创的“李宁交叉”动作。在这次变化中，最受关注的是李宁经典的标识和口号的更改。李宁现场揭晓了品牌新标识和新口号“Make The Change”。李宁公司品牌负责人表示：“源于全新的品牌宣言，体现了从敢想到敢为的进化，鼓励每个人敢于求变、勇于突破，是对新一代创造者发出的呼告号召。”此外，李宁品牌新标识不但传承了经典“LN”的视觉资产，还抽象了李宁原创的“李宁交叉”动作，又以“人”字形来诠释运动价值观。李宁公司品牌负责人解释称：“鼓励每个人透过运动表达自我、实现自我。新的标识线条更利落，廓形更硬朗，更富动感和力量感。”但新的品牌定位一直被营销界所诟病。

（一）锁定错误的目标人群

李宁创造的体操神话对于新生代“90后”来说，并没有留下深刻印象。1988年退役的李宁更多的是“60后”“70后”“80后”的记忆与情怀，可是怀有情怀的那拨人被抛弃得十分彻底。仅仅依靠口号和轰炸式的推广，根本打动不了“90后”的心。结果是新用户不买账，老用户不买单。当“90后李宁”对上“90后”的消费者时，没有预期中的一拍即合，得到的却是“90后”群体的不屑一顾。

（二）高端路线定位失败

北京奥运会之后，李宁公司放弃了走高性价比道路的安全策略，试图树立高端品牌形象，大幅度提高产品价格。

结果在价格堪比国外品牌的情况下，年龄稍大且看重性价比的老顾客大面积流失，并转向其他低价国产品牌。李宁虽然是国内数一数二的知名品牌，但是定价在300～400元，显然是高估了消费者的消费能力。

与此同时，国内其他运动品牌主打的低价、平民化则吸引了更多忠诚的品牌拥护者。

（三）背水一战：回归“一切皆有可能”

为了阻止颓势，退居幕后的创始人李宁再一次被推出台前。2015 年 3 月 18 日，李宁公司宣布执行主席李宁将兼任代理行政总裁，李宁公司产品将由体育装备提供商向“互联网+运动生活体验”提供商转变，品牌 slogan 也从“让改变发生”重新改回“一切皆有可能”。也就是说，李宁开始重新掌管公司，进行一系列新的尝试与探索。

为了显示回归的决心，从 2014 年开始，李宁逐步走向最前线。其中，最显著的细节是，2015 年 1 月 21 日，李宁开通了新浪微博，与消费者沟通和互动，走出了带着诚意与温度的一步。目前这个账号已经拥有 295 万多“粉丝”，这对一个企业家而言，已经算是庞大的“粉丝”量了。

开通微博后，卖力地提高曝光度：刷微博、“卖萌”、写“鸡汤”文，这个五十多岁的“潮大叔”丝毫不输年轻人。复出的李宁不再是高冷的体操王子，也不再是严肃的企业家，变成了一个可爱的小老头。为了获得年轻人对品牌的认同，在重新回到第一线之后，李宁不断融入年轻人以及与年轻人互动的各种活动中。调侃田亮的蜡像，请朋友帮自己的“偶像”奥莉（李小鹏女儿）画像，不仅使用张梦雪和傅园慧的表情包，甚至出镜自制表情包……看一圈李宁的微博，“萌萌”小老头的形象立住了，一个年龄超过 50 岁的大叔为融入年轻人生活方式所做出的努力，大家也有目共睹。

熟悉他的人都知道，这一年，李宁豁出去了。除了微博，李宁还频繁参加各种活动和应酬。比如，为公司赞助的 2015—2016 年赛季中国男子篮球职业联赛（CBA）全明星赛开球，他出现在腾讯守护宝贝公益计划现场，甚至带着女儿参加深圳马拉松比赛。

好的迹象是，李宁的各种妥协与付出，终于让这家公司重新走上正轨：2015 年下半年，李宁公司扭亏为盈。两年之后，转型计划仍在推进的李宁公司获得可持续的增长。

“我的职责就是让‘李宁’重新回到盈利，并且持续地盈利。”李宁接受媒体采访时这样表态。

“粉丝”在微博评论上说：“这思路就对了，还是得创始人回归！”

重新启用“一切皆有可能”的口号以及李宁本人创业家精神的回归，都让李宁公司有了更多的定力与砝码。或许，就像星巴克的舒尔茨、戴尔的迈克尔·戴尔回归一样，李宁也在拯救这家明星公司。

三、案例启示

（一）品牌定位回归

为拯救公司，李宁频繁出现在各种赛事活动和媒体访谈中，并与京东、小米等合作。2015 年，李宁公司的品牌口号也改回了 2010 年的“一切皆有可能”。通过股东注资、渠道调整、品牌重新定位等举措慢慢找回李宁在消费者心中的地位。

随着人们生活水平的日益提高，在温饱得以满足后，产品的品牌效应以及带来的产品体验，正在成为消费者首选的条件。对此，李宁在《对话》栏目中称：“品牌包括质量，也包括产品体验。产品体验将技术、科技、材料，甚至是人内心需求的趋势和艺术设计融入产品中。”

“消费本身就是一种体验，企业要创造产品体验，才能获取与消费者沟通的机会，从而让消费者的注意力集中在品牌上。”李宁称要靠产品体验与消费者进行交流。如今，品牌已经成为知识经济时代营销战场中重要的竞争手段，像李宁这样的民族品牌正在获得消费者的更多关注。

业内人士称，2014 年下半年，全民健身上升为国家战略，国家政策的扶持为体育用品行业的发展营造了有利环境，大环境的改变让国内体育品牌有所缓和。同时，消费者对体育的热情也开始提高，带动了体育用品的消费，也让各大体育品牌从去库存化的泥沼中走出来。

同时，李宁公司运用铺天盖地的广告，重金聘请明星代言进行品牌建设并打造属于自己的品牌特色，以此增加自身在市场竞争中的砝码。2012 年，顶着巨亏的财务压力，李宁签约了 NBA 篮球巨星德维恩·韦德，以 20 亿元的天价买断 CBA 联赛五年的赞助权。

品牌的影响力已经对消费者产生购物导向，优他国际品牌投资管理有限公司首席执行官杨大筠在接受北京商报记者采访时表示：“品牌是企业竞争的软实力，质量和价格是硬实力。品牌已经成为质量和价格之外新的影响因素，甚至会放大质量和价格对消费者的影响。因为品牌带有故事和情感，甚至会产生一些非理性因素，让消费者产生感情诉求，促使消费者愿意为品牌付出更多。”

（二）商业模式转变下的企业发展之道

互联网正在改变着人们的生活，也改变了消费理念。“移动互联网兴起后，用户的消费行为往往基于体验和场景，而不再是孤立的决策。”李宁曾表示，“互联网+”的时代，要以“运动体验”为核心重构竞争力。

经历 2015 年的转型后，李宁将战略方向由传统体育装备提供商向“互联网+运动生活体验”提供商转变，推进“李宁式品牌体验”新商业模式，李宁已经在产品、渠道、“O2O”模式、跨界合作上不断进行新的布局。

2015 年，李宁公司与小米生态链企业华米科技发布“烈骏”和“赤兔”两款智能跑鞋，打造“专业装备+智能硬件+移动互联网+数据分析分享”等四维一体的立体智能平台，为消费者提供多元化的跑步体验。

同时，李宁公司也与京东签署战略合作协议，由京东提供产品至门店的整体物流解决方案，优化库存及运营效率。在 2017 年 12 月京东超级品牌日上，李宁公司旗下各类商品全天销售额达到了 2016 年“6·18”当天的 12.4 倍。借助互联网的力量，依托新的渠道，李宁正在调动更多的可能性。

互联网让品牌的影响力不断扩大，品牌背后的故事会激发消费者的购买欲望，人们因故事产生情感，并为此付出更高的价格和更多的时间。杨大筠称：“消费经济时代，消费者把购物本身当成娱乐，互联网则让消费者与品牌的角色发生转变，消费者变成品牌的粉丝。这种粉丝经济是一种娱乐购物，消费者把购物当成娱乐成为第一诉求，而购物本身成为第二诉求。”

2017 年中期业绩发布会上，集团创始人兼执行主席李宁总结：2017 年上半年，我们完成主要核心工作，并提升运营及盈利能力。展望未来，我们将继续加强业务重点，以实现公司未来盈利的健康及可持续增长。我们会继续以产品、渠道及零售运营能力为依托打造李宁式体验价值。我们亦会持续加大对数字化运营改造的投入，合理及谨慎地运用资源探索新业务机遇及市场潜力。为应对多变的市场环境，公司将维持巩固品牌价值和深化李宁体验价值为长远发展的主题。我们将针对差异化消费者习惯提供灵活的体验方式，寻找及拓展业务发展空间，为公司长远盈利增长探索新机遇。

思考题：

1. 结合本案例试说明企业应该如何定位？
2. 李宁重新定位为什么没有起到预期的效果？
3. 李宁品牌定位回归说明了什么？

大连万达精准扶贫的实践及其启示

鲍　文①

大连万达集团（以下简称万达）创立于1988年，把“共创财富，公益社会”作为企业使命，追求成为社会企业，主动承担社会责任。万达在国家的扶贫攻坚战略中，主动请缨帮扶贵州省黔东南州丹寨县，创造中国“企业包县，整体脱贫”的精准扶贫模式，获得国家首个脱贫攻坚创新奖，树立中国企业精准扶贫新品牌。

一、万达参与扶贫的时代背景

中国经济的持续快速增长虽然造就了不断壮大的中产阶层群体，但还存在一定数量的贫困人口。在贫穷的标准界定方面，2011年温家宝提出中国贫困线以人均纯收入2300元不变价为基准，可不定期调整。2016年贫困标准约为3000元。按照国家统计局的数据，2017年底，农村贫困人口达3046万人，比2016年减少1289万人。从目前到2020年，是中国全面建成小康社会决胜期，让贫困人口和贫困地区一道进入全面小康社会的时间是在2020年之前。越来越多的中国企业作为社会扶贫中寄予厚望的力量参与到扶贫过程中——客观来说，这是一种积极的行为，企业愿意分享它们在中国经济高速发展中获得财富的先进经验。作为具有强烈企业社会责任、追求成为社会企业的万达，积极响应国家扶贫攻坚战略，贡献企业精准扶贫智慧。

贵州地处云贵高原，是我国贫困发生率最高的八个省区之一，也是我国贫困人口最多、贫困面积最大的省份。作为贵州大山深处的各族农村居民，具有顽强的生存意志，但交通的不便和土地的贫瘠使他们难以分享国家快速发展成果，与发达地区的极化效应相对应，这里的边缘化效应使他们陷入无尽的贫穷中，唯一的选择是走出大山进城务工，而多数人最终无奈重新回到大山，依然难以摆脱贫困。万达想要打破这种贫困僵局。2014年，万达集团董事长王健林决定选择贵州省的贫困县之一，尝试“企业包县、整体脱贫”的模式。

---

① 鲍文，男，河南泌阳人，成都信息工程大学教授、硕导、博士。研究方向：区域经济、市场营销，主讲企业战略管理、营销策划、现代农业创新与乡村振兴战略、农村扶贫与发展等。

二、万达丹寨精准扶贫模式

2014年9月，国务院扶贫办、贵州省扶贫办和万达组成考察团，到黔东南8个县进行考察，将扶贫范围圈定在江口、凤冈、丹寨三县。考察团综合各县的地理区位、贫穷程度等因素，一致认为丹寨县贫困人口所占比例最大，而该县又具备交通相对便利的区位优势，因此确定丹寨县为万达对口扶贫县。丹寨县是贵州省内典型的国家级贫困县，由于地处大山深处，适合耕种的土地很少，县财政收入在2015年仅为1.37亿元。

一个新的模式需要论证和试错。万达要在当地创造一种可以复制、推广的新模式，首先万达要确定一个产业。起初万达计划在丹寨投资深加工企业：建设30万头规模的土猪扩繁厂、屠宰加工厂和饲料加工厂，并建设万吨规模的硒锌茶叶加工厂等。万达聘请中国轻工设计研究院专家担任项目咨询顾问，还聘请中国农业科学研究院畜牧研究所、中国茶叶研究所、中国农业大学、中国肉研中心、安徽农业大学等国内顶尖农业机构专家担任顾问，论证当地黑毛猪和硒锌茶加工、硒锌米加工的可能性。项目组十余次到丹寨实地调研，同时赴各地考察扶贫产业，走访国内著名农业品牌，组织召开三次专家论证会，从建设成本、市场现状、经营分析、财务模型等各方面对丹寨扶贫产业项目的可行性进行研讨。结果由于丹寨存在土地紧张、规模养猪环保压力大、产业风险大等问题，生猪养殖加工项目不适合在丹寨开展，决定停止实施；茶叶及米加工项目由于规模小、经济效益差，对扶贫贡献小而终止。论证结论中，旅游在丹寨具有潜力，这与万达的娱乐和地产优势具有很强的契合性。旅游产业的好处是链条长、受益面广、贫困人口的获得感强。首先，县财政受益，旅游小镇可为丹寨县创造稳定的租金和税收，为丹寨县发展提供源源不断的资金。其次，增加本地就业机会，旅游小镇可直接提供2000至3000人稳定就业，通过主要招收丹寨籍员工，有效解决县城就业不足问题。有就业才能吸引人口流入，人口聚集则带来经济繁荣。再次，拉动住宿、餐饮、购物等相关产业发展，其中购物主要是当地特色的各种手工艺品，以人均消费200元计，100万游客每年可给丹寨带来2亿元的收入，足以给丹寨县的古法造纸、手工鸟笼、银饰、蜡染等特色产业带来繁荣，而旅游业对于住宿和餐饮的需求将促进丹寨服务业发展。最后，形成品牌，通过旅游小镇给游客带来的良好体验，将产生丹寨旅游的品牌效应，使丹寨成为贵州旅游的重要目的地和集散中心，产生会议、展览等更多机会。

万达出资7亿元捐建旅游小镇，一个月的时间完成了400亩土地的征收，紧接着2016年4月启动场地平整工作，丹寨县人民热情高涨，克服恶劣天气等重重困难，一个月就完成了。万达小镇于2016年5月1日开工建设，在6个月的时间里，万达完成了全部建筑物5万平方米的主体结构封顶、屋面封顶、室外装修、景观铺装建设等工作。建筑只是开始，更重要的是招商和后期管理。丹寨旅游和商业薄弱与机会并存，大背景是贵州旅游资源丰富。万达与丹寨政府合作，注重当地的积极参与和建设。丹寨没有旅游和商务沉淀，万达希望花费1000万元的旅游奖励基金，用于鼓励小镇的市场影响、招商等活动，丹寨政府本来指望由万达出这笔钱，万达说服政府双方共同出资合力推动。挖掘当地民族文化背后的商业产品对旅游行业本身是一个挑战，招商过程中需要说服这些民间艺人在万达小镇开店，苗族的建筑形态以木质结构为主，存在防火隐患，需要说服他们花钱购置消防设施。在选择入驻万达丹寨小镇时，万达更希望引进贫困户和手艺人。从门头设计到店面陈列，万达需要指导这些没有经营经验的商户。万达内部尽可能地多帮助这些手艺人，比如，万达内部采购也会选择当地产品，一方面为了宣传丹寨，另一方面为他们增加收入。

万达小镇计划三年盈利，但不带走一分钱，所有利润留在当地继续支持扶贫，回馈社会。万达小镇开业后，整个县收入增长了5倍，2017年减贫1.18万贫困人口，将近2万人受惠。丹寨的百姓幸福感上升，邻县的村民对丹寨十分羡慕——因为万达每年会给特别贫困户发放现金。2017年春节期间当地购买力显著增强。

万达扶贫寻求的是与丹寨县建立合作伙伴关系，优势互补、深度挖掘现有资源发展潜力，形成丹寨县内生发展能力，是万达扶贫实践过程中始终坚持的原则。扶贫过程中采取短、中、长结合，既有长远战略规划，让丹寨县各族群众看到未来生活的美好蓝图，也有让贫困户有获得感的短期见效项目，对企业产生信任，才能真正支持和参与企业扶贫；既坚持打造“造血”功能为主，也不乏“输血”的扶危助困项目。直接发钱是万达短期扶贫的政策，专项扶贫基金总额5亿元，由万达投资公司理财，每年保底5000万元收益，无偿分配给丹寨县贫困人口，扶贫基金的建立就是让这些人当年就有收益。2018年1月，万达为300名贫困户代表发放了扶贫金。扶贫金分为五等次，每人每年分获1224元至2000元不等。一些当地贫困户决定用万达发放的扶贫款养5头猪，每头猪可以获得政府450元的补贴，另外对于养猪5头及以上的贫困户，村里还会补贴850元。贫困户有着朴素的智慧，他们尽量用最低的成本获得最高的补贴。设立旅游小镇和职业技术学院是中长期扶贫之举。万达在当地投资3亿元建设一所职业技术学院，规划用地面积300亩，总建筑面积5万平方米，包括勤政楼、图书馆、教学楼、体育馆、宿舍楼、食堂等，共计10栋单体建筑。学院完全按照现代化高标准的高校设施要求进行规划及建设。学校配备现代化的教学楼、藏书丰富的图书馆、设施先进的行政楼、宽敞明亮的宿舍和干净卫生的食堂，并设置标准的足球场、跑道、篮球场、体育馆、健身中心等体育设施。学院共设置5个系：文化旅游管理系、机械设计与制造系、材料与能源系、电子信息系、财经系。专业的设置与万达集团的相关产业有密切联系，万达承诺每年将择优录取学院50%的毕业生进入万达工作。

三、案例启示

（一）万达丹寨精准扶贫在于优势互补

万达作为具有卓越表现的企业，认识到丹寨的贫困是由偏远闭塞的山区环境决定的，看到贫困之外的优美的、无污染的自然环境，丹寨具有现代城市生活所缺少的青山、绿水、蓝天，以及淳朴的民族风情、民族工艺品、民族村寨。万达的优势在于地产、娱乐等项目，丹寨小镇的建设、发展与管理在于发挥其所长。

（二）企业社会责任有助于树立企业良好的社会形象

万达助力丹寨县摆脱贫困，符合其“共创财富，公益社会”的企业使命。万达扶贫项目的选择经过科学的论证，即使是扶贫基金也由万达投资公司理财，收益用于发放贫困户，具有可持续性。万达创造中国“企业包县，整体脱贫”的精准扶贫模式，获得国家首个脱贫攻坚创新奖，树立中国企业精准扶贫新品牌。这对企业和社会是一个双赢的结果。

思考题：

1. 万达未入选2018年《财富》世界500强，为什么说有点“冤”？
2. 企业扶贫需要什么条件，以万达为例加以说明。

海航多元化发展战略实践及其启示

鲍　文[①]

海航集团（以下简称海航）创立于1993年，历经25年的发展，从一个单一的地方小航空公司发展成为中国最大的航空集团，目前是囊括航空、酒店、旅游、地产、商品零售、金融、物流、生态科技等业态在内的大型多元化跨国企业集团。海航从创立时的1000万元起家，到总资产近万亿元进入《财富》世界500强之列，其发展历程既是“搏一搏单车变摩托”的范例，也是一部神秘扩张、旋风收购的多元化发展史。

一、海航航空主业发展及挑战

1993年成立的海航，启动资金仅1000万元，海航的创始人陈峰以还没有买到手的飞机作担保，硬是说服银行给刚刚诞生的海南航空贷款。于是，在很长一段时间，海南航空就是这样，向银行贷款买飞机，再把飞机抵押给银行购买第二架飞机，就这样不断再抵押购买更多的飞机。海航巧妙地利用资产杠杆不断扩充实力，公司稳步发展。从2000年开始，民航局开始部署以国航、东航、南航三家航空公司为中心的战略重组，国航兼并了西南航、中浙航，南航兼并了北方航、新疆航、中原航、贵州航、厦航、福建航、邮政航、川航，东航兼并了西北航、云南航、通用航、长城航、武汉航。

为不被重组，海航主动出击。2000—2001年，海航通过融资、贷款、抵押、重组等方式，控股新华航空、山西航空、长安航空等公司，快速扩大规模，增强实力，缓解生存危机，并开始涉足信托、证券等金融行业，航空业的影响力从海南省扩大到华北和西北，初步多元化发展对资本运作能力提高也很显著。同时，海航还控股海口美兰机场，运营管理海南机场股份有限公司及三亚凤凰国际机场。

二、海航多元化战略实践

（一）2003—2008年的多元化战略转型

海航的多元化发展战略，源于刻骨铭心的教训。一场突如其来的“非典”令国内航

---

① 鲍文，男，河南泌阳人，成都信息工程大学教授、硕导、博士。研究方向：区域经济、市场营销，主讲企业战略管理、营销策划、现代农业创新与乡村振兴战略、农村扶贫与发展等。

空业遭受沉重打击，海南航空连续盈利10年的好业绩也戛然而止，当年就亏损14亿元。海航意识到了单纯依赖航空产业的风险，开始向航空业上下游延伸，布局酒店业、零售业、物流业等，提升抗风险能力，抵消航空业周期性波动影响。2003年9月，海航宣布实施产业链延伸和多元化战略转型，到2008年发展成为以航空业为主，旅游、零售、物流等为辅的企业。

酒店业方面，海航酒店集团成立于2000年，2005年完成产权与经营权分离，2006年在香港注册成功。2006年底，酒店集团管理的酒店达34家，拥有包括高端奢华酒店、商务酒店、度假酒店、快捷酒店、产权酒店等多个酒店品牌，资产超过50亿元，在2007年《HOTELS》评比中位列全球第71位，国内第3，酒店业布局初步形成。海航酒店自建品牌包括“唐拉雅秀”系列酒店和海航酒店，唐拉雅秀是海航酒店2008年推出的品牌，目前唐拉雅秀品牌在国内已经发展及签约了30多家高星级酒店。

零售业方面，2003年，海航收购西安民生（上市公司）。2006年，海航重组陕西宝商集团（上市公司）。西安民生与宝商集团主要以零售业为主，可以为海航提供大量现金流，解决部分资金周转的问题。

物流业方面，2002年扬子江货运航空成立，2004年扬子江物流成立（更名大新华物流），2008年，大新华物流注资天津海运，并成立大新华轮船有限公司（2009年，大新华物流收购天天快递、控股元智捷诚，又以现金加订单的方式出资50亿元购入金海重工50%的股份，定位大新华物流为海陆空一体化综合物流供应商）。

航空业方面，业务继续增长，特别是与地方政府建立合作伙伴关系，成立合资公司，如2006年在重庆成立西部航空，在云南成立祥鹏航空，在香港入股中富航空（香港航空）、香港快运，2007年在天津成立大新华快运（天津航空）。此外，2006年金鹿公务机获得国际国内定期客货运输业务及商务旅游包机业务许可，转身金鹿航空。

2008年国际金融危机爆发，当年海南航空亏损约15亿元，又一次陷入发展困境。

（二）跨国多元化发展战略经营

当2008年金融危机来临时，海航再次使用金融工具缓解危机，进一步变为一家国际化投资机构，通过在航空业的上下游买入、整合、卖出资产，获取现金流和利润。2009年，海航按照“吃住行游购娱”的旅游全产业链模式进行发展，业务涵盖航空、旅游、商业、物流、金融、机场管理、置业、绿色食品八个产业领域。

海航的全球并购战略始于2004年，2010年进入快速发展阶段。围绕航空主业，海航开始了一系列的全球化收购，通过收购国外航空公司、酒店、租赁、地面服务等业务，逐渐构筑起以航空旅游、现代物流和现代金融服务为主的三大支柱版块，形成全产业链的布局。以飞机租赁为例，2010年1月，海航斥资1.5亿美元收购在全球航空租赁公司中排名第9位的澳大利亚ALLCO公司飞机租赁业务。这次收购后，海航建立了以渤海租赁、海航航空租赁（原长江租赁）、大新华船舶租赁、扬子江国际租赁、香港国际航空租赁为核心的租赁业务发展格局，并以此为基础，搭建了HKAC（Hong Kong Aviation Capital）这一全新的国际航空租赁平台。2016年，海航通过旗下的渤海租赁以25.55亿美元收购了爱尔兰AVOLON公司100%的股权。收购前，AVOLON

公司排名全球飞机租赁公司的第11名。通过对澳大利亚ALLCO公司和爱尔兰AVOLON公司的收购，海航的飞机租赁业务跻身全球前三名。2010年始，海外酒店也成为海航酒店的并购目标，先后收购卡尔森酒店集团、欧洲NH酒店集团，包括收购酒店巨头希尔顿集团25%的股权。2010年以来，海航聚焦航空旅游、现代物流、现代金融服务等现有支柱产业及其上下游关联产业布局海外业务，整合地面服务及货运服务、集装箱租赁和飞机租赁、IT产品分销等资源，在全球范围内拓展和完善产业链。目前拥有世界最大地面服务及货运服务供应商SWISSPORT、世界第五大集装箱租赁公司SEACO、全球第三大飞机租赁公司AVOLON、全球最大IT分销商美国英迈。

2018年6月，由人民银行召开海航集团专项会议，协助解决其债务问题。2018年7月《财富》世界500强公布，海航的名字并未上榜。上述事件表明海航再次面临危机，如何在激烈的商业竞争中加速调整，保持优势，引领发展，我们拭目以待。

三、案例启示

（一）多元化发展的机遇与挑战并存

海航是一个极具神秘感的企业，超越国内三大航空公司，率先跻身世界500强行列，2017年排名第170位，然而2018年又突变并未入选世界500强，不断挑战研究者的认知。作为多元化和国际化的企业，海航面临的风险及不确定，可用隔行如隔山来形容。表面上看，海航不断通过多元化战略来化解风险，但通过并购为主实现的多元化往往存在整合难的问题。换句话说，多元化，尤其是国际并购式多元化也在不断带来风险。海航并购数量过于庞大，2009年海航旗下公司不足200家，2017年底其全资和控股的子公司已达454家，其中海外公司45家，这么多公司如何消化和整合，这是海航必须面对的重大挑战。以酒店行业为例，海航酒店的很多海外并购仅仅是财务投资，收购的是对方的股权，没有收购任何不动产，只是投资多元化，与自身经营无关。在这种情况下，即便海航想产业协同、品牌规划，也很难做到有效整合。例如，以65亿美元收购希尔顿酒店25%的股权，并不参与希尔顿酒店的经营管理。万豪集团对酒店的收购都是整体收购，完整收购了其中拥有不动产的酒店资产。万豪收购实现了规模经营，后台系统可以共享，节约了经营成本，客户资源可以整合。而海航酒店却无法实现整合和协同。

（二）多元化战略需要监管部门进行风险评估

海航的发展过程，一直都是运用资金杠杆，“搏一搏单车变摩托”可以说是企业家冒险精神的一种表现，但未进行科学的风险评估的项目，未必能带来回报，反而会形成企业的债务包袱，这也是海航一直背负沉重债务包袱的重要原因。当银行不再进行后续贷款，以前贷款就可能永远收不回来，而再次融资新项目贷款的时候，这些银行又不得不融资。因此，监管部门有必要进行风险评估，避免银行向一些发展潜力不明朗、风险过大的项目进行融资。

思考题：

1. 分析海航多元化发展战略的得与失。
2. 通过查阅资料，分析海航发展过程中企业家精神的重要性。

流动资金需求量预测

孙白杨[①]

一、案例资料

四川某企业 2017 年营业收入为 3000 万元，流动资金平均占用额为 800 万元，其中不合理平均占用额为 50 万元。预计 2018 年的销售收入增长率为 33.33%，即 2018 年营业收入将达到 4000 万元，企业管理层提出加快资金周转率 5%、生产增长 15%的目标。同时，公司的主要产品 S 产品的销售收入 2017 年为 2000 万元，销售毛利率为 20%，年度营运资金周转次数为 10 次，周转天数为 36 天，平均每日产量 200 件，单位计划成本为 1000 元。

二、分析思路

笔者结合财务管理中关于流动资金需求量预测的定量分析方法，根据案例资料分别计算不同预测方法下的流动资金需求量。通过计算过程，分析各预测方法的优劣性和适用情况。

三、具体分析

（一）流动资金需求量预测的计算

1. 资金占用比例法

预测期流动资金需求量=预测期相关指标×基期相关指标流动资金率×（1-预测期流动资金周转加速率）

根据资料，此案例中，预测期相关指标选择营业收入，即

预测期流动资金需求量=预测期营业收入×（基期流动资金-不合理流动资金）/基期营业收入×（1-流动资金周转加速率）

① 孙白杨，男，成都信息工程大学商学院教师，管理学副教授。主要教学研究方向：会计学、财务管理、财务分析等。

预测期流动资金需求量=4000×［（800−50）/3000］×（1−5%）=950（万元）

2. 因素分析法

预测期流动资金需求量=（基期年度流动资金平均占用额−不合理占用）×（1+预测年度生产增长率）×（1−预测期流动资金周转加速率）

预测期流动资金需求量=（800−50）×（1+15%）×（1−5%）=819.375（万元）

3. 周转期预测法

预测期流动资金需求量=该项流动资金每日平均周转额×该项流动资金周转日数

该案例中，选择S产品为对象，即

S产品需要的流动资金需求量=200×1000×36=720（万元）

4. 银监会推荐方法

流动资金需求量=基期主要产品销售收入×（1−上年度该产品销售利润率）×（1+该产品预计销售收入年增长率）/流动资金周转次数

流动资金需求量=2000×（1−20%）×（1+33.33%）/10≈213.33（万元）

（二）不同预测方法对比

1. 资金占用比例法

（1）优点：

资金占用百分比法的优点在于两个方面，一是该预测方法的计算公式简单，所需数据较少，工作成本较低；二是该方法适用范围较大，无论是企业流动资金的需求总量，还是个别项目的流动资金需求量，都可以采用这个方法。

（2）缺点：

该方法虽然在最终公式计算的环节比较简单，但确定流动资金率中所需要的数据，比如不合理的资金平均占用额、资金周转加速率，需要财务人员仔细界定，一些基础数据并不能够轻易获得。同时，该方法忽略了销售增长率、生产增长率等其他重要因素的影响，可能导致预测结果不准确。

（3）适用情况：

首先，该方法需要能够准确核算本年度相关数据与预测年度相关数据，比如营业收入的增长预测，即需要企业有着精确的预算能力。

其次，企业具备有效的财务管理能力，有着明确的目标计划，比如对财务数据的增长指标有着明确的计划。

2. 因素分析法

（1）优点：

该方法相较资金占用比例法，考虑了生产增长情况，计算过程也不复杂，适用范围较广。

（2）缺点：

该预测模型建立在基期年度相关指标的平均额上，对于基期不合理的资金平均占用额、资金周转加速率等数据准确性的要求较高，否则可能导致预测结果不准确。

（3）适用情况：

该方法一般适用于企业产品种类众多，但用量较小、价格较低的辅助材料以及低值易耗品等项目的资金占用上。

3. 周转期预测法

（1）优点：

该方法根据单个项目或产品进行预测，所需数据较少，容易获取，且比较精准，所以计算的预测结果比较准确。

（2）缺点：

该方法适用范围较小，仅针对个别项目的流动资金需求量预测，如果需要预测流动资金的需求总量，需进行汇总计算并加总非生产性资金需求，其运算过程比较烦琐；同时，要求企业对产品的成本控制和周转期控制比较严格，如出现周转加速，会对预测结果产生影响。

（3）适用情况：

周转期预测法适用于企业单个产品或单个项目的流动资金预测，尤其是价格高昂、品种少、占用较多流动资金的项目。

4. 银监会推荐方法

（1）优点：

该方法以法定形式规定，所以适用的范围大，任何销售企业的流动资金需求总量或者各个项目分别需要的流动资金量都可以运用这个方法。同时，公式考虑了销售收入和流动周转次数，这些数据在日常的工作中获取比较容易，所以这个方法的难度并不大。

（2）缺点：

由于该方法的计算基础为销售收入相关数据，而没考虑企业除销售收入之外的其他项目流动资金需求量，涵盖要素不够全面，所以该方法的预测结果可能没有真实反映企业的需求量。企业存货、应收账款项目等会跟随企业商业活动的季节性变动而变化，中国银监会用企业年初和年末之和的平均数作为计算基础，无法反映企业整个年度流动资金需求的波动性和季节性需求。同时，该方法中，流动资金周转次数的计算可能受企业上下游客户谈判能力的影响。

（3）适用情况：

该方法适用于销售数据核算准确，并且有着明确销售计划和增长目标的企业。这个方法不仅可以用于流动资金需求总量的预测，还可以用于具体项目的流动资金需求量预测。

四、案例启示

企业流动资金是企业资金的一个重要组成部分，是判断企业资金是否运转流畅的关键。流动资金需求量预测是企业决策和财务计划的重要基础，较科学的预测方法可以使企业更加有效地利用其自身的流动资金，从而降低经营活动中的资金成本，更加符合企业自身流动资金管理的要求。准确地预测企业未来所需流动资金，是企业健康发展的重要保证。各种不同的预测方法特点不尽相同，企业应当根据自身情况来选择合适的预测方法。

（一）考虑企业自身的生产经营状况

企业开展流动资金需求量预测首先应考虑自身的生产经营状况，包括生产产品的数量、种类、业务繁简程度等。如企业生产单一产品或者产品数量较少，除生产外对流动资金的占用较少，可以选择周转期预测法；如企业生产较多品种产品，同时产品价格不高，属于配件或者低值易耗品的范畴，则采用资金占用比例法或者因素分析法预测流动资金需求量比较适合；对于产品价格高，用量大这样的流动资金需求量较多的企业，可以采用周转期预测法计算；对于流动资金占用比较稳定的资金和项目可以采用资金占用比例法或银监会推荐的方法。

（二）企业历史财务数据准确程度

企业历史财务数据的准确程度对流动资金需求量的预测有着直接影响。一方面，企业应加强日常财务工作对财务数据的收集和整理，保证基期数据真实可靠；另一方面，企业可根据日常经营活动所能够获取的财务数据进行流动资金需求量的预测，尽可能选择最为精确的财务数据引入相应的方法，以保障预测结果的准确性。

（三）注重成本效益原则

企业对于财务成本和财务预测准确性程度不同，导致流动资金需求量预测所采用的方法不同，所需的预测成本也不相同。流动资金需求量预测结果的准确性与开展预测工作的财务成本呈正相关，企业需要在财务数据的精确性和成本之间进行权衡，实现效益最大化。如果一个企业对于流动资金需求量预测所能够付出的成本相对有限，在上述所说的几个方法当中，比较适合采用资金占用比例法和因素分析法；如果企业对预测要求精确，对成本要求不是特别严格，则周转期预测法比较适合。

（四）不同预测方法结合使用

流动资金需求量预测的方法，除了案例中四种定量分析方法，还有定性分析法和其他定量分析方法。每种预测方法都可以得到预测的结果，但通过案例分析可以看出，结果差异性较大，且不同的方法都兼具优点和缺点，使得最终预测结果的精确度参差不齐。因此，选择预测方法时，在充分考虑企业自身发展、实际业务等因素的基础上，将预测方法进行灵活的组合和改进，可以减小“短板”的影响程度，从而提高预测结果的精确度，更好地把握资金需求量。

思考题：

1. 流动资金需求量定性预测的方法有哪些？定性预测有哪些注意事项？

2. 流动资金需求量定量预测还有什么方法？这些方法的原理是什么，各有什么优缺点，适合什么样企业？（提示：如销售百分比法、高低点法、线性回归法、全面预算法等）

3. 关于企业开展流动资金需求量预测，你还有什么建议和意见？

“小金库”审计方法案例

陈文寿[①]

一、案例背景

“小金库”是指违反法律法规及其他相关规定，应列入符合规定的单位账簿的各项资金（含有价证券）及形成的资产。“小金库”对国家、社会及个人危害极大，它通过少列收入多列支出，形成账外资金，以减少企业利润，使企业主少缴甚至不缴纳个人所得税，也是我国部分企业一直不分红，而企业主却可以获取企业利润的主要原因。同时也是大型企业集团内部部分人员徇私舞弊的主要途径。因此，内部审计在每一个项目的审计过程中应充分考虑“小金库”存在的可能性，运用各种审计方法，将查处“小金库”作为一项重要审计内容，以保护企业资产的安全完整。

二、实务中“小金库”存在形式与形成

从实务工作情况来看，“小金库”以多种形态存在，具体包括以下几个方面：一是现金形态，二是银行存款形态，三是有价证券形态，四是固定资产形态，五是股权和债权形态。“小金库”的形成，一般分两种情况：一是通过隐匿、截留各种收入形成“小金库”；二是通过虚列支出、资金返还等方式，将资金转到本单位财务会计部门账外形成“小金库”。

三、案例简介及方法

对 A 单位审计时，发现该单位于 10 月 15 日列支会议费 4 万元到某酒店，会议通知注明会议时间为 10 月 23 日—26 日，会期 4 天，所附会议人员名单 25 人。在延伸检查该单位所属公司时，又发现该公司于 11 月 5 日支出会议费 8 万元到同一酒店，会议通知注明会议时间为 10 月 25 日—30 日，会期 6 天，所附会议人员名单 30 人。经核查，两次会议人员名单有 18 人完全一致。在证据面前，该单位承认以会议名义将资金

① 陈文寿，男，经济学硕士，副教授。主要研究方向：审计理论与实务、企业内部控制和公司治理。主要教学课程：审计学、审计实务、企业内部控制、成本会计、财务管理、税法。

转移到某酒店，用于接待餐费和报销礼品。

由案例可以发现，“小金库”隐蔽性较强，单位领导和财务人员共同串通的可能性较大，甚至还会与其他相关单位和人员串通好，因此“小金库”存在形态具有多样性，形成过程较为隐蔽，给内部审计查处“小金库”带来较大的难度和挑战。通过审阅账目、查看凭证来发现“小金库”，可谓大海捞针，难以达到理想的审计效果。但是，从其形成的过程来看，一个是截留应该纳入大账的收入，另一个是虚列虚构的支出将资金转到账外，因而查处“小金库”也要从收入与支出方面下手。

四、审计方法

（一）方法一：了解被审计单位的基本情况

了解被审计单位基本情况是一项很有效的审计程序，执行该程序，花费较少的审计力量，往往能取得较好的审计效果。审计人员应充分了解被审计单位内控制度、行业特点及财务核算等基本情况。其中主要了解：①业务性质、经营规模及组织结构；②审计期间经营情况及上级单位考核情况；③财务会计机构及工作组织；④被审计单位管理人员的素质；⑤内部控制的设计和运行情况等。

了解上述基本情况的方法：①查阅上一会计年度的审计报告及工作底稿；②查阅被审计单位会议记录、合同等经营业务资料；③实地查看被审计单位生产经营场所及设施；④询问被审计单位财务及管理人员。

通过对被审计单位基本情况的了解，审计人员可以分析内部控制中存在的薄弱环节，并安排适当的审计程序，有针对性地进行审计。初次审计应首先查看被审计单位工作环境，了解生产性质，根据了解到的情况分析哪些环节容易出现问题，如被审计单位有无将本单位房屋出租，自办油库等情况。在审计过程中可以有针对性地查阅相关账户，有重点地审查收入是否完整入账。涉及现金收入的，还应审查现金管理是否符合规定。

例如，对某公司进行审计时，发现其费用支出中的营销员佣金支出占业务支出的比例很大，成为当年该公司费用支出最大的一项。审计人员将营销员领取佣金的签名记录进行审核，发现以下可疑现象：临时雇佣的营销员姓名与现流行歌星有很多相同或相近，营销员领取佣金的签名笔迹不一致。经过询问是营销员领取佣金时必须本人签名，而且有一个“许”姓营销员这个月签名姓“许”，下个月签名改为“徐”。经过询问，该公司只有一个叫这名字的营销员，一般人员不会将自己的姓氏写错。审计人员觉得这方面有问题，便将可疑的临时营销员的名单写下来，审计过程中分别找销售部门、人事部门、财务部门负责人提供可疑人员的联系方式，发现销售部门负责人说没有此人参与销售，人事部门证实没有聘用过此销售人员，后该公司财务经理承认，该公司财务账面的佣金支出是利用假营销员名单虚列到账外，形成了一个“小金库”。

（二）方法二：审查往来账户法

有些单位惯用往来账户过渡设“小金库”，此种手法通常是把单位的正常收入先记入往来账户，虚列出结算中的债务，伺机再将其转入“小金库”中；还有的将已收回或可收回的债权列作呆账予以核销，把资金转入“小金库”中。在清查中，一是看往来发生和结算的单位名称是否一致，二是看往来款项支付的事由是否合理，三是看往来款项支付的手续是否正常，四是看列作呆账核销的条件是否充分，发现疑点则进行追查，核实是否将资金转入“小金库”中。

（三）方法三：利用假单据虚列支出将资金套出账外

审计人员对某企业进行审计时，发现其日常购置与某超市关系非常紧密，决定将该超市的发票当作重点。审计人员将该超市的发票号码、日期等输入微机，发现该超市相差 8 个月的发票竟然联号，而且在日期填写上与号码矛盾，就是号码靠前的发票日期却在后面，经过耐心细致的工作和动员，该企业终于承认利用与该超市较好的关系向该超市索要空白发票，自己填写后列作支出，将资金套出账外解决一些“难言之隐”的支出。

（四）方法四：银行账户核查法

此种方法是以银行账户为线索顺藤摸瓜。从审计实践看，“小金库”涉及人员范围较小，但资金数额较大，动辄数十万元甚至上百万元。这些资金的进出通常通过开设内部掌握的银行账户，以支票方式处理单位与此账户之间的资金往来。审计人员可通过以下几种方法进行审计：

（1）观察和分析企业的账户往来情况，并与其提供的银行开户情况和银行对账单进行核对。如果发现在提供的银行账户以外还有其他账户，极有可能是“小金库”账户，对此要深查，弄清其资金的来源和去向。

（2）实际存款大于账面余额又不能说明正当理由的，就可能是“小金库”。

（3）还应特别注意以单位财务人员、法定代表人的名义或奇异代名代号的存款，若其收支频繁，数额较大，也可能是公款私存的“小金库”。

（4）注意银行账户管理费、银行手续费等单据，有时由于财务人员疏忽，将没有在账面反映的现金缴款的开户银行管理费、手续费单据作为财务费用列支。同时，对银行存款进行审查时，应核对被审计单位所有银行存款账户的银行存款账面余额与单位银行存款实有金额是否相符，未达账款是否由正常原因所致，特别要注意一收一付金额相等的未达账款，如发现不正常情况，则要追查资金去向及其原因，核实是否入“小金库”中。另外，对有公款私存的，还要核实有无将其利息放入“小金库”中的情况。

（五）方法五：对库存现金进行突击盘点法

核对库存现金实有数与现金日记账和总账余额是否相符，如发现溢余或短款，则应追查原因，核实是否有“小金库”的资金放入其中或“小金库”中的支出挪用了库存现金；如发现活期储蓄存折或定期存单，要追查资金来源、去向及其情况，核实是否属于“小金库”资金。同时，要灵活运用方法，一般情况下，审计“小金库”往往与其他审计项目一并进行，在审计方法的运用上也会受到局限。如对突击性盘点库存现金的运用。由于对某一单位的审计，一般都提前通知了被审计单位，即使进点后第一件工作就是盘点库存现金，也难以发现问题。如果改变一下盘库的时间，采取一些强硬的审计手段，在审计即将结束时，根据审计中掌握的线索对其盘点库存，或杀个“回马枪”实施第二次盘点，或对有关人员办公桌、文件柜进行清查，将会取得明显的审计效果。

思考题：

1. “小金库”的表现形式有哪些？小金库对单位财务管理的危害是什么？
2. 审计人员在各种审计方法中是如何发现被审计单位的“小金库”的？

强制分红、财务柔性与投资者利益保护[①]

——基于长春高新的案例分析

刘名旭[②]

一、我国现金股利政策及文献综述

股利政策的核心问题即股利是否会影响企业价值。按照MM理论，在完全有效的市场中，股利政策与企业价值无关。但在现实环境中，股利水平包括现金股利受税收、股东分析偏好、企业融资需求、企业未来投资机会等因素影响。因此，股利相关论认为，在资本市场并非有效的现实条件下，现金股利会影响企业价值。现金股利作为企业常见的财务分配活动也是学者们研究的对象，尤其在我国上市公司实施强制性现金分红政策以来，对现金股利政策的探讨更是空前激烈。

从《中华人民共和国公司法》来看，企业是否分红以及如何分红，是上市公司内部决策问题，由公司的董事会或者股东大会自主决定，不受法律干涉。如果中小股东对公司的分红不甚满意，可通过与股东会、董事会协商或者直接“用脚投票”的方式来解决(王征，2013)。由于我国上市公司的现金股利水平一直很低，出于保护中小投资者的目的，中国证监会自2001年以来，制定了系列上市公司的现金股利政策文件，对上市公司的现金分红做了强制性规定。

2001年，证监会发布《上市公司新股发行管理办法》，其中第七条要求，公司最近三年未有分红派息，董事会要对不分配的理由做出合理解释，否则股票将不予发行。2004年《关于加强社会公众股股东权益保护的若干规定》颁布，要求上市公司须将其利润分配办法载明于公司章程，如果上市公司董事会未做出现金利润分配预案的，应当在定期报告中披露原因，独立董事应当对此发表独立意见；若最近三年未进行现金利润分配的，将不得向社会公众增发新股、发行可转换公司债券或向原有股东配售股份。与2001年的制度相比，2004年的规定更为严厉，同时写入作为公司运作日常纲领的公司章程中，并与再融资挂钩。2006年《上市公司证券发行管理办法》的颁布，强制分红政策的要求更为具体。不仅对现金分红做了定性要求，还做了定量要求，其中第二章

① 本文为成都信息工程大学教改课题“一般理工院校商科专业的通识教育课程体系设置研究”(JY2018026)的阶段性成果。

② 刘名旭，男，江西大余人，成都信息工程大学副教授，博士。主要研究方向：财务柔性理论、资本市场、财务与会计问题研究。

《发行证券的条件》的第五条规定，最近三年以现金或股票方式累计分配的利润不少于最近三年实现的年均可分配利润的百分之二十。2008年、2012年和2013年证监会在已有的强制现金分红相关的制度规范基础上进行修订，以专门文件形式分别发布了《关于修改上市公司现金分红若干规定的决定》《关于进一步落实上市公司现金分红有关事项的通知》《上市公司监管指引第3号——上市公司现金分红》，进一步突出了现金分红的重要性，并分别在章程体现、分红政策制定程序、中期分红、现金分红比例及未进行现金分红的信息披露等方面进行了强化。尤其是《上市公司监管指引第3号——上市公司现金分红》，被业界认为是对现行分红制度实施效果进行了有效的梳理评估，是我国当前较为完整的上市公司现金分红制度。

强制分红制度出发点很明确，主要是基于我国低现金股利的现状，出于保护中小股东利益而进行的强制要求。这一点在2012年的文件中尤其明显。2012年的现金分红有关事项的通知中明确指出：上市公司应当通过多种渠道充分听取独立董事以及中小股东的意见；股东大会对现金分红具体方案进行审议时，应当通过多种渠道主动与股东特别是中小股东进行沟通和交流，充分听取中小股东的意见和诉求，并及时答复中小股东关心的问题；上市公司应当在定期报告中详细披露现金分红政策的制定及执行情况，说明独立董事是否尽职履责并发挥应有的作用，中小股东是否有充分表达意见和诉求的机会，中小股东的合法权益是否得到充分维护等。因此，在2013年《上市公司监管指引第3号——上市公司现金分红》中，甚至根据上市公司具体情形分为不同类型，并对不同类型的公司规定了最低的分红比例。部分公司被要求现金分红占可分配利润的比例不低于80%。

强制分红制度推行以来，我国上市公司的现金分红比例有了大幅度的提高，根据证监会网站公布的数据①，近5年来，上市公司分红家数占比都稳定在70%～80%，彻底告别"铁公鸡"的称号。其中2017年度，共有2754家上市公司披露了现金分红事项，分红金额合计约10705.72亿元，同比增长21.88%。2015—2017年，现金分红比例持续保持在30%以上的有660家，50%以上的有128家，较此前3年（2014—2016年）分别增加14%和20%。在提高现金分红比例的同时，我国的资本利息的税收采用差别化征税的政策，在一定程度上保护了投资者，尤其是中小投资者的利益。但是，对强制现金分红的政策争论却一直未停止过。

LaPorta（2000）、Martins & Novaes（2012）等人的研究表明，强制性股利政策能够直接、快速地提高某一国资本市场的分红水平。根据他们的研究结论，处于转轨时期的中国，法律制度尚不完善，强制分红有利于保护投资者利益。但是，Martins & Novaes（2012）同时也承认，强制现金分红政策严重影响了企业财务决策的自主权。Adaoglu（2008）、Martins & Novaes（2012）等都是倾向于反对意见。在国内，争议也一直存在。有学者认为强制性现金分红政策是转轨时期对投资者利益保护的措施（孙莉和王新蕾，2012）。但更多学者则持有不同的意见，李常青等（2010）发现该政策对

① 证监会新闻发言人就上市公司现金分红情况答记者问，2018-5-23。网址：http://www.csrc.gov.cn/pub/newsite/zjhxwfb/xwdd/201805/t20180523_338552.html。

有再融资需求、高成长性及竞争行业企业带来“负向激励”，并可能导致“监管悖论”。王志强和张玮婷（2012）、卓丽洪（2012）、尹中立（2012）、陈云玲（2014）等的研究认为，强制分红会出现新的问题，如小额分红为了更多再融资的现金股利迎合行为、股市的波动大弱化现金分红政策的作用、大股东利用现金分红进行利益输送等。丁传武和杨宝（2013）发现半强制分红政策存在的“悖论”会导致企业现金流更加短缺。皮海洲（2011）认为强制性现金分红并不能真正保护中小投资者的利益，真正的赢家是控股股东和“大小非”，也无法解决上市公司回报低的现实问题。也有学者持中间态度，即一定程度上认可，同时需要完善。如王征（2013）认为强制现金分红政策单从法律逻辑上考虑，确实是对上市公司经营自主权的一种侵犯，但具有一定的正当性。王瑜（2016）认为强制现金分红有积极的意义，但还需在公司治理、调整监管策略、建立强制分红诉讼和派生诉讼等方面进行完善。由此可见，对强制性现金分红政策的争论至今未形成统一结论。

本文以长春高新为研究对象，采用案例分析的方法，研究长春高新现金股利政策的特征、原因，并结合本案例对强制现金分红制度进行评价。

二、长春高新现金股利政策的案例分析

（一）长春高新简介及其股利政策

长春高新技术产业（集团）股份有限公司是1996年12月18日在深交所挂牌上市，以生物制药、中成药生产及销售为主，辅以房地产开发、物业管理的上市公司。上市20年来，坚持在生物制药投入发展，已经由服务于开发区基础设施建设向生物制药及健康产业转型，并成为国内生物医药领域具有一定技术领先优势的上市公司。上市以来，公司的总收入从1996年的1.68亿元增长到2017年的41.02亿元，增长了24倍；公司的股价（复权）由上市首日的收盘价18.49元增长到2017年12月31日的850.15元，增长了46倍[①]。上市以来长春高新的股利政策很有特征，具体见表1。表1统计了长春高新和科华生物自上市以来的股利分配情况。从表1可以看出，长春高新从1996—2000年有三次分配，但分配极少，而在2001—2011年的11年间未做任何分配，从2012年开始，长春高新才开始了现金分配。即使在2014—2017年长春高新实施了高现金股利的政策，公司整个22年的上市历史中，只有8次现金分红，平均股利支付率只有7.06%。可见，长春高新实施的是低现金股利政策。

为了对比长春高新股利政策行为对相关利益者的影响，本文选择科华生物作为分析比较企业。选择科华生物的原因是，第一，它们同处于生物制药行业，第二，科华生物的现金股利政策与长春高新截然相反，有利于突出研究效果。表1显示，科华生物的股利政策算得上是高现金股利政策，其从2004年上市以来就没有停止过现金分红，而且上市初期的股利政策还伴随着高送转的股票股利，截至2017年，平均股利支付率达到

① 此处数据及后文涉及公司数据，如不特别标注，均来源于公司网站、上市以来公开资料或锐思数据库。

47.46%。二者在现金股利上面的差异也可从图1反映出来。图1显示，除2017年外，长春高新的现金股利支付率一直没有超过科华生物。

表1　长春高新与科华生物上市以来的股利分配统计表

项目	长春高新				科华生物			
年份	分配方案	每股股利（元）	每股收益（元）	股利支付率	分配方案	每股现金股利（元）	每股收益（元）	股利支付率
1996	10送2股转2股	0	0.43	0.00%				
1997	不分配	0	0.36	0.00%				
1998	10派1元	0.1	0.61	16.31%				
1999	不分配	0	0.19	0.00%				
2000	10派0.5元	0.05	0.29	17.17%				
2001	不分配	0	0.11	0.00%				
2002	不分配	0	0.03	0.00%				
2003	不分配	0	0.86	0.00%				
2004	不分配	0	0.10	0.00%	10转2股派7元（含税）	0.2	0.65	30.59%
2005	不分配	0	0.36	0.00%	10送1股转6股派5元（含税）	0.5	0.49	102.97%
2006	不分配	0	0.03	0.00%	10送2股转3股派2.5元（含税）	0.25	0.53	47.17%
2007	不分配	0	0.06	0.00%	10送4股转1股派0.5元（含税）	0.05	0.37	13.51%
2008	不分配	0	0.15	0.00%	10送2股转1股派2元（含税）	0.2	0.4	50.00%
2009	不分配	0	0.56	0.00%	10送2股派2元（含税）	0.2	0.42	47.62%
2010	不分配	0	0.66	0.00%	10派3元（含税）	0.3	0.46	65.22%
2011	不分配	0	0.83	0.00%	10派4元（含税）	0.4	0.46	86.96%
2012	10派2元（含税）	0.2	2.28	8.77%	10派3.6元（含税）	0.36	0.49	73.47%
2013	10派4元（含税）	0.4	2.16	18.52%	10派2.3元（含税）	0.23	0.59	38.98%
2014	10派5元（含税）	0.5	2.42	20.66%	10派2元（含税）	0.2	0.59	33.90%
2015	10派8元（含税）	0.8	2.93	27.30%	10派1.2元（含税）	0.12	0.42	28.57%

续表1

项目	长春高新				科华生物			
年份	分配方案	每股股利（元）	每股收益（元）	股利支付率	分配方案	每股现金股利（元）	每股收益（元）	股利支付率
2016	10 派 8 元（含税）	0.8	3.08	25.97%	10 派 1.35 元（含税）	0.135	0.45	30.00%
2017	10 派 8 元（含税）	0.8	3.89	20.57%	10 派 0.65 元（含税）	0.065	0.42	15.48%
平均		0.17	0.91	7.06%		0.23	0.48	47.46%

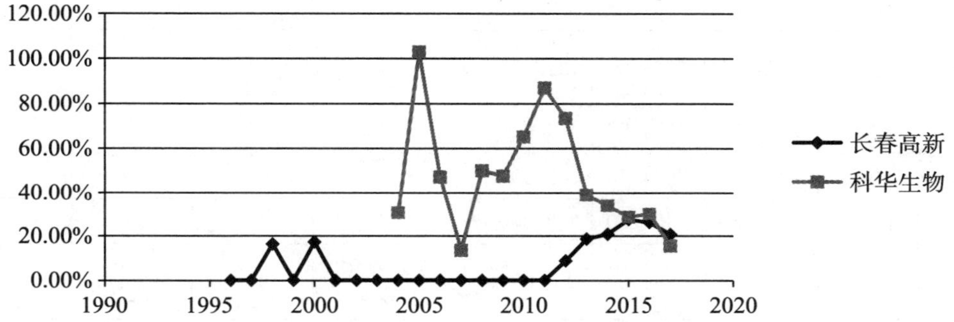

图 1　长春高新与科华生物股利支付率趋势

（二）长春高新的低现金股利政策是否损害了中小投资者的利益

根据强制分红的相关政策精神，我国低现金分红的现象损害了投资者的利益，而高现金分红有利于投资者，尤其是中小投资者的利益保护。投资者在公司中取得的报酬高低是度量其投资利益是否得到保障的重要指标。投资者的报酬包括资本利得和红利两方面，具体见表 2。在表 2 中，我们假定中小投资者初始投资资金为 50000 元，分别在二者开始上市之初按照发行价买入股票，期间不参与配股和增发①，一直持有至 2017 年 12 月 31 日。如果仅仅考察股利收益，显然是科华生物给予投资者更高的报酬，期间给投资者发放的红利 8.3 万元，远高于投资与长春高新的 22 年红利 2.9 万元，也让投资者收回了原始投资成本。然而，投资者利益不仅仅是股利，还有资本利得。考虑资本利得之后，投资者在长春高新的收益是科华生物的将近 3 倍，税前投资收益率分别是 2855.40%和 938.25%。可见，在长春高新的低现金股利政策下，只要不是短期的投机，中小投资者的利益并没有被侵害。鉴于二者比较期不一致的情况，考虑投资者均是从 2004 年 7 月 12 日进行投资，假定初始投资额依然为 50000 元，长春高新的投资者于 2004 年 7 月 12 日以当日收盘价买入股票，并持有至 2017 年 12 月 31 日，其税前投资收益额和税前投资收益率分别为 850828.32 元和 1701.62%，依然远远高于投资于同时期

① 长春高新上市后配股 2 次，如果考虑配股因素，投资者的投资报酬会更高。而科华生物只进行了增发，与中小投资者无关。

的科华生物。由此可见，长春高新的低股利政策不应该是侵害中小投资者利益的理由。

表 2　投资者的股利收益统计表

项目	长春高新				科华生物			
年份	分配方案	期初股数（股）	期末股数（股）	获得税前股利（元）	分配方案	期初股数（股）	期末股数（股）	获得税前股利（元）
1996	10 送 2 股转 2 股	5681.82	7954.55	0.00				
1997	不分配	7954.55	7954.55	0.00				
1998	10 派 1 元	7954.55	7954.55	795.45				
1999	不分配	7954.55	7954.55	0.00				
2000	10 派 0.5 元	7954.55	7954.50	397.72				
2001	不分配	7954.50	7954.50	0.00				
2002	不分配	7954.50	7954.50	0.00				
2003	不分配	7954.50	7954.50	0.00				
2004	不分配	7954.50	7954.50	0.00	10 转 2 股派 7 元（含税）	4496.40	5395.68	3776.98
2005	不分配	7954.50	7954.50	0.00	10 送 1 股转 6 股派 5 元（含税）	5395.68	9172.66	4586.33
2006	不分配	7954.50	7954.50	0.00	10 送 2 股转 3 股派 2.5 元（含税）	9172.66	13758.99	3439.75
2007	不分配	7954.50	7954.50	0.00	10 送 4 股转 1 股派 0.5 元（含税）	13758.99	20638.49	1031.92
2008	不分配	7954.50	7954.50	0.00	10 送 2 股转 1 股派 2 元（含税）	20638.49	26830.04	5366.01
2009	不分配	7954.50	7954.50	0.00	10 送 2 股派 2 元（含税）	26830.04	32196.04	6439.21
2010	不分配	7954.50	7954.50	0.00	10 派 3 元（含税）	32196.04	32196.04	9658.81
2011	不分配	7954.50	7954.50	0.00	10 派 4 元（含税）	32196.04	32196.04	12878.42
2012	10 派 2 元（含税）	7954.50	7954.30	1590.86	10 派 3.6 元（含税）	32196.04	32195.84	11590.50
2013	10 派 4 元（含税）	7954.30	7953.90	3181.56	10 派 2.3 元（含税）	32195.84	32195.44	7404.95

续表2

项目	长春高新				科华生物			
年份	分配方案	期初股数（股）	期末股数（股）	获得税前股利（元）	分配方案	期初股数（股）	期末股数（股）	获得税前股利（元）
2014	10派5元（含税）	7953.90	7953.40	3976.70	10派2元（含税）	32195.44	32194.94	6438.99
2015	10派8元（含税）	7953.40	7952.60	6362.08	10派1.2元（含税）	32194.94	32194.14	3863.30
2016	10派8元（含税）	7952.60	7951.80	6361.44	10派1.35元（含税）	32194.14	32193.34	4346.10
2017	10派8元（含税）	7951.80	7951.00	6360.80	10派0.65元（含税）	32193.34	32192.54	2092.52
合计				29026.60				82913.79
初始投资成本			50000元		初始投资成本		50000元	
2017年12月31日收盘价			182.2元/股		2017年12月31日收盘价		13.55元/股	
2017年12月31日市值			1448671.37元		2017年12月31日市值		436208.96元	
投资收益额			1427697.98元		税后投资收益额		469122.75元	
投资收益率			2855.40%		税后投资收益率		938.25%	

（三）长春高新为什么要采取低现金股利政策

1. 长春高新低现金股利政策常规原因分析

现有文献的研究表明，影响现金股利的因素众多，既有宏观经济环境和行业发展环境等外部因素，也有诸如公司治理（尤其是股权结构）、企业盈利情况及未来投资机会等内部因素。显然，同处于生物制造行业的科华生物采用了与长春高新截然不同的现金股利政策，因此外部因素并非其主要原因。根据上文的分析，长春高新的盈利情况并不比科华生物差，因此该因素也应该排除。在公司治理因素中，股权结构是影响现金股利的最重要因素。陈信元等（2003）、谢军（2006）、吕长江和周县华（2005）等人的研究均表明，第一大股东的控制力越强，越是倾向于多发现金股利，尤其是在股改之前，大股东股份无法流通，通常通过股利政策获得收益。然而，我们发现，长春高新最早是脱胎于国有企业，且长期是国有控股，大股东控制的股权结构明显，但在2007年股改完成之前，公司基本没有分红。未来投资机会较多的企业将要储备更多的资金，也会更少发放现金股利。财务文献中常用托宾 Q 反映投资机会（叶康涛和祝继高，2009）。因此，本文也比较了长春高新与科华生物的托宾 Q，详见表3。表3的统计数据显示，从2004—2015年间，长春高新的平均托宾 Q 值为2.39，远远小于科华生的6.55，甚至未到一半。这说明其投资机会远少于对方。可见，未来投资机会也不是长春高新实施低现金股利政策的原因。

表 3　长春高新与科华生物托宾 Q 值统计表

年份	长春高新	科华生物
2004	0.47	2.41
2005	0.28	2.39
2006	0.52	5.06
2007	1.30	12.19
2008	0.77	9.97
2009	2.26	9.70
2010	4.53	8.14
2011	2.23	4.20
2012	3.47	4.02
2013	5.09	6.04
2014	3.62	7.30
2015	4.15	7.20
平均值	2.39	6.55

2. 基于财务柔性的低现金股利政策分析

为了应对日益增长的环境不确定性，现代企业越来越重视财务柔性的储备。企业财务柔性已经成为企业进行财务决策的首要考虑因素（Graham & Harvey，2001），王满和田旻昊（2014）的研究表明，财务柔性与股利政策息息相关。首先，相比于财务柔性储备较低的公司，财务柔性储备较高的公司更倾向于支付股利。根据财务柔性理论，企业财务柔性分为债务柔性、权益柔性和现金柔性。对于成熟且能产生自由现金流的公司来说，可以通过保持低财务杠杆获得债务柔性，通过高股利支付的历史记录传递高企业价值信号，从而让公司能够按照接近权益内在价值的价格发行权益证券以获取权益财务柔性，而保持适当的现金则是企业获取现金柔性的重要方式。邓康林和刘名旭（2013）认为，在我国资本市场无法正确传递股利政策信号，再融资受限及债务融资充满不确定性的现实环境下，低股利政策是企业为数不多的且能自主地获取现金柔性的重要途径。参考曾爱民（2013）等对财务柔性的定义与度量方法，我们计算了长春高新与科华生物自上市以来的财务柔性，其中现金柔性=企业现金比率−行业现金比率，债务柔性=行业资产负债率−企业资产负债率，总财务柔性=现金柔性+负债柔性[①]。详见表 4 及图 2。表 4 的数据及图 2 的趋势显示，长春高新的财务柔性经历了一个由高到低，再从低到高的过山车似的过程，由上市之初的临界值水平（1996 年的−0.48%和 1998 年的

① 按照曾爱民（2012）的做法，财务柔性度量为非负数。当财务柔性为负，其意义为无财务柔性，负数越多，财务柔性缺失程度越高。在表 4 中计算财务柔性没有取绝对值，其值有负数，目的是为了描述柔性缺失的程度。但基于财务柔性考虑现金股利时，是否具备财务柔性比财务柔性缺失程度更重要。因此，在表 5 的回归中，当财务柔性为负时，取值为 0，表明此时企业无财务柔性。

3.9%）到 2002—2004 年间及 2011 年的低值水平（2004 年的－35.50%及 2011 年的－35.39%），然后恢复到当前高于临界值水平（2014 年的 5.3%及 2017 年的 6.03%）。与之相对应的股利政策，上市之初的零星现金股利（1998 年的 10 派 1 和 2000 年的 10 派 0.5），到 2001—2011 年间的不分配，再回到 2014 年起的高股利支付（2014 年 10 派 5 及 2015—2017 年的 10 派 8），与财务柔性水平变化轨迹高度的吻合，且其 8 次现金分红中有 6 次该年度财务柔性水平处于高位，其中 5 次高于 0，1 次接近 0。与长春高新相比，科华生物是从上市以来每年均发放了现金股利，且现金股利支付率呈现前高后低的趋势，这个趋势也与科华生物的财务柔性变化趋势一致。科华生物从上市以来一直处于较高水准，2008 年曾达到惊人的 65.39%，14 年间财务柔性水平从未低于 0，最差的 2017 年也有 18.31%。高水平的财务柔性保证了科华生物可以无压力发放高支付率的现金股利。同时，我们也注意到，伴随着科华生物财务柔性整体降低，其现金股利支付率也由 2005 年的 102.97%降到 2017 年的低点 15.48%。

表 4　长春高新与科华生物上市以来的财务柔性统计表

项目	长春高新			科华生物		
年份	现金柔性	债务柔性	总柔性	现金柔性	债务柔性	总柔性
1996	3.70%	−4.18%	−0.48%			
1997	−2.61%	−6.41%	−9.02%			
1998	6.00%	−2.09%	3.90%			
1999	−0.99%	−2.78%	−3.77%			
2000	−2.28%	−5.86%	−8.14%			
2001	−11.30%	−16.67%	−27.97%			
2002	−16.97%	−14.59%	−31.56%			
2003	−10.16%	−22.72%	−32.88%			
2004	−13.87%	−21.63%	−35.50%	35.11%	23.47%	58.57%
2005	−10.31%	−13.12%	−23.43%	23.27%	40.60%	63.88%
2006	−5.56%	−9.31%	−14.87%	20.81%	39.39%	60.20%
2007	−2.89%	−14.58%	−17.47%	28.34%	31.92%	60.26%
2008	−8.20%	−15.14%	−23.33%	30.14%	35.25%	65.39%
2009	−9.75%	−8.31%	−18.06%	30.01%	32.77%	62.77%
2010	−15.84%	−14.91%	−30.75%	20.63%	25.14%	45.76%
2011	−17.76%	−17.62%	−35.39%	18.29%	21.78%	40.07%
2012	−6.42%	−5.23%	−11.65%	15.95%	22.95%	38.90%
2013	0.26%	1.36%	1.62%	13.24%	28.91%	42.15%
2014	3.16%	2.14%	5.30%	8.86%	25.91%	34.77%
2015	2.66%	−1.20%	1.46%	7.91%	23.68%	31.59%
2016	−2.60%	1.41%	−1.19%	11.57%	11.49%	23.06%
2017	0.48%	5.55%	6.03%	6.94%	11.37%	18.31%

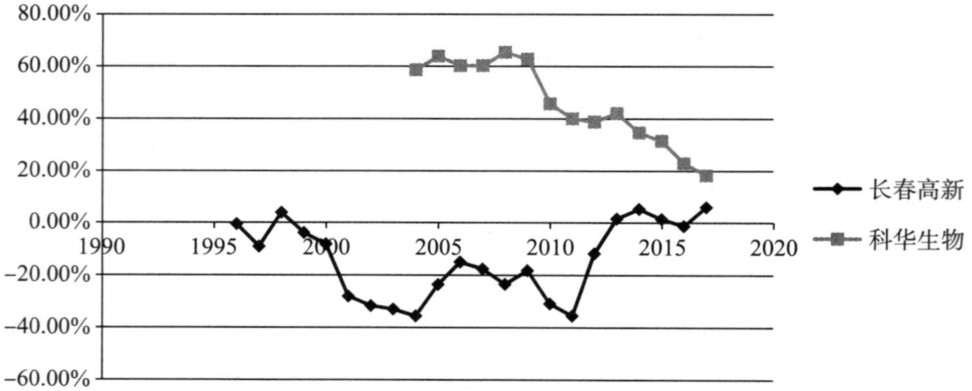

图 2　长春高新与科华生物财务柔性趋势

为了进一步确认长春高新的股利支付水平与财务柔性的相关性，本文将二者进行简单线性回归，回归结果见表 5。表 5 显示，长春高新回归方程的 R^2 达到 0.38，财务柔性水平的 T 检验值为 3.4962，在 1%水平显著，表明长春高新的股利支付与其财务柔性水平高度正相关。科华生物的回归结果虽然不显著，但依然可以看到其股利支付与财务柔性正相关。

表 5　股利支付与财务柔性相关性检验

Dependent Variable：股利支付水平				
长春高新	Variable	Coefficient	Std. Error	t−Statistic
	常数项	0.0420	0.0193	2.1794
	财务柔性水平	3.4372	0.9831	3.4962
	R−squared	0.3793	F−statistic	12.2231
	Adjusted R−squared	0.3483	Prob（F−statistic）	0.0023
科华生物	Variable	Coefficient	Std. Error	t−Statistic
	常数项	0.2397	0.2218	1.0806
	财务柔性水平	0.5094	0.4565	1.1159
	R−squared	0.0940	F−statistic	1.2452
	Adjusted R−squared	0.0185	Prob（F−statistic）	0.2863

上述分析表明，长春高新的低现金股利政策并没有因其低股利政策而削弱其对投资者的利益，尤其是中小投资者利益的保护。影响长春高新低现金股利政策的主要是企业的财务柔性制约其发放现金股利。

三、案例启示

通过本案例的分析，可以得出两点启示：

（1）通过对企业现金股利政策的干预，在一定程度上可以减少企业代理成本，但是现金股利也不是保护投资者利益的唯一途径。企业如果能将现金用好，为股东创造更好的业绩，投资者的利益依然可以从资本利得中获得。

（2）财务柔性是企业制定现金股利政策的重要因素。由于资本市场效率较差，制约着股利信号传递功能发挥作用，也严重影响企业进行权益融资，影响企业整体的财务柔性。基于企业经营环境的不确定性增强，处于财务柔性而采取低现金股利政策是理性财务决策行为。因此，监管的重点应该是提升资本市场的效率，增强资本市场的透明度，让其真正起到资源配置进而促进企业财务柔性的提高，这才能真正保护投资者的利益。

思考题：

1. 长春高新在 1996—2017 年间采用了怎样的股利政策？
2. 长春高新的股利政策是否损害了投资者的利益？
3. 导致长春高新财务柔性长期处于低水平的原因是什么？

参考文献：

Adaoglu C. Dividend Policy of the ISE Industrial Corporations：The Evidence Revisited（1986—2007）[J]. Journal of BRSA Banking and Financial Markets，2008，2（2）：113－135.

Graham A，Harvey C R. The Theory and Practice of Corporate Finance：Evidence from the Field [J]. Journal of Financial Economics，2001，60（3）：187－243.

LaPorta R，Lopez S，Shleifer A，et al. Agency Problems and Dividend Policies around the World [J]. Journal of Finance，2000，55：1－33.

Martins S C，Novaes W. Mandatory Dividend Rules：Do They Make It Harder for firms to Invest? [J]. Journal of Corporate，2012，8（4）：953－967.

陈浪南，姚正春. 我国股利政策信号传递作用的实证研究 [J]. 金融研究，2000（10）：69－77.

陈云玲. 半强制分红政策的实施效果研究 [J]. 金融研究，2014（8）：162－176.

李常青，魏志华，吴世农. 半强制分红政策的市场反应研究 [J]. 经济研究，2010（3）：144－155.

刘银国，张琛，阮素梅. 现金股利的代理成本控制效应研究——基于半强制分红的考察 [J]. 审计与经济研究，2014（5）：59－68.

皮海洲. 强制分红难治中国股市“圈钱病”[J]. 武汉金融，2011（12）：66－67.

孙莉，王新蕾. 转轨国家强制性股息政策与投资者保护分析 [J] 商业研究，2012（9）：101－105.

王满，田旻昊. 上市公司财务柔性与股利分配政策研究——基于我国半强制分红的制度背景 [J]. 财经问题研究，2014（6）：44－50.

王征. 中国证券市场半强制现金分红政策合法性研究 [J]. 金融法苑，2013（9）：42－58.

王志强，张玮婷. 上市公司财务灵活性、再融资期权与股利迎合策略研究 [J]. 管理世界，2012（5）：151－162.

王瑜. 现金分红制度的监管缺失、经验借鉴与内容重构 [J]. 证券市场导报，2016（9）：65－72.

魏志华，李茂良，李常青. 半强制分红政策与中国上市公司分红行为 [J]. 经济研究，2014（6）：100－114.

曾爱民，张纯，魏志华. 金融危机冲击、财务柔性储备与企业投资行为 [J]. 管理世界，2013（4）：107－120.

网络财务信息系统的具体应用案例

张育强[①] 王江霞[②]

高校 A 是面向全国招生的公办全日制普通高等院校，是四川省教育厅、四川××集团管理局多方共建的四川省示范性高等职业院校。高校 A 主校区位于成都市区，除此之外，该高校还在距离主校区 70 公里外的××市建设新校区，形成一个学校两个校区的办学格局。现有在校生 15000 余人。学院现设有 13 个教学、研究机构，39 个专业。高校 A 是一个学校两个校区，学校的核心数据服务器是设置在主校区的信息中心机房，由于主校区和××市校区的距离较远，两个校区各自建立了局域网网络。

一、存在的问题

高校 A 采用一个学校两个校区的办学模式，学生人数不断增长，办学规模不断扩大，这对学校的信息系统提出了新的要求。目前，高校 A 的信息系统存在主校区与分校区之间、主校区与××集团之间信息交互分散、相互脱节的问题，具体表现如下：

（1）高校 A 在处理信息系统日常业务时，各校区各系统相对独立，不同校区的各个信息系统模块不能实现信息交互，从而限制了学生和教师在不同校区之间的业务处理。

（2）高校 A 是四川省教育厅、四川××集团管理局多方共建，其需要接受四川××集团的管理，需要定期向四川××集团提供财务报告。但是高校 A 和四川××集团使用的是不同的财务处理系统，××集团无法对高校 A 财务实现实时监控。

（3）高校 A 所使用的管理系统涉及多个子系统。这些子系统包括学生管理信息系统、教务管理信息系统、图书馆管理系统，这些子系统所使用的软件系统并不统一，如何建立这些系统的统一数据平台，特别是这些系统之间如何实现数据交互和数据共享，是高校 A 在进行信息系统升级改造过程中需要解决的问题。

---

① 张育强，男，成都信息工程大学商学院讲师。主要研究方向：会计信息化。
② 王江霞，女，四川航天职业技术学院。

二、网络架构模式的相关理论

（一）集中式与分布式应用模式

企业在信息系统构建的过程中，有两种典型的模式，一种是集中应用模式，另一种是分布应用模式。集中应用模式是指企业（集团）内的相关的核算单位统一进行数据管理，包括数据的存放、维护等。分布应用模式是指企业（集团）内相关的核算单位，均能各自独立处理相关业务，其数据一般存储在本地；每隔一定时期，再根据业务管理的需要进行数据整合。

集中应用模式便于数据集中管理，服务器配置成本低，可以做单数据库处理，信息统计及时；其缺点是系统的通信费用较高，整体系统的可靠性受软件及网络影响较大。分布应用模式下，适用范围是机构分散、财务监控要求一般的集团式企业，该模式下，整体系统可靠性高，信息管理较灵活，没有实时在线通信费用；该系统的缺点是数据分散，需要配置较多的服务器，购置和管理费用较高。

（二）财务的硬件架构模式

网络环境下财务应用模式经历了主机应用模式、文件服务器模式、客户机/服务器模式（C/S）两层结构模式，现在普遍采用的是三层架构模式，以及浏览器/服务器(B/S)模式。

三层架构模式是在C/S机构的基础上，将计算机系统的网络结构和逻辑结构相分离，运用组件技术，在客户机和服务器之间加入成为中间层服务器的逻辑设备，从而形成三层结构的客户机/服务器结构。在三层机构技术中，对数据库的操作都是通过中间层来完成。客户端分为两种形式，基于图形界面（GUI）的客户端和基于浏览器（BORWSER）界面的客户端。浏览器/服务器（B/S）模式是客户端层面采用了浏览器（BORWSER）界面，要实现动态的网页交互，其底层技术必须采用基于中间层服务器的三层架构模式。

三、高校A信息系统的实施方案

结合高校A在信息系统上出现的一系列问题，以及随着多校区拓展提出的新的信息系统管理要求，高校A计划对其管理信息系统进行升级换代。为了加强××集团和高校A之间的财务联系，便于集团对高校A的财务工作的检查，将集团与高校A之间的数据处理模式由现在的分布式改变为集中式，将系统的应用服务器放置在××集团公司总部，下属高校A通过网络远程登录到服务器进行数据的录入、查询等各种操作。高校A和××集团都采用浪潮软件的信息系统，从而实现高校A和××集团一二级信息系统的统一核算。

高校A的主校区和××市分校区之间，由于距离相对较远，不便于建立基于局域网的信息系统，但为了实现两个校区的信息数据共享，通过综合考虑，计划在高校A的主校区和××市分校区之间，使用VPN远程访问技术，在主校区的内网中架设一台VPN服务器。××市校区的业务人员使用自己的账号和密码，通过互联网访问主校区的VPN服务器，就可以访问主校区的内部资源，实现两个校区资源共享。

高校A对目前的信息系统进行了升级改造，为学生管理信息系统、教务管理信息系统、图书馆管理系统等学校的软件系统建立数据接口，建立综合信息披露平台，实现基于校园网的"一卡通"，教职工、学生通过自己唯一的卡号，可以查询自己相关的所有信息，实现不同子系统的无缝链接。

网络环境下财务应用模式采用三层架构体系，即逻辑上分为数据库服务器、应用服务器和客户端。在网络应用模式下，将数据库服务器、应用服务器和客户端分别安装在不同的三台计算机上（如图1所示）。

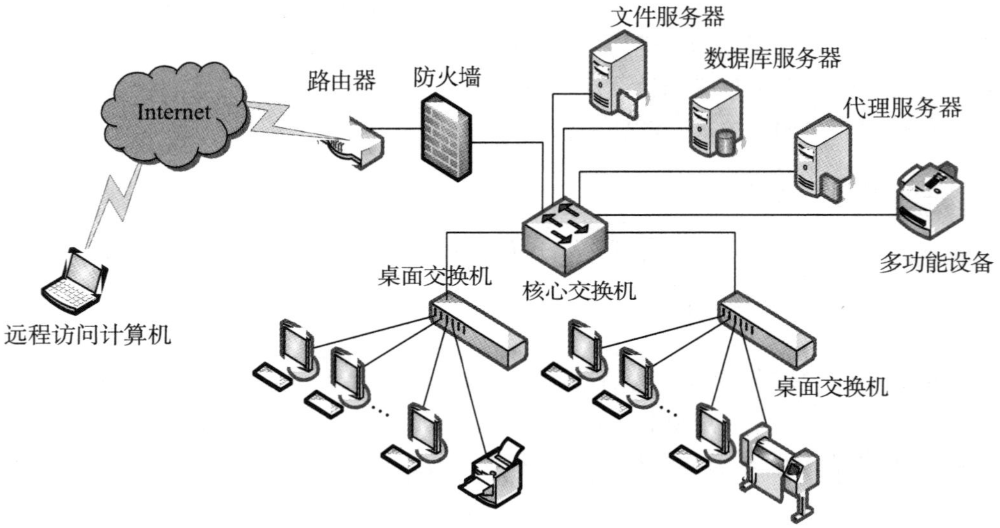

图1　财务信息系统结构图

思考题：

1. 网络架构有哪些典型的应用模式，并对这两种模式进行评价。

2. 结合本文案例数据，说说高校A采用了什么样的应用模式，它为什么要采用这样的模式？

万科公司薪酬策略与公司业绩分析

罗　爽①

一、案例资料

（一）万科公司概况

万科企业股份有限公司，简称万科或万科集团，成立于1984年5月，总部位于中国深圳市福田区梅林路63号万科建筑研究中心，现任董事长为王石，总经理为郁亮。1988年进入房地产行业，1993年将大众住宅开发确定为公司核心业务，经过三十余年的发展，是目前中国最大的专业住宅开发企业，也是股市里的代表性地产蓝筹股。经过多年努力，万科逐渐确立了在住宅行业的竞争优势："万科"成为行业第一个全国驰名商标，旗下"四季花城""城市花园""金色家园"等品牌得到各地消费者的接受和喜爱；公司研发的"情景花园洋房"是中国住宅行业第一个专利产品和第一项发明专利；公司物业服务通过全国首批ISO9002质量体系认证；公司创立的万客会是住宅行业的第一个客户关系组织。万科集团在地产中国网举办的红榜评选活动中，连续三次上榜。2016年8月，万科企业股份有限公司在"2016中国企业500强"中排名第86位。2018年1月，公司董事会决定聘任祝九胜为公司总裁、首席执行官。

万科公司涉及业务很广，主要包括房地产开发，兴办实业（具体项目另行申报），国内商业、物资供销业（不含专营、专控、专卖商品），进出口业务（按深经发审证字第113号外贸企业审定证书规定办理）。

（二）万科薪酬分配结构分析

1. 万科薪酬组成

万科的薪酬主要是由七个部分组成。

（1）任职薪金：根据职位评估结果确定。

（2）绩效奖金：根据每个工作人员的绩效评估结果，主要分为月度奖金和半年奖金。

（3）津贴：涵盖日常的制装费、通信费、教育培训费、旅游费用和节日津贴等。

①　罗爽，女，成都信息工程大学商学院教师，硕士。主要研究方向：财务分析、个人理财及企业财务管理。

（4）补助：包括出差补助、交通补助、午餐补助。

（5）福利：五险一金和年假、婚假、产假、哺乳假、公假、带薪休假等。

（6）利润分享计划：根据集团年度经营情况以及员工年度绩效考核结果，然后按比例执行计划。

（7）财富俱乐部：主要采用积分的方式鼓励优秀员工获得财富回报。

2. 万科薪酬级别和档次分析

由表 1 可知，员工的薪酬确定依据评估结果、集团职位分为 22 级，结合公司职务实际情况，任职薪金分为 9 级，每个级别的薪酬是有差别的，薪酬级别和档次的划分，可以鼓励员工的工作积极性；为了得到更高级别的薪酬，职员们就会努力做好自己的工作，从而增强了公司业绩。

表 1　万科职员基本工资级别　　单位：元

薪酬档次职位等级	一级	二级	三级	四级	五级	六级	七级	八级	九级
E	300	400	550						
D	320	430	590	720	880	1100	1380	1750	
C	340	460	630	770	950	1190	1500	1950	2360
B	360	490	670	820	1020	1280	1620	2150	2660
A	380	520	710	870	1090	1370	1740	2350	2960
S	400	550	750	920	1160	1460	1860	2550	3260
档差额	20	30	40	50	70	90	120	200	300
职位评估等级	1	2～3	4～5	6～10	11～13	14～16	17～18	19～21	22

（三）万科公司贸易总额和利润分析

评价企业业绩的主要标准有利润、每股收益、净资产收益率等，本文将万科集团 2000 年至 2017 年的相关业绩数据收集整理如下，主要包括营业收入、营业利润、净利润、每股收益、净资产收益率。由表 2 可以看出从 2000 年至 2017 年营业总收入呈现持续增长的态势，2017 年比 2000 年营业收入增长了约 64 倍，营业利润、净利润、每股收益和净资产收益率的走势也是呈增长趋势，且净利润在 2017 年达到 280.52 亿元，每股收益也从 2000 年的 0.48 元/股涨到 2017 年的 2.54 元/股（这十几年一直增资扩股，总股本从 5.455 亿股增长到 2017 年的 110.39 亿股）。不过，受 2008 年的全球金融危机冲击的影响，万科在 2008 年以后利润有所回落，但是危机过后，万科的销售状况在不断回升。

表 2　万科销售总额和利润

年份	营业收入（亿元）	营业利润（亿元）	净利润（亿元）	每股收益（元）	净资产收益率（%）
2000	37.84	3.64	2.97	0.48	10.69

续表2

年份	营业收入（亿元）	营业利润（亿元）	净利润（亿元）	每股收益（元）	净资产收益率（%）
2001	44.55	4.95	3.74	0.59	12.21
2002	45.74	5.23	3.82	0.61	11.54
2003	63.8	8.17	5.42	0.4	12.98
2004	76.67	12.59	8.78	0.39	15.39
2005	105.59	19.58	13.5	0.39	19.54
2006	179.18	34.27	22.98	0.39	23.51
2007	355.27	76.53	48.44	0.73	23.75
2008	409.92	63.65	40.33	0.37	13.24
2009	488.81	86.85	53.3	0.48	15.37
2010	507.14	118.95	72.83	0.66	17.79
2011	717.83	157.63	96.25	0.88	19.83
2012	1031.16	210.13	125.51	1.14	21.45
2013	1354.19	242.61	151.19	1.37	21.54
2014	1463.88	249.79	157.45	1.43	19.17
2015	1955.49	331.23	181.19	1.64	19.14
2016	2404.77	390.24	210.23	1.9	19.68
2017	2428.97	508.13	280.52	2.54	22.8

二、案例分析

（一）万科薪酬与业绩相关性分析

薪酬是企业发展的重要策略，业绩是企业最终目标。事实上，薪酬策略和企业业绩之间存在着一定的相关性。万科近20年来业绩一直高速增长，一方面与国内房地产行业的快速发展有关；另一方面，万科薪酬策略的不断变化也推动了万科在房地产业内的做大做强。

（二）万科薪酬策略对业绩的影响

随着时代的发展，企业薪酬策略为了适应企业战略发展，也在不断的变化，企业战略和薪酬体系的匹配是提高企业绩效的关键。在战略性薪酬管理活动中，薪酬体系不只是服从企业战略，而且在企业战略制定和执行过程中也要积极地思考人力资源方面的问题，作为人力资源管理重要组成部分的薪酬体系与企业战略是否匹配是直接影响企业经营绩效的关键因素。战略性薪酬与人力资源效能之间存在正相关关系，战略性薪酬对企业绩效提升具有积极的影响。

为了了解万科薪酬对业绩的影响，笔者从2000年至2017年的万科年报中整理了其薪酬信息，以便更加清楚地了解万科的实际情况，整理如表3。由表3可以看出万科职工的薪酬整体是上涨的，2000年至2005年上涨很缓慢，2005年至2007年突然上涨，主要是2006年和2007年市场环境好，年终奖也相应提高。2008年受金融危机影响，市场处于萧条状况，但是职工人数却没有减少，所以施行降薪措施，使得应付职工薪酬也减少了21200万元。在2008年以后，经济开始回暖，房地产经济开始复苏调整，万科2009年的工资总额也相应地大幅上升，平均工资增长了约46%，在接下来的年份里，虽然应付职工薪酬不断增加，但是职工人数也在不断增加，所以平均薪酬处于一个相对比较稳定的状态，2017年达到最高，为7.36万元。

表3　万科薪酬表

年份	应付职工薪酬（万元）	人数	平均薪酬（万元）
2000	2878.17	6616	0.44
2001	1477.1	5349	0.28
2002	1808.05	6055	0.30
2003	1734.54	7025	0.25
2004	1876.18	9627	0.19
2005	1771.92	10961	0.16
2006	32500	13402	2.43
2007	73000	16464	4.43
2008	51800	16515	3.14
2009	80700	17616	4.58
2010	141600	22850	6.20
2011	169000	27951	6.05
2012	217800	31019	7.02
2013	245200	35330	6.94
2014	183100	40647	4.50
2015	264300	42295	6.25
2016	384000	58280	6.59
2017	493000	67021	7.36

由万科薪酬结构和等级可以看出，万科改变了传统、单一的薪酬体系，不断迈向多元化的发展战略。万科在薪酬策略上实现了多劳多得，以贡献与业绩的大小、多少来衡量和判断员工的工作情况，并积极与薪酬挂钩，薪金等级之间的重合又激发了员工的热情，其具有公平性和激励性，对于公司的发展与进步起到了不可估量的作用。万科能够完成不同类别的岗位、不同层级的有效与合理区分，改变了传统岗位价值（其缺点是无

法对比，没有岗位专业、专业化程度对工作目标和企业影响力的测算）的不足，有了技术性的突破，从而有效解决了公平的问题。

薪酬可作为企业对员工人力资本投资的一种主要形式，作为企业获取、保留、激励员工的物质手段，在其他条件一定的情况下，高薪酬与高工作投入、高忠诚度、高绩效产出成正比，而对不同类型的人力资源进行投资结构和程度的差异化，也会直接影响企业的人力资本成本。从员工的视角看，薪酬是员工及其家庭的人力资本投资的主要回报形式，是人力资本的外在价值表现，按照人力资本投资理论，员工之间的薪酬差异主要基于学历或受教育程度的不同，薪酬反映了员工人力资本存量的价值和对不同价值回报的预期。通过薪酬引导员工掌握企业所需的专用人力资本，对企业形成独特的竞争优势产生积极的影响。由此万科一系列薪酬策略影响着公司业绩发展，从图 1 中可以了解到，万科的历年平均薪酬是上涨的。随着薪酬的上涨，可以从图 1 中得知，万科的营业收入、营业利润、净利润、每股收益、净资产收益率也都是整体呈现上涨的趋势，从中可以得知，万科的薪酬和公司业绩呈正相关性。万科薪酬增长也促进企业绩效增长。

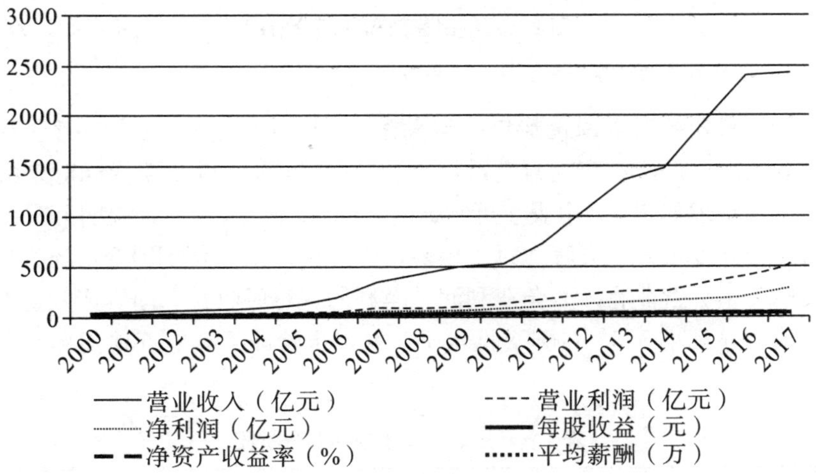

图 1　万科薪酬和业绩图

（资料来源：根据同花顺个股资料财务状况整理）

（三）万科业绩对薪酬策略的影响

企业业绩是企业运行追求的最终目标，随着企业发展，企业规模会不断增加，这离不开企业所有员工的付出。因此，对于企业来说，人力资源管理需要不断变化，而薪酬策略则是一个重要的组成部分。即企业需要根据战略目标，设计有利于企业战略实施的薪酬体系，以引导员工努力工作。

万科集团从 1984 年成立以来已经有三十多年历史，其规模日渐扩大，成长为一个行业龙头企业。在图 1 中可以看到，万科的业绩在不断增加。管理一个几万人的企业，需要有良好完备的管理体系。为了使每个万科人可以更好地为企业服务，万科实行了由任职薪金、绩效奖金、津贴、补助、福利、利润分享计划、财富俱乐部七个板块组成的工资体系，还按等级划分了工资水平，使万科薪酬策略比较完善。我们可以从图 2 的折线图中看出，万科的营业收入、营业利润和净利润从2000年至2017年总体呈现上涨趋势，2017年营业收入、营业利润和净利润分别是2428.97亿元、508.13亿元和280.52亿元。

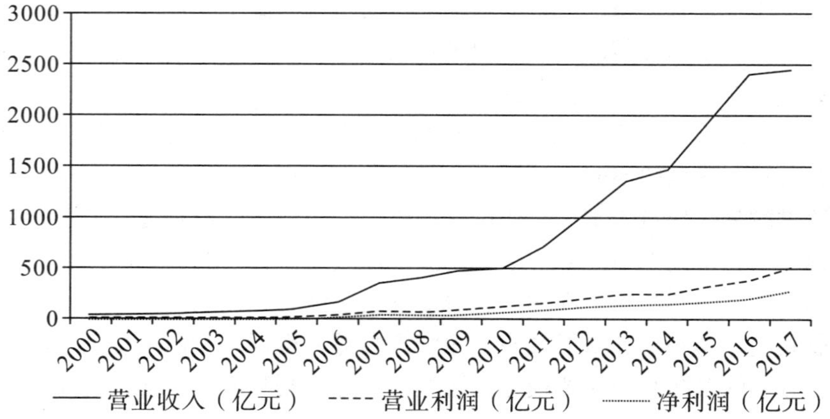

图2　万科销售额和利润分析图

（资料来源：根据同花顺证券分析软件整理所得）

为了分析万科业绩对薪酬的影响，以薪酬为因变量，营业收入、营业利润、净利润、每股收益、净资产收益率为自变量，通过stata针对万科业绩指标对薪酬进行回归分析，分析结果整理如表4。由表4可知R－squared都大于0.3，说明万科的业绩各要素和薪酬的拟合优度很好，方程通过了检验，因此可以认为薪酬因变量与其他五项自变量呈现出线性关系。营业收入、营业利润、净利润、每股收益、净资产收益率的系数都是正数，P值明显都小于5%的显著性水平，所以也验证了其他五项指标和薪酬之间是正相关关系。

表4　万科薪酬和绩效回归分析图

	R－squared	Coef.	Prob>F	$P>\|t\|$	[95% Conf.	Interval]
营业收入（亿元）	0.5891	204.5962	0.0002	0	114.0315	295.1608
营业利润（亿元）	0.6788	37.5596	0	0	23.86667	51.25253
净利润（亿元）	0.7164	21.62779	0	0	14.41587	28.83971
每股收益（元）	0.5211	0.1297234	0.0007	0.001	0.0638108	0.1956359
净资产收益率（%）	0.3178	0.9455811	0.0148	0.015	0.2113612	1.679801

三、案例启示

尽管万科的薪酬体系已经日趋完美，但是也不可避免地存在着一些实际的问题，具体表现在：关键岗位的相对价值在薪酬制度中体现得还不是很充分。尽管目前万科的薪酬制度划分了几个不同的级别和层次，但在一些关键的岗位上薪酬距离还是十分有限的。当一个人工作业绩突出，如果长时间不给予认可，则会导致员工的流失。相反，通过设计合理的薪酬制度，对优秀员工给予鼓励及激励，在员工中建立一种标杆形象，鼓励员工独立完成业绩。因此，设计合理的、适合企业的薪酬制度有助于实现企业获利的长远目标，有利于内部的管理与激励。目前，薪酬的影响因素方面存在一定争议，因为岗位间的重要性是不同的，薪酬的差距设置尤其要注意合理性。同时，万科股权激励措施存在一定问题，管理成本较高，激励的条件设置不合理，如 2006 年计划标准设置过低，2010 年标准又过高。以利润为导向的目标激励容易忽视企业长远的战略规划。因此，在薪酬制度设计时，应充分考虑企业自身发展、实际业务等因素，进行灵活的调整和改进，尤其是减少“短期目标”的影响程度，从企业长远目标考虑和规划，以达到业绩持续稳定增长的目的。

思考题：

1. 从提高企业的业绩角度考虑，万科薪酬体系还存在哪些问题？

2. 在分析房地产行业业绩增长率数据的基础上，试讨论万科薪酬策略的特征。

3. 房地产企业利润受政策调控影响比较大，在此背景下，万科如何设计出更加灵活的薪酬策略以保证利润的增长？

雅百特财务造假案例分析

李　虹[①]

中国经济的发展离不开稳定的金融环境，资本市场是现代金融市场的重要组成部分，我国资本市场在企业融资、优化资源配置等方面起着越来越重要的作用。但是，市场参与方上市公司的财务造假现象却时有发生，造假事件给资本市场带来极大危害，严重损害了投资者的利益，扰乱市场秩序，滋生经济犯罪，增加社会不安定因素。因此必须加强监管，严厉打击上市公司会计造假、信息披露违规等不法行为，以维护资本市场的长治久安。

一、背景介绍

继欣泰电气、金亚科技之后，又有一家公司将面临强制退市。2018 年 7 月 5 日深夜，深交所发布消息称，雅百特因涉嫌构成违规披露、不披露重要信息罪，证监会将该案移送公安机关，深交所已正式启动对雅百特的强制退市机制，公司股票存在被暂停及终止上市的风险。截至 7 月 30 日，被深交所公告启动强制退市机制的 * ST 百特（原雅百特，002323. SZ）报收于 2.09 元，已连续 17 个一字跌停。

早在 2017 年 12 月 15 日证监会就宣布[②]，经调查，雅百特虚构海外工程项目和国内外建材贸易，虚增业务收入，粉饰会计报表。2015 年至 2016 年 9 月，公司虚构巴基斯坦等公交工程项目，虚构国内外贸易，虚增业务收入 5.8 亿元，虚增利润 2.6 亿元，2015 年虚增利润占当期利润总额的 73%，2016 年前三季度虚增利润 20%，上述虚假财务数据通过雅百特 2015 年年报、2016 年半年报及三季报公布，已构成信息披露违法。根据相关法律规定，证监会将对雅百特处以顶格罚款 60 万元，并在《证券法》规定的范围内对其直接负责的主管人员进行顶格处罚，同时对雅百特虚假信息披露违法行为主要责任人员采取终身市场禁入，以及 3～5 年不等的证券市场禁入。

这是证监会查处的性质极其恶劣的上市公司跨境财务造假案，一场由上市公司自编自演的财务造假终于被揭穿了。

---

① 李虹，女，成都信息工程大学教授。主要研究方向：财务会计学。主讲课程：会计学原理、财务会计学、中级财务会计、会计综合模拟实习和会计学原理实习等。

② 资料来源：雅百特财务造假案——2017 年跨境执法合作的成功案例，2018 年 3 月 9 日。

二、雅百特财务造假案例始末

雅百特是一家重组借壳公司，2015 年 7 月，山东雅百特科技有限公司借壳中联电气上市，之后，证券简称更名为雅百特。为了能有更好的溢价，当初借壳上市时，雅百特跟中联电气签订了业绩对赌协议，承诺 2015—2017 年的净利润分别要达到 2.55 亿元、3.61 亿元和 4.76 亿元，如果达不到，需要以股份及现金等形式补偿。2015 年 8 月借壳上市后，雅百特很快交出一份亮眼的成绩单。在其 11 月的季报中，公司的营业收入比前一年同期增加了 2.33 亿元，增幅为 67.62%。其中，和巴基斯坦签订的一份价值 3250 万美元（约合 2.12 亿元人民币）的合约，对业绩增长功不可没。而雅百特交出的年报成绩同样亮眼，2015 年度扣除非经常性损益后归属于母公司所有者的净利润为 27114.91 万元，已达到利润承诺方 2015 年的业绩承诺。但是，令人震惊的是这些成绩单都是丧心病狂的造假！为了完成业绩对赌承诺，雅百特虚构海外工程，虚增业务收入，粉饰会计报表，进行财务造假。此后，证监会的调查、中央电视台的曝光逐渐戳破了雅百特的谎言。这笔实现收入超过 2 亿元、占年度销售总额 21.8%的“新项目”完全是伪造的。

雅百特财务造假的三项内容：

（1）年报中虚构 2 亿元大项目，半年完工。

雅百特在 2015 年报中提及，公司全资子公司山东雅百特与巴基斯坦的首都工程建设有限公司签订《木尔坦地铁公交工程建设工程施工合同》，合同总金额 3250 万美元（约合 2.12 亿元人民币），并且，工程半年完工。然而，其高额利润率引起了同行——上海亚泽董事长钟俊浩的怀疑。资料显示，雅百特 2013—2016 年的毛利率分别是 28.6%、18.1%、43.15%和 35.3%，行业平均毛利率在 10%左右，少数优秀公司也就 20%左右，而雅百特 2015 年毛利率却翻倍暴增至 43.15%，在钟俊浩看来极为不正常，于是，他亲自前往巴基斯坦进行调查，发现雅百特《木尔坦地铁公交工程建设工程施工合同》中的地铁工程完全是凭空捏造，木尔坦至今都没有规划地铁。之后，雅百特被实名举报。

据了解，巴基斯坦木尔坦项目系巴基斯坦木尔坦市的城市快速公交专线项目，业主方为木尔坦发展署，总投资超过 3.5 亿美元，该工程第 3 标段承建的中方单位只有中铁一局一家，雅百特根本就没有参与这个项目的建设，而是找了海外的一个公司伪造了虚假的工程建设合同，但是这个合同根本就没有履行，年报所说的收入完全是子虚乌有。雅百特这一弥天大谎甚至惊动了外交部。

（2）虚构材料出口、回款假象①。

为了让海外工程更逼真，雅百特连环造假，自编自演了一出建材出口到巴基斯坦并收到回款的好戏。比如，公司先向海外出口一批建筑材料，宣称将用于木尔坦公交车站的建设。但是这些建筑材料实际并没有运到巴基斯坦，而是通过第三方公司进口又转回

---

① 资料来源：揭露“雅百特”10 亿造假大案，2017 年 7 月 29 日。

国内，以此虚构海外工程施工的假象。据调查，2015 年 9 月至 2016 年 3 月，雅百特通过中国香港、迪拜、美国、马来西亚等地的 16 家第三方公司以大批小额方式取得木尔坦项目工程回款，制造海外回款假象。但是这笔回款并不是来自巴基斯坦，而是来自雅百特本身控制的公司和一些其他的中国境内的公司。雅百特为此动用了 7 个国家和地区的 50 多个公司走账，超过了 100 多家银行账户进行资金划转，而且经常通过银行票据和第三方支付划转，渠道复杂。证监会曾经要求公司及相关中介机构前往木尔坦核实该项目，但雅百特相关人员根本没去过巴基斯坦木尔坦市，施工现场的照片均是假的。

（3）伪造虚假合同，虚增收入及利润①。

除了虚构巴基斯坦项目，雅百特还如法炮制，通过安美国际伪造虚假建筑材料出口合同，将报关出口至安哥拉的货物运送至香港，然后再由其控制的关联公司将货物进口回内地。2015 年，雅百特以虚构建材出口贸易方式虚增营业收入 1852.94 万元，相应虚增当期营业利润 1402.93 万元，占当期披露利润总额的 4.41%。安美国际与山东雅百特并未发生真实的业务往来。调查人员说，雅百特是从境内的公司以国际贸易的形式将钱转到海关，然后又以进口的方式再把那笔钱从海关转回中国，以这种方式来伪造一笔真实的资金。

经确认，雅百特于 2015 年至 2016 年 9 月通过虚构海外工程项目、虚构国际贸易和国内贸易等手段，累计虚增营业收入约 5.8 亿元，虚增利润近 2.6 亿元，其中 2015 年虚增利润占当期利润总额约 73%。造假数额巨大，手段恶劣，造成公司财务数据严重失真，信息披露违法，特别是跨境造假表现出上市公司造假的新动向，引起监管层高度重视，及时启动跨境执法合作程序，最终让造假者难逃法网。

就目前雅百特的境况而言，想获得“赦免”或重新上市的概率几乎为零，其数万名投资者血本无归，如何索赔就成了眼前最受关注的问题。

三、案例启示

（1）自新会计法颁布以来，重拳打击和惩治企业会计造假，有力地维护了资本市场秩序的规范和公正。但是，总有少数人利欲熏心，不惜以身试法，导致上市公司财务造假事件时有发生。雅百特造假案是证监会 2017 年专项执法行动的第一批案件，这类案件呈现出造假规模大、造假手法隐蔽、系统性造假、跨境趋势明显、反调查手段多等特点，市场危害极大，因此，市场监管丝毫不能放松，打击要持续保持高压态势，力争给造假者以震慑，倡导和监督上市公司自觉自律，遵纪守法经营。

（2）形形色色的财务造假归根结底是利益驱动。雅百特 2015 年披露的利润里居然有 73%都是虚构的，最后查处罚款 60 万元，在一些人眼里造假成本太低，受巨大的利益驱使，不法者往往会选择铤而走险。本案例中雅百特动辄数亿元的走账，竟然都是在上海一间 20 平方米的小屋内完成，并且造假造到国外去了。建议国家相关部门制定和完善相关的法律法规条款，加大处罚力度，以提高造假者的造假成本，从源头上堵住造

① 资料来源：雅百特财务造假案——2017 年跨境执法合作的成功案例，2018 年 3 月 9 日。

假案件的发生。

（3）必须高度重视证券市场投资者权益保护工作，加快健全完善证券投资者损害赔偿救济制度，这对深化市场改革，促进市场发展，更好地发挥资本市场服务实体经济的功能作用，具有十分重要的意义。上市公司财务造假，直接损害的是投资者的利益，造假恶果是投资人血本无归，因此，加快完善证券投资者民事损害赔偿救济法律制度就显得非常必要和迫切。这是资本市场的一项基础性工作，一些实际问题亟待解决。比如，本案例中，雅百特的控股股东所持有的雅百特股票的九成都被用于质押融资了，如果股价继续下跌，这笔质押就会触及平仓线，假如控股股东失去了控股地位，如何保证能够赔偿投资者？当前，关于受害投资者赔偿问题已经引起证监会的高度重视。未来这项制度改革将重点围绕三方面进行：一是监管支持方面，包括支持诉讼制度、和解金赔偿制度、先行赔付制度等；二是司法救济方面，包括诉讼机制环节的示范诉讼制度、公益诉讼制度等；三是社会机制方面，包括专业仲裁制度、小额纠纷调解制度等。

（4）相关部门必须做好加强投资者风险教育相关工作，培养投资人的价值投资理念，不要盲目跟风炒作；同时，作为每一个证券投资者，有必要学习和了解一些基本的财务知识，提高对上市公司财务造假的辨识能力，不上当受骗，理性投资。

思考题：

1. 上市公司财务造假有哪些社会危害？
2. 企业财务造假为何屡禁不止？
3. 从会计专业角度如何识别和防范上市公司财务造假？
4. 雅百特财务造假相比以往的造假案例有哪些新的特点？
5. 遭遇上市公司造假，该如何保障投资者的利益？

浅谈农业产业集聚的制约因素
——基于广西龙州县甘蔗产业案例

曹邦英[①]　张齐圣[②]

一、引言

长期以来，学者对产业集聚的研究更多集中在工业领域。形形色色的工业园区作为工业产业集聚的重要载体，在集聚发展过程中有力地推动着我国的城市化进程。从改革开放至今，产业集聚对工业发展的贡献显著，这直接体现为工业产值占总产值比例快速上升并稳定在较高水平。

在农业生产过程中，产业集聚依然存在。王艳荣等（2011）通过结构方程模型论证了以资源禀赋为基础，产业内部通过竞合互动最终形成了农业产业集聚体的过程。在此基础上引入区位熵对传统 cd 函数拓展并回归分析后发现，农业产业集聚水平对产业增长有显著贡献。吕超等（2011）在实证研究蔬菜产业集聚度与产值关系时也得出类似结论。一方面，农业产业集聚对农业产值的增加有直接贡献；另一方面，产业集聚发展模式在农业领域的普及度并未达到工业水平。显然，在农业产业集聚过程中存在相应制约因素，限制其达到工业产业集聚的发展水平，并客观阻碍着产业集聚在农业生产过程中的作用。

我国农业生产以小农经营为主，劳动力是这一传统生产方式的主要增量要素。而这一生产模式伴随着城乡劳动报酬差异的不断扩大正逐步改变。以规模效应与产业链延伸为核心的产业集聚是提高农产品附加值、降低农产品生产成本、多元化农产品流通渠道的重要路径，也是农业产业兴旺、农民收入水平稳步提高、最终实现乡村振兴目标的必经之路。龙州县的甘蔗产业发展历程，正是一次农业产业集聚的积极实践。

二、龙州实践：甘蔗产业集聚发展现状[③]

龙州县下辖 12 个乡（镇），127 个行政村（社区），总面积 2317.8 平方公里，耕地

---

① 曹邦英，女，成都信息工程大学教授、博士。研究领域：区域经济发展与管理、保险与风险管理。主讲课程：保险学、区域经济学、产业集聚与区域发展、组织行为学等。

② 张齐圣，男，在读硕士研究生。

③ 案例涉及数据如无特殊注明均为从当地政府部门实地调研所得。

面积97.1万亩（约64733公顷）。据2014年数据，全县农业人口占总人口比重为78.78%，是典型的农业县。1986年龙州县被定为国家扶贫开发工作重点县，2014年建档立卡贫困人口为18167户，共67540人，占同年全县总人口的25.05%。至2017年，龙州县贫困人口为10097户，37554人。在3年间龙州县贫困人口减少44.397%，约有1.05万户贫困户种植8.4万亩（5600公顷）甘蔗，占贫困人口的75.07%。龙州县农民增收、乡村发展与精准扶贫工作的推进，都离不开该地区甘蔗产业。

龙州县位于北回归线以南，北纬22°8′54″至22°44′42″，热量丰富，雨量充足，具有明显的南亚热带季风气候特征，适宜甘蔗生长。甘蔗在生产过程中分为糖蔗与果蔗，糖蔗在一年的生产过程中仅需要栽种与少数几次施肥驱虫，其坚硬的表皮能抵抗大部分虫害，且属于耐旱作物，在种植过程中劳动力投入需求较少，十分适宜大面积种植。

在甘蔗种植环节，龙州县当地政府积极组织农户置换调整土地，把各户零散的土地通过置换“小块变大块”。实际走访中，农村居民户均甘蔗种植面积在10亩以上，每亩糖蔗的年产量在4～5吨，农户年收甘蔗大部分在40～60吨，偶有两个人打理年产100～130吨甘蔗的家庭。为了提高贫困户种植甘蔗的积极性，政府除了进行甘蔗种植技能培训、赠送化肥、为农户提供扶贫小额贴息信贷等外，对贫困户种植的甘蔗进行每吨50元的补贴，并对收购甘蔗的糖厂进行补贴以保证500元每吨的甘蔗保护收购价，目前已累计发放产业奖补9050.5万元，小额信贷33502万元。

在产业链加工环节，以龙州县城内的三家糖厂为核心，由糖厂组织货车对各村农户的甘蔗进行统一采购。在对蔗糖榨取加工的同时，将加工废料进行分类后，分别用作纸板与化肥生产的原料，不断拓展地区甘蔗产业链条。在各村内，偶有将削掉的甘蔗皮用以编织用具以及探索以甘蔗为原料酿酒的农户。

总结龙州经验，龙州县乡村经济的快速发展离不开对目标农产品的精准定位与规模化经营。客观来看，广西崇左市蔗糖产量占到了广西蔗糖总量的1/3，全国蔗糖总量的1/6，这是位于崇左市的龙州县敢于选定甘蔗作为目标农产品的重要原因。较其他初级农产品而言，与加工体系连接的甘蔗产业依托外部市场需求，在地区拥有更高的收益，加之政府施以农产品价格补贴及小额贴息贷款的扶持举措，进一步维持了农户的种植意愿，使地区甘蔗产业的规模化、聚集生产得以实现并迅速带动乡村经济的发展。

但这一模式下存在的问题同样值得思考。龙州县现有耕地的甘蔗种植水平整体较高，每亩4～5吨的糖蔗产量与500元每吨糖蔗收购价是现有糖蔗种植户的收入上限，以一户80吨糖蔗产量来算，家庭年纯收入为4万元，除去成本仅能达到2～3万元，若以三口之家合计，则每人每月收入为555.56～833.33元，虽然高于贫困线，但远低于城市务工收入。而收入较高的果蔗或者临近县城的蔬菜种植需要大量劳动力投入，且生产的相对风险更高。在生产过程中，土地“小块变大块”与农户自行组织的甘蔗生产合作社并没有改变传统甘蔗的手工生产方式，甘蔗种植过程中机械化程度极低，除运输与装卸外，所有环节几乎均由劳动力手工完成，缺乏定制化的生产工具与优化的生产作业流程。基础农产品生产的低效现状，对产业链加工体系的发展极为不利，从集聚区对生产地的支持来看，龙州县仍处于起步阶段。

三、案例分析与制约因素总结

从产业集聚的角度来看，一定区域的产业内生产单元能否形成集聚体，同其对产业集聚效益的认知以及地区生产要素密切相关。从龙州县的甘蔗产业发展来看，一方面其产业集聚收益显著。当地甘蔗产业的发展背靠较为完整的蔗糖加工业，深加工路径得以打通，农产品的附加价值得以显现。另一方面，地区生产要素相对有限。受边境地区区位影响与地区社会经济条件限制，地区农村劳动力较少，各家庭资本积累有限。同时龙州县位于中越边境地区，其经济发展同中越关系相关。这在一定程度上会影响投资规模及投资的稳定性，从而导致地区生产要素缺乏的现状难以缓解，进而呈现出地区农业生产主体以 2～5 人家庭为主的特点。而这又与我国大部分地区普遍存在的“小农”经营特征相符，使龙州发展的案例更具思考价值。

从龙州县甘蔗产业的发展过程来看，农业产业集聚在实施过程中主要存在以下一些制约因素。

（一）初具规模的农产品种植缺乏配套的产业规模经营体系

传统的产业集聚理论一般将规模生产中经营主体视为一个决策单元，由于规模化生产需要大量整合要素资源与产品资源，若经营主体不能统一，则这一过程难以实现。但在农业生产中却可能存在规模种植与规模经营的分离。

规模种植主要是指在一定区域空间内集中生产某一种或某一类农产品。在龙州县各级公路上行驶时，可见大量甘蔗田，就算是两山之间开凿的通道，在通道两侧的山脚下也都普遍种植甘蔗，仅少数几个村落由于土壤环境不适合甘蔗的生长而改种蔬菜、药材等。甘蔗规模种植对当地生产的影响直接体现在生产技术与市场信息的共享程度上。一县所有地区甘蔗的收购价格几乎都在每吨 480～520 元，蔗糖价高时收购价能达到每吨 540 元左右，收购价格差并不大；由于大多农户的生计与甘蔗相关，村民们很多对甘蔗从栽种到收获的各环节工作十分熟悉，对甘蔗相关的市场与技术信息尤为敏感，因此一旦政府进行技术培训、技术普及或出台产业补助政策，农户都能在短时间内相互传播并及时更新技术与市场信息，相较分散耕种农作物的农户而言具有更强的专业性。

通过提升专业化水平，规模种植对地区农业经济的发展产生了积极影响。但从产业集聚的角度来看，规模种植并没能达到规模化生产的水平，其规模效应还有进一步开发的空间。而这一现象的原因主要在于未实现规模经营。

在生产环节中，农户考虑更多的是自己承包的土地，其所承包土地的面积往往在 10～15 亩，个别承包地较多的农户也不超过 30 亩。在甘蔗种植环节中，播种与收割是最需要劳动力的，这两个环节大多依靠的是传统农具如柴刀等，需要在收割时逐根进行劈砍并削皮装车，播种时再在被砍伐的甘蔗根部栽种种子以获得更好的产量。这导致在播种与抢收时节存在大量的临时劳动力雇用需求。粗略来看，平均一户的耕地大概需要 18 个人做一天工才能完成（18 个工时），而 1 个工时的价格在当地一般为 100 元左右。仅就人工费用一项来看，若一户 4 亩地产 4 吨甘蔗，按 500 元一吨价格收购，则收入的

27.5%将用于支付人工费用。龙州地区田地地势平坦且较为方正，坡度高差有限，乡村道路通畅，客观具备采用机械收割的条件。但当地农户告诉我们，传统的收割机械会将作物连根拔起，甘蔗的根要留在地里，来年才有利于播种以维持高产量，因此市面难以寻到合适的机械。

事实上，仅龙州县某一乡村的甘蔗生产规模，就已具备与农机企业合作开发“以切割而非拔除的方式完成收割作业”的专有农机设备的条件，且这些设备的应用将直接影响生产环节超过四分之一的总成本。此外，对糖蔗品种的持续改良进而提高单位甘蔗的出糖率，同样是不断提高地区甘蔗产值与经济效益的重要路径。然而，分散化的经营方式，户均有限的土地与产量，难以克服人工成本、技术设备等局限，在根本上制约着农业产业集聚的规模效应。

（二）初级农产品生产与产业加工的单向联动

产业集聚的发展依赖于产业链各生产环节的合作。高水平的产业集聚体需要完善和专一求精的产业链体系，最终需求产品作为产业链体系的直接成果，其价值来源于各产业链环节的生产附加值。由此可见，产业集聚水平的提升，离不开产业链各生产环节协作能力的强化。

这一强化过程在农业产业集聚中往往进展缓慢，初级农产品生产体系与产业加工链之间的单向农产品输送联系是现有乡村经济组织下的常态。这直接体现为加工企业在核定乡村农产品生产种类与质量标准之后，仅根据市场销售状况对收购价格与数量进行调整。在流通领域则体现为产品市场上的农产品由乡村向加工企业聚集地流入。如龙州县的甘蔗加工企业通过组织货车车队，以村为单位逐一下乡采购，并将采购后的甘蔗直接运送回加工厂。

单向联动的过程事实上是风险集聚的过程。由于加工利润的存在，农产品作为中间产品的价格往往高于其作为本地最终需求品的收益，这会激励农户在权衡收益之后对自身生产结构进行调整，即初步形成一地区某类或个别农作物的规模生产。而就加工企业来看，该类农产品生产规模的提升在供求关系作用下降低了企业生产成本，但却难以从根本上降低企业所面临的市场风险。企业下游的主要需求市场一旦发生变动，或企业在同类产品竞争过程中居于劣势，则企业将迅速解除与基层农户的合作协议，继而终结产业集聚的发展进程。

农业产业集聚的形成离不开加工企业的发展。从加工企业的经营风险来看，其面临的生产经营决策较工业更加复杂：工业生产的原材料品质与材料相对固定，选择范围小，且工业企业的原材料来源差异虽存在但并非决定性因素；而农业生产的基本要素是土地，同一土地不仅可种植的农作物品种繁多，且同一品种在不同自然条件下单位面积产出量与品质皆不相同。这决定了以农产品为原材料的加工产业不仅仅在加工环节，从农产品的种植开始市场竞争就已经存在。

农业产业集聚的开展既需要同工业一样不断改进原材料的生产技术，降低生产成本，更重要的在于形成由“最终消费产品到中间农产品生产”一线相通、一脉相承的产品价值链，如以果汁产品开发为主的企业需在生产阶段就逐步培育出水平高的适宜农作物品种。不管是从农户的技术、资本等资源的有限性，还是从最终需求产品的决策权与收益权来看，这一产业链条的形成由农户或生产合作社主导既不现实也不合理。基于此，仅依靠单向初级农产品输送来保障农业产业集聚体的完善和发展困难重重，其仅适宜农业产业集聚的萌芽状态或初级阶段。

（三）乡村的市场经济水平与生产性服务业供给水平难以满足集聚发展的需要

产业集聚不仅依赖核心产业的发展，还需要相关生产性服务业的支持。以工业为例，工业园区是工业产业集聚的重要载体，在工业园区中往往存在较多的物流、仓储公司与会计、广告营销等机构，便捷的生产性服务不仅在生产技术革新与生产工艺改良中，围绕工业企业的生产经营特征、配套的商业服务进驻同等重要。

从空间角度来看，农业较工业最大的不同在于生产分布是带状而非点状，这促使相关商业服务的聚集更多的集中在人口相对密集、能够对一定区域产生经济辐射效应的乡镇上。传统的农产品经销商以农产品的跨区域商业交易作为其长期存在的核心业务，有意识地对城市农产品消费市场与农产品流通服务进行整合与垄断，最终阻碍了乡镇运输、营销服务供给的出现。在龙州调研中可以发现，村镇中的商业服务多为副食店，像提供基本生活服务的猪肉销售人员大多在各村之间流动；生产性服务更是缺乏，没有运输服务的配送点，也少见相应服务的代办点。

这一现象又存在一个趋于稳固的过程：由于经销商垄断了农产品流通的渠道，独立的农产品流通服务商难以生存，对农户来说农产品流通的成本居高不下，这又不得不使其将农产品的流通委托给经销商进行。最终，乡村有限的市场经济水平与生产性服务水平互为因果，进而造成城乡农产品价格差异远高于运输成本损耗的现状。

四、对策建议

以合作社为规模经营的组织形式，充分发挥其对资源的整合效应和共享基础设施等优势，促进农业产业集聚向合理化、高级化发展。

从制约因素来看，龙州县农业产业集聚在经历由萌芽向成熟转变的过程中遇到产业组织、产业链互动以及产业间服务问题，都需从提高农业生产者整合自身资源、协调外界资源能力入手。本文认为，合作社是现行体制下有序组织各生产农户形成新乡村经济基本生产决策单元的路径，是农业产业集聚突破产业组织、产业结构、产业间支持桎梏的重要手段。

合作社制度的稳固化是将其培育为合格农业生产基本单元的关键。现行合作社制度在某些地方存在形式化，农户为享受相关政策联名组成合作社，但依旧各自生产；合作社参与形式大多为贷款与资本金入股，土地入股比例较低，多数农户仍将土地视作自己家庭生计的最后保障，这进一步限制了合作社协整本地土地资源的能力。

合作社制度的稳固化发展需要强调合作社制度的法律效应与公司属性，强化合作社规章制度对入股户的约束，建立基层法律普及机构与专门的合作社矛盾纠纷仲裁机构，对合作社运转过程中出现的问题以司法途径解决，解决过程中邀请地方政府、基层民主自治组织与乡村有声望人士参与，以三者威望对其结果进行信用背书。政府对合作社的补贴应依据合作社的生产结果而非组织形式，合作社的目的是集中化、规模化生产，若集中化、规模化生产的结果未能较单个农户生产汇总有明显提高，则要么合作社形同虚设，要么该类产业不适合现行合作社制度生产。无论哪种结果，政府都不应对其进行补贴。鼓励农户土地入股是合作社未来发展的重要趋势。

由合作社将土地统一纳入管理范畴，既有利于合理配置土地资源，又能减少与外部经济交流的交易成本。若要鼓励农户土地入股，则需要打消其后顾之忧，可通过构建合作社—社保—农户的转移支付制度，由合作社每年向政府缴纳固定金额，由政府向社保机构购买社保服务，以保障农户享受一定额度的社保。而缴纳的资金由合作社在应发农户的股本金中代扣，若合作社因经营不善无力缴纳，则地方政府可代缴一定时间；若合作社经营不善破产，则由政府收回土地，在遵守现行土地法律的条件下以集体经济或政府代管的方式使涉及清算的土地资源继续参与相应的破产清算流程及后续生产经营活动，以保证社保按时缴纳，或将土地分发至农户，不再代缴。

完善农企、合作社的兼并制度是扩大规模效应，构建打通产业链之间隔阂的重要举措。当合作社成为农村的基本生产单位时，合作社之间的相互兼并与合作社和农企之间的合并尤为重要，前者有利于同类农产品生产的跨区域整合，后者是联立纵向产业链、促进上下游产业一体化的重要途径。合作社在实际经营过程中应突破行政区域束缚，通过构建相应兼并、合作制度体系，在不改变基本土地政策、不损害集体经济的前提下尽可能给予合作社采取合法商业行为的权利。

思考题：

1. 了解产业集聚含义、特征、形成条件及其优势。
2. 试分析农业产业集聚与工业产业集聚的区别。
3. 了解农业产业集聚的演进规律。
4. 分析影响产业集聚的制约因素。
5. 试分析文中龙州甘蔗产业是否具备产业集聚的基础？其发展路径应如何选择？

参考文献：

王艳荣，刘业政．农业产业集聚形成机制的结构验证［J］．中国农村经济，2011（10）：77－85．

王艳荣，刘业政．农业产业集聚对产业增长贡献率的测度与分析［J］．中国农业科学，2012（15）：3197－3202．

吕超，周应恒．我国农业产业集聚与农业经济增长的实证研究——基于蔬菜产业的检验和分析［J］．南京农业大学学报（社会科学版），2011，11（2）：72－78．

梁绍英．对中国糖都崇左市蔗糖产业发展状况的思考［J］．经济研究参考，2015（29）：43－45．

美的集团的价值链分析

许世英[①] 徐小龙[②]

一、美的集团简介

美的集团于1968年在中国广东成立，经过几十年的发展，现如今已经成为一家横跨多行业的全球化的科技集团，在全球拥有上百家子公司，多个分支机构。美的集团的业务范围不仅涵盖了传统家电行业的空调、冰箱、小家电等家用电器，还组建发展了自己的物流运输平台——安得智联。2016年，美的集团收购全球著名的机器人厂商库卡集团，业务范围扩大到了机器人及其自动化系统领域，实现了跨行业发展。

2015年，美的集团成为首家获取标普、惠誉、穆迪三大国际信用评级的中国家电企业，评级结果在全球家电行业以及国内民营企业中均处于领先地位[③]。2017年美的成功进入《财富》世界500强，利润排名第208位。

在空调行业，美的处于领军地位，出口国际市场占有率28.67%，排首位，但国内市场占有率21.81%，仅次于格力。一直以来空调行业的龙头老大都为格力占据，长期位居销量、盈利水平第一名。本案例选取格力公司作为对比对象，以此来分析美的需要改进之处。

价值链包括从企业生产产品到提供服务所发生的所有工作活动。本案例从价值链的中端即企业内部价值链开始，向下追溯到下游的客户，再追溯到上游供应商，在企业内部和行业价值链分析的过程中，贯穿竞争对手价值链的分析，清楚直观地反映企业成本管理情况。

二、美的内部价值链分析

公司内部存在着多种价值链，存在于各种工作活动和经营活动之间，相互作用，在创造价值的同时带来了资源消耗。根据波特的价值链理论，美的公司的内部价值链可以细分为以下几个方面：基础设施、人力资源、研发设计、采购管理、生产制造、市场营

---

① 许世英，女，成都信息工程大学副教授。研究方向：企业投融资及可持续发展。

② 徐小龙，男，成都信息工程大学2014级本科生，现在中建西部建设西南有限公司工作。

③ 数据来自美的官网 http://www.midea.com/cn/news_center/Group_News/201511/t20151118_183804.shtml。

销和售后服务。

（一）基础设施

基础设施是企业生产经营、提供服务最基本的物资设备和设施，一般主要包括房屋、建筑物，机器设备，运输工具，电子设备等。在基础设施的建设方面，投入过多的资金会加大企业的财务负担。

美的集团固定资产的账面总值呈 V 形，2016 年以后开始增长，主要是美的集团通过收购其他公司所导致的。从图 1 中可知，美的固定资产中房屋、建筑物和机器设备所占比例较大，变化趋势同固定资产总额，机器设备在 2016 年实现了大幅度增长，同比增长近 20%，这与企业合并卡库集团进军机器人及其自动化产业有关，合并带来了大量的工业机器人、智能机床等设备。相比图 2 中的格力，美的固定资产总量普遍较高，机器设备更是高出 38%以上；同时，固定资产占资产总额的比例由 2014 年的 16.23% 降至 2017 年的 9.11%，相比格力 9.56%降至 8.13%的趋势，依旧高出较多，固定资产占资产比重过高会影响企业的正常经营，由此，美的应该根据企业自身情况具体考量基础设施建设的投入是否合理。

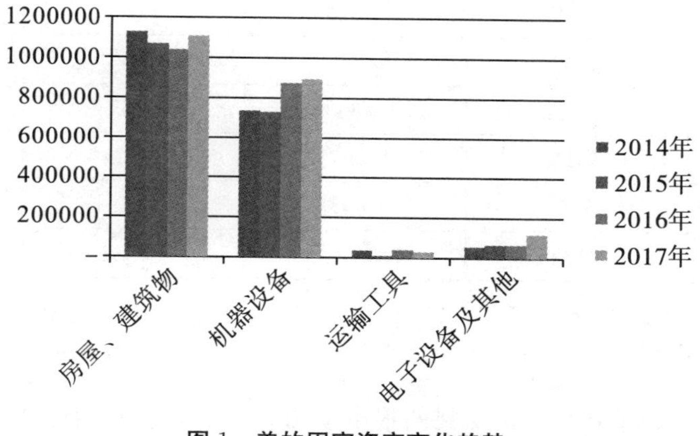

图 1　美的固定资产变化趋势

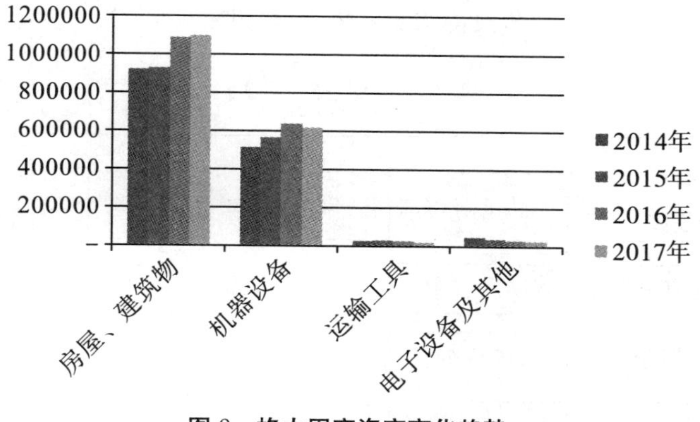

图 2　格力固定资产变化趋势

（二）人力资源

美的集团这一类规模庞大的企业人员众多，人员数量应当控制在适当范围内，才能减小企业压力。截至 2017 年底，其人数总计 101826 人，较 2016 年 96418 人提升 5.61%。

从企业人员分布表（见表 1）来看，美的集团和格力的生产人员均占比超过 80%，这是企业自身所处行业造成的，生产制造型企业本身生产制造员工较多，这是保证产品产量和质量的根本。此外，处于第二位置的是研发人员，美的集团的人员比例略低于格力。美的生产人员和销售人员占比均高出格力 2 个百分点，这可能是当年销售费用和营业成本高的原因之一，说明美的人员结构方面需要改进。通过表 1 可以看出，在行政人员数量和占比上美的均小于格力，这和美的集团提出的管理简单化、组织扁平化的管理方式息息相关。

表 1　企业人员分布表

构成类别	美的集团		格力电器	
	人数（人）	占总人数比例	人数（人）	占总人数比例
生产人员	84889	83.37%	69554	81.62%
销售人员	4250	4.17%	1759	2.06%
研发人员	10520	10.33%	9155	10.74%
财务人员	1311	1.29%	622	0.73%
行政人员	856	0.84%	4132	4.85%
合计	101826	100.00%	85222	100.00%

（三）研发设计

研发与创新是维持企业长久发展的根本动力，也是企业获得强大竞争力的根本来源。美的利用互联网带来的大数据分析，坚持“以用户为中心”的原则，不断创新技术，提升产品实力，形成了一套独特的研发体系（如图 3 所示）。

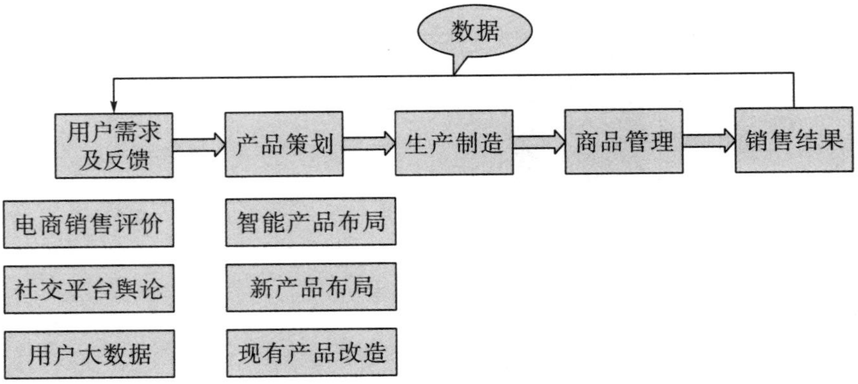

图 3　美的研发机制图

美的将全球创新资源进行整合，加大对研发的资金投入，打造出了一个全球开放式的创新平台，建立了一个涵盖先行研究至产品开发的四级研发体系，组建起国际一流研发团队，研究和开发出媲美国际一流的前沿的核心技术，取得了差异化竞争优势（如图4所示）。

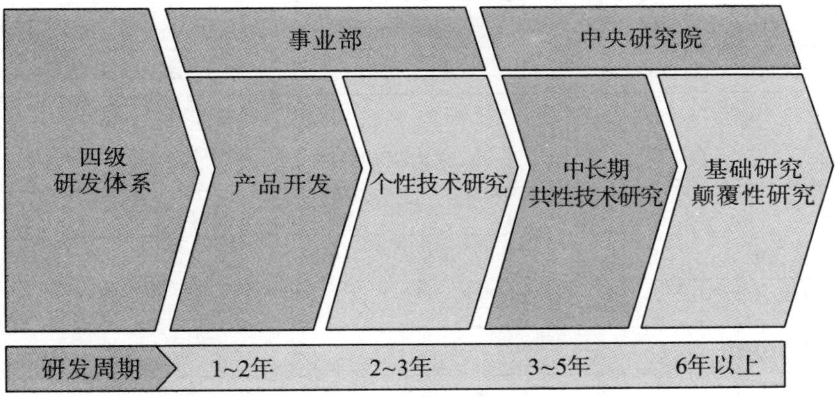

图4　美的研发体系

从表2可以看出，美的每年按营业收入的3%～4%投入研发资金。2017年研发费用支出85亿元，较上年增加40%，从绝对数值来看，应当是位居家电企业首位。2017年格力未曾披露研发投入具体数值，只能通过往年披露出的数据进行分析，2014年格力管理费用约为48亿元，研发投入约40亿元；2016年管理费用60.71亿元，参考当年无形资产增加值，估算出格力研发投入不超过62亿元，占营业收入比例不超过5%，由此来看，美的研发投入并不算高。按照我国《高新技术企业认定管理办法》规定，最近一年销售收入在2亿元以上的企业，研发占比不少于3%，而美的研发费用占比仅仅3.53%，作为家电行业龙头企业之一，研发投入较少。

表2　美的研发数据表

项目	2014年	2015年	2016年	2017年
研发人员数量（人）	8365	8672	8741	10520
研发人员数量占比	8.32%	9.30%	9.07%	10.33%
研发投入金额（万元）	453000	526260	604580	850000
研发投入占营业收入比例	3.20%	3.80%	3.80%	3.53%

（四）采购管理

对生产企业而言，产品的采购成本较大会严重影响企业的生产经营。通过采购成本＝期末库存－期初成本＋本期营业成本，可以计算出美的集团和格力电器近几年的采购成本（见表3、表4）。

表 3　美的采购成本

项目	2014 年	2015 年	2016 年	2017 年
期末存货（亿元）	150.20	104.49	156.27	294.44
期初存货（亿元）	151.98	150.20	104.49	156.27
营业成本（亿元）	1056.70	1026.63	1156.15	1804.61
采购成本（亿元）	1054.92	980.92	1207.93	1942.78

表 4　格力采购成本

项目	2014 年	2015 年	2016 年	2017 年
期末存货（亿元）	85.99	94.74	90.25	165.68
期初存货（亿元）	131.23	85.99	94.74	90.25
营业成本（亿元）	880.22	660.17	728.86	995.63
采购成本（亿元）	834.98	668.92	724.37	1,071.06

通过表 3 中采购成本同本年实际的销售营业成本进行比较，美的集团 2014 年营业成本略高于采购成本，而 2015 年采购成本却低于营业成本 5 个百分点，说明企业存在缺货的情况，企业负担了一定的缺货成本，影响企业经营利润。2016 年美的集团采购成本高于实际销售成本 5 个百分点，2017 年高于 7 个百分点，对比 2017 年格力采购成本高于营业成本 7.6%，几乎处于同一水平，这说明美的集团从 2016 年开始进行了相应的预防措施来降低缺货成本，并起到了一定作用。但应当注意将采购与销货成本控制在一定范围内，以尽可能降低存货积压，加快企业运转速度。

（五）生产制造

产品的生产制造费用直接关系到企业的经营，生产费用过高会导致企业经营困难。家电企业的生产成本绝大多数来自原材料，原材料主要是铜、铝、钢、塑料等。从构成材料来看，钢材和铜分别占 25%和 20%，塑料成本约占 10%，铝材成本约为 5%。由此可以得出，原材料价格变化对毛利率影响的敏感性分析结果，见表 5。

表 5　原材料价格变化对毛利率影响的敏感性分析表

原材料价格变动		5%	10%	15%	20%	25%
空调毛利率变化	铜	−0.70%	−1.41%	−2.11%	−2.81%	−3.52%
	铝	−0.18%	−0.35%	−0.53%	−0.70%	−0.88%
	钢材	−0.88%	−1.76%	−2.64%	−3.52%	−4.39%
	塑料	−0.35%	−0.70%	−1.05%	−1.14%	−1.76%
	合计	−2.11%	−4.22%	−6.33%	−8.44%	−10.55%

通过原材料价格变化对毛利率影响的敏感性分析发现，当原材料价格上涨 5%时，

空调的毛利率将下降 2.11%；当原材料价格上涨 10%时，空调的毛利率将下降 4.22%。可见，原材料价格的上涨对家电企业的利润水平影响极大。根据国家统计局发布的数据，从 2016 年下半年开始，原材料价格出现较大幅度的上涨现象，这直接导致企业原材料成本上涨，如图 5 所示，美的集团原材料成本增长的趋势较格力更加明显，故美的集团应当采取一定的措施来提高自身费用控制能力，提高竞价能力。

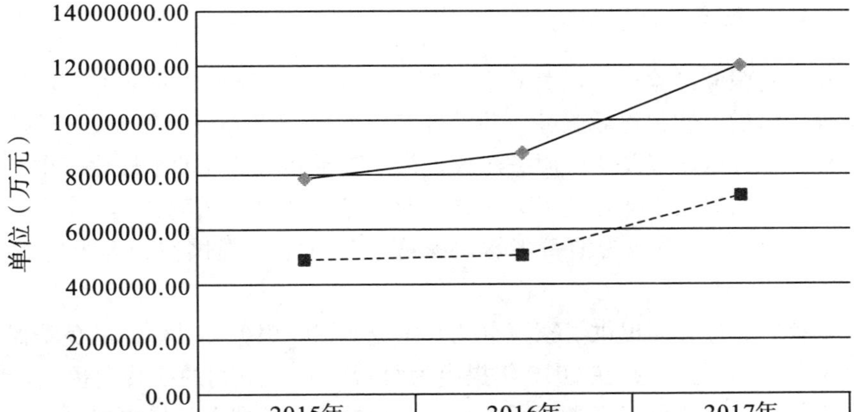

	2015年	2016年	2017年
美的集团	7871455.60	8786876.90	11925956.40
格力电器	4947536.74	5068674.64	7186426.96

图 5　企业原材料成本图

（六）市场营销

美的传统营销模式主要依靠经销商，其从制造商处以相对优惠的价格拿取货物，再展销给一定规模的零售商，实行同制造商约定的销售方案，并进行一部分售后服务（如图 6 所示）。随着“互联网+”的兴起，传统的营销模式已经无法适应大众多元化、个性化的需求，美的集团在 2012 年推出“T+3”的产销模式（如图 7 所示），结合线下旗舰店和线上电商平台，减少了交易的中间环节，缩短了交货周期。

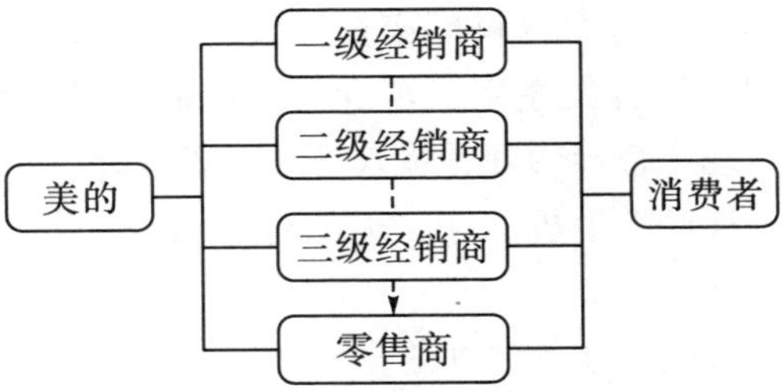

图 6　美的集团传统营销模式

图 7　“T+3”模式

美的集团在2015年、2016年和2017年的销售费用分别为148.00亿元、176.78亿元和267.38亿元，而格力电器2015—2017年的销售费用分别为155.06亿元、164.77亿元和166.60亿元，由此可见，美的从2016年开始加大了在各种产品和品牌推广上的资金投入，逐渐重视品牌的知名度，但增长幅度偏大，企业应加强费用成本效益分析，尽可能减少不必要的开销。

（七）售后服务

经过多年的服务经验积累，美的集团投入大量资源提升售后服务和品牌形象，线下几千家旗舰店提供人性化售后服务，并结合互联网建立多种反馈渠道，包括官方网站、微信公众号、官方微博以及400服务热线。为了满足客户多样的个性化需求，进一步提升品牌形象，美的集团全新打造了第三方专业服务公司“美美家园”，以此搭建起“家园服务共享平台”，全面地为消费者解决家庭生活问题，提供空调等家电的后续维修服务。

格力在售后服务方面提供了家用空调6年免费保修服务和其他产品免费保养、免费检测以及免费维修服务，并在2016年提出为每台（套）空调的安装费提高100元，直接发放给安装工，这让员工享受到了福利，激励员工为消费者提供更优质的服务。在权威机构2015年中国顾客满意度调查中，格力在空调行业中获得满意度最高分值，蝉联2015年度的满意度冠军①。

三、美的纵向价值链分析

（一）上游价值链分析

美的集团非常注重品质建设，品质的把控在很大程度上与上游供应商的选择有关。美的集团特地制定了供应链的手册，对供应商的引入、审核、评价等方面做出了全面而又详细的规定，以保证供应商的质量。对于上游的铜、钢、铝、塑料等大宗原材料，美的集团在过去几年内已经和宝钢、银科等知名材料供应企业建立起了长期稳定的战略联盟，减少了中间环节，实现了与原材料厂家直接议价，降低了原材料的采购成本。同时，美的集团旗下的深圳美云智数建立了自身与供应商之间的信息交流平台——协作云，其主要包括供应商管理、督导管理、绩效管理、售后管理、分销管理、供应链移动化等功能模块，并推出了移动端手机App“美的通”，实现了与供应商的存货等信息共享，降低了存货的采购成本。

相对于美的集团运用大数据技术建立的分享式供应商交流平台，格力电器对上游供应商的选择方式较为传统，主要实行集中采购，建立了一套极其严格的供应商管理制度，包括供应商的评估与选择、供应商的供货分配率、供货价格的确定、淘汰机制和质量监控，解决了供应商供货质量参差不齐、供货能力不足等问题，提高了采购议价能

① 数据来源于中国质量协会用户委员会 http://new.yonghu.org.cn/xfzd/jiadian/5439.html。

力，有效控制采购成本。

（二）下游价值链分析

随着互联网的迅速发展，家电企业的销售渠道越来越多元化，网上业务发展迅速，电子商务竞争加剧。线上与线下的协同已成为一种必然的趋势。美的拥有战略性的长远眼光，很早就进行了渠道布局和发展，建立起了全方位的市场覆盖。一方面美的集团与苏宁、国美等国内大型家电连锁店联手共同发展，做到一二级市场的全覆盖。另一方面投入大量专项资金，大力推进旗舰店的建设，协同各事业部共同构建专业旗舰店管理和服务制度，截至 2016 年底，美的旗舰店已经超过 2200 家，在第三和第四级市场实现了超过 90%覆盖率。同时，美的集团加速融合互联网的脚步，通过设立美的网上商城，同淘宝、苏宁、京东商城、小米商城签订战略合作协议，全面开展电商业务，依托用户和大数据搭建互联网大数据平台，实行精准数字营销。2017 年上半年，美的线上销售占整体内销比例超过 25%，实现了 200 亿元以上的零售额，同比增长超过 80%，保持全网第一。

格力电器的销售渠道主要为线下，区域销售公司和专卖店是其销售主力，其前期的线上销售较为慎重，主要是为了防止线上渠道冲击其线下销售体系，这导致格力线上销售不如美的所占比例多，零售额远远落后于美的。2016 年美的集团的电商平台销售额超过 230 亿元，是格力电器销售额 45.8 亿元的 5 倍多。

通过上述分析，我们可以看出，美的集团在包括基础设施、人力资源、研发设计、采购管理、生产制造、市场营销、售后服务，以及上游价值链、下游价值链等价值链管理方面取得了一定成效，但相比格力电器，还有不少方面需要进一步改进，以增强企业竞争力，实现可持续发展。

思考题：

1. 从本案例美的和格力的价值链对比，你觉得哪家公司的管理绩效更高？
2. 内部价值链和外部价值链的关系是怎样的？它们如何影响企业竞争力？

参考文献：

王海林. 价值链内部控制模型研究 [J]. 会计研究，2006 (2)：60－65.

敬采云. 基于价值系统成本管理研究及其拓展的思考 [J]. 系统科学学报，2012 (1)：70－74.

唐艳，唐国平. 论交易成本视角下价值链成本管理的模型构建 [J]. 管理会计. 2016 (6)：118－121.

项目评价方法在信息系统建设项目中的具体应用案例

张育强[①]　王江霞[②]

随着互联网技术的高速发展，信息系统改变了企业和事业单位的业务流程、业务处理模式，企事业单位的事务处理效率大幅度提升。而流程的改变、效率的提升是依靠企事业单位的软硬件的信息化系统建设，企事业单位的信息系统建设是一项系统工程，涉及信息系统的硬件基础、软件系统、系统的架构设计、系统管理人员的素质，以及数据资源等多个方面。如何科学客观地评价信息系统的建设情况，有着极其重要的应用价值和现实意义。本案例将以某高校的信息系统作为案例的研究对象，借助层次分析法、专家排序法等方法，来建立信息系统的评价体系，并加以具体应用。

一、高校信息系统建设的评价指标

为了建立高校信息系统评价体系，笔者在对四川高校的信息系统进行调研的基础上，对高校的信息系统构成要素进行梳理，选择了高校基础设施、信息资源、人才队伍、系统应用、综合管理五个方面。

（一）基础设施评价指标

基础设施的建设是高校信息系统建设过程中首先要考虑的问题，通过梳理，本文选择网络服务器数量、人均计算机台数、信息化教学设施、信息化办公设施四项指标来对高校信息系统的基础设施建设进行评价。

（二）信息资源评价指标

信息资源是高校信息系统建设的内容，相当于人体的血液，通过调研，本案例将高校信息资源评价指标分解为基础信息数据库、信息化图书馆、教学资源库、期刊论文数据库、多媒体软件及课件五个方面。

（三）人才队伍评价指标

高校信息系统的实施、管理、维护、使用都是需要人来完成的，人是信息系统有效

① 张育强，男，成都信息工程大学商学院讲师。主要研究方向：会计信息化。
② 王江霞，女，四川航天职业技术学院。

运用的非常关键的因素。高校信息系统人才队伍的素质可以用信息技术普及率、信息技术专门人才、信息技术培训计划、信息技术课程及师资等指标来进行评价。

（四）系统应用评价指标

系统应用指的是高校信息系统最基本的功能模块，它们是属于高校信息系统的子系统。这些基本的子系统包括教学管理系统、财务管理系统、办公自动化应用、教务管理应用、科研管理系统、校园一卡通等。

（五）综合管理评价指标

综合管理规范是协调高校信息系统项目的各个影响因素之间的关系，它是高校信息系统健康发展的保障。本案例选择从组织结构、信息化发展规划、规章制度、安全管理、经费投入管理几个方面来对其进行评价。

基于以上的梳理，就高校信息系统构建了以下分解图（如图 1 所示）。

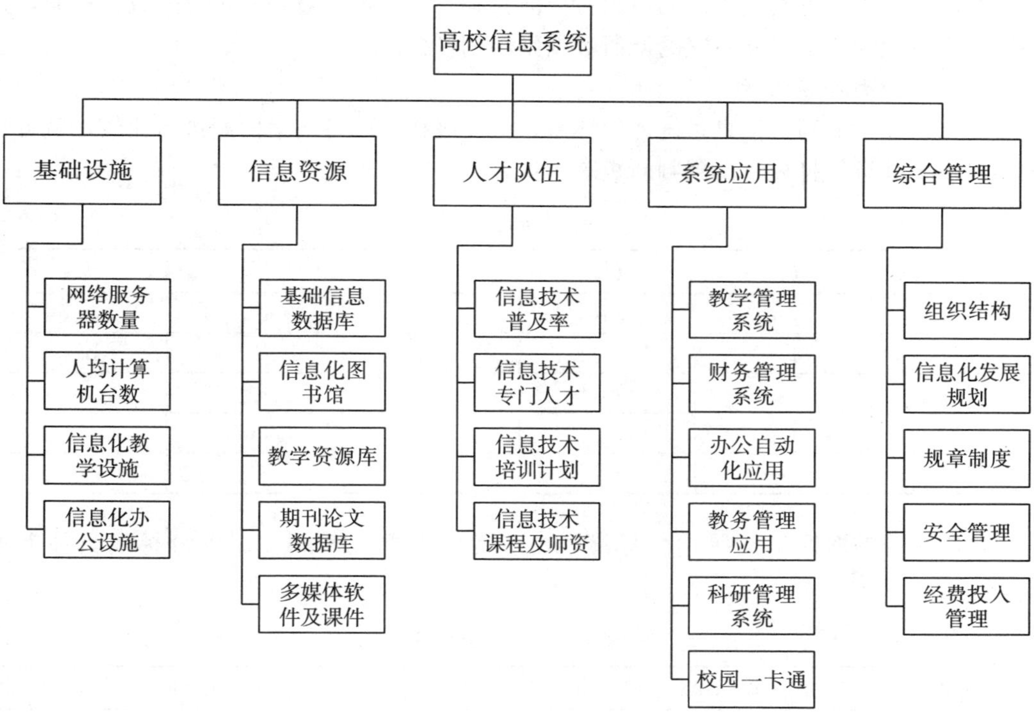

图 1　信息系统评价指标

二、高校信息系统评价的模型构建

高校信息系统的评价要素有基础设置、信息资源、人才队伍、系统应用以及综合管理等多个方面，各个要素对高校信息系统建设成效的影响程度是不一样的，如何确定其影响权重，是进行高校信息系统建设成效评价的关键。本案例中将以上的评价指标进行细分，并引入层次分析法和专家排序法来确定不同指标的权重。

建立高校信息系统评价体系，如何确定评价体系中的一级指标的权重和二级指标的权重，是信息系统评价体系客观准确的关键。本案例在对相关理论进行研究的基础上，借鉴采用层次分析法来确定一级指标的权重，而二级指标的权重采用专家排序法来加以确定。

（一）层次分析法及一级指标权重的确定

层次分析法适合不能进行准确定量分析的场景，高校信息系统评价指标属于不能获取精确的数据而需要进行定量判断，许多指标的判断要依赖专家的知识、阅历和经验。使用该方法来计算高校信息系统评价指标权重，可以从以下两个方面来展开：

首先，结合高校信息系统指标评价体系指标的划分，就一级指标的影响要素来设计专家问卷，统计专家的打分，得出所对应的判断矩阵。判断矩阵反映了一级指标两两比较因素的比值。

其次，求出所有判断矩阵的最大特征值及其对应特征向量，并进行一致性检验，如果达不到一致性要求，该专家的调研数据则要剔除掉。

（1）判断矩阵的构造。

根据所建立的高校信息系统评价体系，就一级指标的各要素两两进行比较，就各自的相对重要性进行打分，得到判断矩阵，见表1。

表1　判断矩阵

C	U_1	U_2	U_3	U_4	U_5
U_1	c_{11}	c_{12}	c_{13}	c_{14}	c_{15}
U_2	c_{21}	c_{22}	c_{23}	c_{24}	c_{25}
U_3	c_{31}	c_{32}	c_{33}	c_{34}	c_{35}
U_4	c_{41}	c_{42}	c_{43}	c_{44}	c_{45}
U_5	c_{51}	c_{52}	c_{53}	c_{54}	c_{55}

判断矩阵的取值是按照评分标度，由各专家两两比较得出。评分标度具体参见表2。

表2　1～9评分标度

标度	第 i 指标相对于第 j 指标比较结果	说明
1	U_i 与 U_j 重要性相等	两者对目标具有同等重要性
3	U_i 稍重要于 U_j	两者间判断差异轻微
5	U_i 重要于 U_j	两者间判断差异明显
7	U_i 很重要于 U_j	两者间判断差异强烈
9	U_i 极端重要于 U_j	两者间判断差异极端（最大限度）
2，4，6，8	U_i 对 U_j 的重要性在上述表述之间	上述两相邻判断的中值
说明	U_i 对 U_j 比较得判断值 U_{ij} ，则 U_j 与 U_i 比较得判断值 $U_{ji}=1/U_{ij}$	

其中矩阵 **C** 具有如下性质：

① $c_{ij}>0$

② $c_{ij}=1/c_{ji}$（i 不等于 j）

③ $c_{ii}=1$（i=1，2，3，4，5）

（2）层次单排序与一致性检验。

层次单排序计算问题可以归结为计算判断矩阵的最大特征根及特征向量的问题。层次分析法计算权重的步骤如下：

将判断矩阵每一列元素正规化，得到按列正规化的判断矩阵

$$\bar{b}_{ij}=\frac{b_{ij}}{\sum_{i=1}^{n}b_{ij}}(i,j=1,2,\cdots,n)$$

将正规化的判断矩阵按行相加得到向量

$$\bar{\boldsymbol{B}}_i=\sum_{i=1}^{n}b_{ij}(i,j=1,2,\cdots,n)$$

将行向量正规化得到特征向量，该向量也就是权重向量

$$\boldsymbol{B}_i=\frac{\bar{\boldsymbol{W}}_i}{\sum_{j=1}^{n}\bar{\boldsymbol{W}}_j}(i,j=1,2,\cdots,n)$$

计算判断矩阵的最大特征根

$$\lambda_{\max}=\frac{1}{n}\sum_{i=1}^{n}\frac{(A\boldsymbol{W}_i)}{\boldsymbol{W}_i}$$

对于专家赋值矩阵权重进行计算，并进行一致性检验

$$CR=\frac{CI}{RI}$$

其中，$CI=\frac{\lambda_{\max}-n}{n-1}$

判断矩阵的随机一致性指标 RI 的值见表 3。

表 3　随机一致性指标

1	2	3	4	5	6	7	8	9
0	0	0.58	0.9	1.12	1.24	1.32	1.41	1.45

当 $CR<0.10$ 时，就认为可以通过一致性检查。

为了建立高信息系统评价系统的权重，本文选择了 16 位专家就高校的信息评价情况进行了问卷调查，16 位专家中，5 位是各学院的办公室主任，5 位是从事教学工作的教师，6 位是高校信息中心的专业人员。通过问卷的设计，要求 16 位专家就一级指标两两进行比较，并对重要性进行判断。

表 4 专家 *CR* 值统计结果

专家 1	专家 2	专家 3	专家 4	专家 5	专家 6	专家 7	专家 8
0.0093	0.0284	0.0093	0.0124	0.0213	0.0094	0.0125	0.0125
专家 9	专家 10	专家 11	专家 12	专家 13	专家 14	专家 15	专家 16
0.0094	0.0125	0.0125	0.0124	0.0094	0.0094	0.0125	0.0094

从专家的统计问卷计算出来的 *CR* 值来看，16 份问卷的 *CR* 值都是小于 0.10，都通过了一致性检验。

表 5 是 16 位专家就一级指标计算得出的权重。

表 5 一级指标权重统计结果

	专家 1	专家 2	专家 3	专家 4	专家 5	专家 6	专家 7	专家 8
基础设置	0.0886	0.4971	0.0886	0.1952	0.0925	0.1650	0.1298	0.3424
信息资源	0.4962	0.2454	0.2381	0.4624	0.3861	0.4418	0.3424	0.3424
人才队伍	0.2381	0.1053	0.4962	0.1952	0.3861	0.1650	0.1298	0.1298
系统应用	0.0886	0.0469	0.0886	0.0737	0.0925	0.1650	0.3424	0.1298
综合管理	0.0886	0.1053	0.0886	0.0737	0.0428	0.0631	0.0557	0.0557
	专家 9	专家 10	专家 11	专家 12	专家 13	专家 14	专家 15	专家 16
基础设置	0.1650	0.0557	0.1298	0.0737	0.4418	0.1650	0.1298	0.1650
信息资源	0.0631	0.1298	0.3424	0.4624	0.1650	0.1650	0.3424	0.1650
人才队伍	0.1650	0.3424	0.3424	0.1952	0.0631	0.4418	0.3424	0.4418
系统应用	0.1650	0.3424	0.1298	0.1952	0.1650	0.1650	0.0557	0.1650
综合管理	0.4418	0.1298	0.0557	0.0737	0.1650	0.0631	0.1298	0.0631

将以上计算的 16 位专家的一级指标权重进行加权平均，得到表 6 中的数据。

表 6 一级指标权重

基础设置 U_1	信息资源 U_2	人才队伍 U_3	系统应用 U_4	综合管理 U_5
0.1828	0.2994	0.2612	0.1507	0.1060

（二）专家排序法及二级指标权重的确定

如前文图 1 高校信息系统评价指标所示，将所研究的一级指标分解为 24 个二级指标，为了提高工作效率，二级指标权重将使用专家排序法来加以确定。专家排序法的计算方法为：就某一指标进行评价的时候，设计了 n 个相关子指标（二级指标），对于这 n 个子指标，让 m 个专家按照重要性进行排序，重要程度按照从高到低依次计分为 1，2，3，…，$n-1$，n。就 n 个指标中的某一个具体的指标，m 个专家排序的分数之和称之为秩和 R_i（$i=1$，2，…，n），该指标的权重 W_i（$i=1$，2，…，n）用公式就表示为：

$$W_i = \frac{2[m(n+1)-R_i]}{mn(n+1)}$$

本文关于高校信息系统的二级指标，计划向一级指标统计分析中的16位专家继续进行问卷调研。问卷设计将评价体系中的24个二级指标按照一级指标的分类分为5个方面。要求16位专家对这些二级指标，按照一级指标的分类，就每一类别的二级指标的重要性进行排序。通过对专家所提供的问卷数据进行分析，按照以上所介绍的专家排序法的计算方法，得到二级指标的权重统计结果，见表7。

表7　二级指标权重统计结果

一级指标	二级指标	1	2	3	4	5	6	秩和	权重 W_i
基础设置 U_1	网络服务器数量 U_{11}	7	9	0	0			25	0.3438
	人均计算机台数 U_{12}	9	4	0	3			29	0.3188
	信息化教学设施 U_{13}	0	3	9	4			49	0.1938
	信息化办公设施 U_{14}	0	0	7	9			57	0.1438
信息资源 U_2	基础信息数据库 U_{21}	8	8	0	0	0		24	0.3000
	信息化图书馆 U_{22}	3	3	10	0	0		39	0.2375
	教学资源库 U_{23}	5	5	6	0	0		33	0.2625
	期刊论文数据库 U_{24}	0	0	0	11	5		69	0.1125
	多媒体软件及课件 U_{25}	0	0	0	5	11		75	0.0875
人才队伍 U_3	信息技术普及率 U_{31}	9	3	4	0	0	0	27	0.3313
	信息技术专门人才 U_{32}	7	9	0	0	0	0	25	0.3438
	信息技术培训计划 U_{33}	0	0	4	12	0	0	60	0.1250
	信息技术课程及师资 U_{34}	0	4	8	4	0	0	48	0.2000
系统应用 U_4	教学管理系统 U_{41}	3	5	4	0	4	0	45	0.1994
	财务管理系统 U_{42}	0	0	0	0	5	11	91	0.0625
	办公自动化应用 U_{43}	0	4	3	9	0	0	53	0.1756
	教务管理应用 U_{44}	0	4	5	7	0	0	51	0.1815
	科研管理系统 U_{45}	0	0	4	0	7	5	77	0.1042
	校园一卡通 U_{46}	13	3	0	0	0	0	19	0.2768
综合管理 U_5	组织结构 U_{51}	3	4	3	0	6	0	50	0.1917
	信息化发展规划 U_{52}	6	3	7	0	0	0	33	0.2625
	规章制度 U_{53}	7	9	0	0	0	0	25	0.2958
	安全管理 U_{54}	0	0	0	9	7	0	71	0.1042
	经费投入管理 U_{55}	0	0	6	7	3	0	61	0.1458

三、信息系统评价模型在某高校的具体应用

在本文的第二部分，我们就高校的信息系统评价建立了相应的评价指标体系，并借助层次分析法和专家排序法，分别确定了评价系统一级指标和二级指标的权重。这些评价权重数据，如何具体地应用于高校信息系统建设的评价，这是本文第三部分涉及的内容。案例选择位于成都市主城区的高校 A 进行了调研取数。该高校占地 700 多亩，现有在校生 15000 余人，学院现设有 13 个教学、研究机构，39 个专业。

以下是其信息系统评价表设计。

基于第二部分评价系统一级指标和二级指标的权重，在前文所建立的信息系统评价指标体系的基础上，设计出如下的信息系统评价表（见表 8）。

表 8　信息系统水平评价表

一级指标	一级指标权重	二级指标	二级指标权重	A	B	C	D
基础设置 U_1	18.28%	网络服务器数量 U_{11}	34.38%				
		人均计算机台数 U_{12}	31.88%				
		信息化教学设施 U_{13}	19.38%				
		信息化办公设施 U_{14}	14.38%				
信息资源 U_2	29.94%	基础信息数据库 U_{21}	30.00%				
		信息化图书馆 U_{22}	23.75%				
		教学资源库 U_{23}	26.25%				
		期刊论文数据库 U_{24}	11.25%				
		多媒体软件及课件 U_{25}	8.75%				
人才队伍 U_3	26.12%	信息技术普及率 U_{31}	33.13%				
		信息技术专门人才 U_{32}	34.38%				
		信息技术培训计划 U_{33}	12.50%				
		信息技术课程及师资 U_{34}	20.00%				
系统应用 U_4	15.07%	教学管理系统 U_{41}	19.94%				
		财务管理系统 U_{42}	6.25%				
		办公自动化应用 U_{43}	17.56%				
		教务管理应用 U_{44}	18.15%				
		科研管理系统 U_{45}	10.42%				
		校园一卡通 U_{46}	27.68%				

续表8

一级指标	一级指标权重	二级指标	二级指标权重	A	B	C	D
综合管理U_5	10.60%	组织结构U_{51}	19.17%				
		信息化发展规划U_{52}	26.25%				
		规章制度U_{53}	29.58%				
		安全管理U_{54}	10.42%				
		经费投入管理U_{55}	14.58%				

在以上评价表中，二级指标按照A、B、C、D来进行评价打分，A对应“优”，B对应“良”，C对应“中”，D对应“差”。为了便于对最终的调研结果进行统计分析，需要将评价A、B、C、D转为分值，故规定：A的分值是95分，B的分值是85分，C的分值是75分，D的分值是60分。统计出来的最终分值，按照评级分为优、良、中、差四个等级，90分以上为优，80～89分为良，70～79分为中，70分以下为差。

为了评价高校A的信息系统水平，基于以上的信息系统评价表，我们选取了45名调查者进行了调研。这45名调研者由15名大三学生、15名一线教师、15名行政人员组成。相应的统计数据见表9。统计数据归集了45名调研者对二级指标评价A、B、C、D的合计数，并根据合计数，按照A的分值是95分，B的分值是85分，C的分值是75分，D的分值是60分，计算出每一个二级指标的平均分。

表9　高校A信息系统调研数据统计

一级指标	二级指标	A	B	C	D	平均分
基础设置U_1	网络服务器数量U_{11}	0	39	6	0	84
	人均计算机台数U_{12}	5	23	17	0	82
	信息化教学设施U_{13}	0	35	10	0	83
	信息化办公设施U_{14}	0	5	40	0	76
信息资源U_2	基础信息数据库U_{21}	5	20	20	0	82
	信息化图书馆U_{22}	35	10	0	0	93
	教学资源库U_{23}	0	35	10	0	83
	期刊论文数据库U_{24}	33	12	0	0	92
	多媒体软件及课件U_{25}	5	35	5	0	85
人才队伍U_3	信息技术普及率U_{31}	0	20	20	5	78
	信息技术专门人才U_{32}	0	0	45	0	75
	信息技术培训计划U_{34}	0	0	5	40	62
	信息技术课程及师资U_{35}	0	35	10	0	83

续表9

一级指标	二级指标	A	B	C	D	平均分
系统应用U_4	教学管理系统U_{41}	0	30	15	0	82
	财务管理系统U_{42}	25	20	0	0	91
	办公自动化应用U_{43}	0	0	15	30	65
	教务管理应用U_{44}	0	35	10	0	83
	科研管理系统U_{45}	0	0	0	45	60
	校园一卡通U_{46}	0	0	2	43	61
综合管理U_5	组织结构U_{51}	0	35	10	0	83
	信息化发展规划U_{52}	0	5	40	0	76
	规章制度U_{53}	0	5	35	5	74
	安全管理U_{54}	0	39	6	0	84
	经费投入管理U_{55}	0	5	35	5	74

在以上二级指标评价体系中，科研管理系统、校园一卡通、信息技术培训计划、办公自动化应用等几个方面的得分较低，这是高校 A 在信息系统建设中需要进一步完善的地方。结合二级指标所调研得出的平均分，按照信息系统评价体系的一级指标和二级指标所建立的权重，可以计算出高校 A 一级指标的得分，以及总体信息系统评价得分（见表 10）。

表 10　高校 A 信息系统评价

一级指标	二级指标	平均分	二级指标权重	一级指标评价分	一级指标权重	一级指标权重分
基础设置U_1	网络服务器数量U_{11}	84	34.38%	82	18.28%	15
	人均计算机台数U_{12}	82	31.88%			
	信息化教学设施U_{13}	83	19.38%			
	信息化办公设施U_{14}	76	14.38%			
信息资源U_2	基础信息数据库U_{21}	82	30.00%	86	29.94%	26
	信息化图书馆U_{22}	93	23.75%			
	教学资源库U_{23}	83	26.25%			
	期刊论文数据库U_{24}	92	11.25%			
	多媒体软件及课件U_{25}	85	8.75%			
人才队伍U_3	信息技术普及率U_{31}	78	33.13%	76	26.12%	20
	信息技术专门人才U_{32}	75	34.38%			
	信息技术培训计划U_{33}	62	12.50%			
	信息技术课程及师资U_{34}	83	20.00%			

续表10

一级指标	二级指标	平均分	二级指标权重	一级指标评价分	一级指标权重	一级指标权重分
系统应用U_4	教学管理系统U_{41}	82	19.94%	71	15.07%	11
	财务管理系统U_{42}	91	6.25%			
	办公自动化应用U_{43}	65	17.56%			
	教务管理应用U_{44}	83	18.15%			
	科研管理系统U_{45}	60	10.42%			
	校园一卡通U_{46}	61	27.68%			
综合管理U_5	组织结构U_{51}	83	19.17%	77	10.60%	8
	信息化发展规划U_{52}	76	26.25%			
	规章制度U_{53}	74	29.58%			
	安全管理U_{54}	84	10.42%			
	经费投入管理U_{55}	74	14.58%			
					合计	80

从以上的信息系统评价表可以看出，高校A的基础设置、信息资源的建设处于良好等级，系统应用方面的得分相对较低，有待完善和提高。高校A的信息系统总体评价得分为80分，属于良好区间，但要看到，80分为良好区间的最下限，说明高校A信息系统的建设还有很大的提升空间，高校A在一些得分较低的具体的二级指标的建设上，还必须下功夫，投入资金和人力。

思考题：

1. 信息系统建设项目评价存在哪些难点？解决这些问题的思路是什么？
2. 请介绍一下本文中提到的层次分析法和专家排序法，这些方法有什么优缺点？
3. 在具体应用基于层次分析法和专家排序法建立的评价模型的时候，需要注意哪些方面的问题？

无法表示审计意见的判断

——以乐视网 2017 年度审计报告为例[①]

马慧知[②]

2017 年，A 股上市公司被出具“无法表示意见”审计报告的达 17 家，而 2016 年 A 股只有 10 家上市公司的年报被出具“无法表示意见”审计报告。规模远超以往。这与 2017 年资本市场“强监管”的背景相呼应。这 17 家上市公司分别是乐视网、＊ST 众和、宝德股份、天马股份、ST 尤夫、＊ST 烯碳、＊ST 富控、东凌国际、工大高新、ST 保千里、＊ST 海润、天业股份、华信国际、ST 巴士、＊ST 信通，ST 龙力、天龙集团。

“无法表示意见”和“否定意见”是审计报告非标意见类型中最为严重的两项。“否定意见”在企业内部控制审计业务中比较常见，对上市公司年报发表“否定意见”的，则极为少见，要发表否定意见，审计师必须有足够的证据证实被审计单位财务报表不公允。“无法表示意见”即不发表意见，主要适用于注册会计师在审计过程中由于审计范围受到严重限制的情况，无法判断财务报表反映的公允性。

一、乐视网 2017 年度审计报告情况

乐视网自 2010 年上市以来，更换过两次会计师事务所。在 2016 年之前，乐视网还从未被出具过非标审计意见。2016 年年报审计时，当时的中介机构信永中和会计师事务所出具的是“带强调事项段的无保留意见”。2017 年，乐视网更换立信会计师事务所为新一任审计机构。

乐视网 2017 年财务报告显示，在融创的主持下，一次性计提应收账款坏账 61 亿元，计提比例高达 62.82%；对包括无形资产中影视版权、可供出售金融资产、长期股权投资等部分长期资产，合计计提减值准备约 42.75 亿元。立信会计师事务所在审计报告中表示，无法对上述计提和减值的合理性做出有效判断，同时，由于 2017 年归属于母公司的净利润发生巨额亏损，社会舆论持续发酵，偿债压力骤增，据此认为乐视网持续经营能力存在重大不确定性。基于上述情况，立信会计师事务所出具了无法表示意见

---

① 本案例所涉及的资料来源如下：[1]《中国注册会计师审计准则》；[2] 乐视网 2017 年度审计报告；[3] 乐视网 2017 年度财务报告。

② 马慧知，女，成都信息工程大学教师。主要研究方向：财务会计、审计。

的审计报告。

二、发表无法表示意见的条件

注册会计师在确定恰当的非无保留意见类型时，取决于下列事项：①导致非无保留意见的事项的性质，是财务报表存在重大错报，还是在无法获取充分、适当的审计证据的情况下，财务报表可能存在重大错报。②注册会计师就导致非无保留意见的事项对财务报表产生或可能产生影响的广泛性做出的判断。

根据审计准则，广泛性是描述错报影响的术语，用以说明错报对财务报表的影响，或者由于无法获取充分、适当的审计证据而未发现的错报（如存在）对财务报表可能产生的影响。根据注册会计师的判断，对财务报表的影响具有广泛性的情形包括：①不限于对财务报表的特定要素、账户或项目产生影响；②虽然仅对财务报表的特定要素、账户或项目产生影响，但这些要素、账户或项目是或可能是财务报表的主要组成部分；③当与披露相关时，产生的影响对财务报表使用者理解财务报表至关重要。

在判断保留意见、否定意见和无法表示意见时，有时会存在难以区分的情况。表 1 列示了注册会计师在对这些事项的性质和这些事项对财务报表产生或可能产生影响的广泛性做出的判断，从而影响审计意见类型的判断。

表 1　非无保留意见类型的判断

导致发表非无保留意见的事项的性质	这些事项对财务报表产生或可能产生影响的广泛性	
	重大但不具有广泛性	重大且具有广泛性
财务报表存在重大错报	保留意见	否定意见
无法获取充分、适当的审计证据	保留意见	无法表示意见

对于无法表示意见的判断，《中国注册会计师审计准则第 1502 号——在审计报告中发表非无保留意见》第十条规定："如果无法获取充分、适当的审计证据以作为形成审计意见的基础，但认为未发现的错报（如存在）对财务报表可能产生的影响重大且具有广泛性，注册会计师应当发表无法表示意见。"

第十一条规定："在极少数情况下，可能存在多个不确定事项。尽管注册会计师对每个单独的不确定事项获取了充分、适当的审计证据，但由于不确定事项之间可能存在相互影响，以及可能对财务报表产生累积影响，注册会计师不可能对财务报表形成审计意见。在这种情况下，注册会计师应当发表无法表示意见。"

三、乐视网被出具无法表示意见的分析

由前述条件可知，在无法获取充分、适当的审计证据，即审计范围受到限制，且该限制是重大且影响广泛时才发表无法表示意见。

从乐视网 2017 年度财务报告中可知：①应收账款、其他应收款计提的坏账准备事

项，涉及的金额重大。具体如下：其他单项重大的应收账款为 292055.12 万元，计提坏账准备 252991.97 万元；其他单项不重大的应收账款为 35131.87 万元，计提坏账准备 34442.99 万元；其他单项重大的其他应收账款为 11380.00 万元，计提坏账准备 11380.00 万元；期末一年以上的应收账款—广告款余额为 42780.63 万元。②涉及的无形资产减值的事项，期末计提了 327994.01 万元的减值准备。③涉及的应付款项的事项的暂估金额，未提供充分的依据。

据此，立信会计师事务所依据上述《中国注册会计师审计准则第 1502 号——在审计报告中发表非无保留意见》第十条规定，认为审计报告中提及的涉及应收账款及其他应收款的事项、涉及无形资产减值的事项、涉及应付款项的事项对财务报表可能产生的影响重大且具有广泛性。且立信会计师事务所针对这些事项实施了必要的审计程序，就已获取的审计证据而言，尚不能确定是否存在重大错报，故出具无法表示意见。

思考题：

1. 发表无法表示意见的条件是什么？
2. 如何根据乐视网的审计情况判断审计意见类型？
3. 如何判断区别保留意见、否定意见、无法表示意见？

京东、阿里巴巴、腾讯的企业集团战略①

刘　耘②

一、背景简介

2017年阿里巴巴和腾讯首次进入《财富》世界500强，由此“JAT”三家中国互联网公司，即京东、阿里巴巴和腾讯同时入榜。2018年“JAT”在《财富》世界500强排行榜的排名都有所提升。其中，京东的排名依然在三家公司中遥遥领先，由2017年的第261位上升至第181位；阿里巴巴的排名紧追其后，由2017年首次入榜的第462名迅速提升到第300名；腾讯的表现也同样亮眼，在2017年第478名的基础上升了147位，跃升至第331名。这三家公司的优异表现得益于其分别在电子商务、游戏、互联网广告、云计算、金融等业务板块获得的巨额收入。“JAT”虽然都是基于互联网发展，其战略都在大数据、云计算、新技术等关键词上不谋而合，但是商业模式却不尽相同，这是因为其背后的战略规划的不同。

二、公司目前的商业模式

（一）京东

2018年，京东实现营业收入539.645亿美元，较之2017年的391.553亿美元增长了37.82%，但是值得深思的是2018年京东的净利润为−2250万美元。

过去十余年间，京东依靠10万快递员战术在中国战胜了国际巨头亚马逊。它的物流配送方式是“自营配送模式+第三方物流”，这样可以把物流成本降到最低；但同时难以有效监控第三方物流，也为配送服务的质量埋下隐患。根据京东副总裁于永利透露的数据，京东目前服务超过2亿的活跃用户，超过1万家活跃的供应商，每月产生的对

---

① 本案例所涉及的资料来源：[1]《京东、阿里巴巴、腾讯三家中国互联网公司进入〈财富〉世界500强，战法各异，未来殊途同归》，杨安琪，财富中文网。[2]《详细分析阿里巴巴集团商业模式》，https://wenku.baidu.com/view/5cbb837f59fafab069dc5022aaea998fcc2240e7.html。[3]《阿里巴巴集团盈利模式分析报告》，http://www.docin.com/p－918370551.html。[4]《腾讯商业模式》，https://wenku.baidu.com/view/621a85694b73f242336c5fad.html。

② 刘耘，女，成都信息工程大学，管理学讲师。主要研究方向：财务管理、双语教学。

外采购订单超过200万单。此外，智慧供应链解决方案的全面应用将有效提升运营效率，将大量人力从烦琐的重复工作中解放出来。

京东的盈利模式是从供货商的包销模式中获取产品差价和返点收益，以及其他一些收益项目，如平台使用费、平台广告费、物流出租费和虚拟店铺出租费等。

（二）阿里巴巴

阿里巴巴在2017年首次进入《财富》世界500强的榜单，多元化经营是其能够入榜，并在2018年迅速上升162位的重要动因。目前阿里巴巴集团有淘宝、阿里巴巴、天猫商城、支付宝、口碑网、菜鸟物流、阿里娱乐等涉及多领域的众多品牌。2018年阿里巴巴以377.708亿美元的年营业收入，以及96.731亿美元的净利润在世界500强榜单中排名第300位。阿里巴巴集团的收入主要由电子商务、云计算业务、数字和娱乐业务以及其创新战略和其他营业收入组成。其2017年财务报告显示，来自云计算业务的营业收入为66.63亿元（约合9.68亿美元），同比增长121%；来自数字传媒和娱乐的营业收入为147.33亿元（约合21.41亿美元），同比增长271%。

阿里巴巴有自己独特的经营模式：一是向全球买家展示中国企业，二是向中国企业提供国际买家，将中国企业长此以往的商业习惯向更高一级的行为阶层推进，使它们迅速地向网络商务靠拢，从而为海外企业所熟悉。

此外，阿里巴巴利用平台服务将服务体系中的其他角色，如信用、认证、支付和现代物流等集成到电子商务平台上，从而实现平台的多元化经营优势。

目前阿里巴巴的盈利模式是依托主营的销售平台收入，包括零售销售平台淘宝网、天猫商城、聚划算等，以及批发销售平台，如阿里巴巴、Aliexpress、1688.com等。此外，阿里巴巴积极拓展云计算、金融、数字和娱乐业务等其他收入。

（三）腾讯

与阿里巴巴相同，2017年腾讯依靠巨大的收入增长，进入《财富》世界500强榜单，名列第478位。2018年腾讯依靠351.788亿美元的年营业收入和105.806亿美元的净利润排名上升至331位。对于《王者荣耀》的讨论，让腾讯站在风口浪尖，但腾讯绝不仅仅只有《王者荣耀》。2017年第一季度，腾讯微信和WeChat的合并使活跃账户数达到9.38亿，比去年同期增长23%。这直接带动了社交及其他广告收入的增长，腾讯公司在2018年第一季度财务报告显示，其社交及其他广告收入（主要包括社交平台、应用商店、浏览器及广告联盟产生的收入）增长67%至43.79亿元，其他业务的收入同比增长224%，达到75.56亿元，该项增长主要来自腾讯支付相关服务及云服务收入的增长。

腾讯的商业模式是以IM腾讯云为核心依托，以QQ为平台，低成本扩张至互联网增值服务、移动及通信增值服务和网络广告。目前腾讯形成了即时通信业务、网络媒体、无线和固网增值业务、互动娱乐业务、互联网增值业务、电子商务和广告业务七大业务体系，初步实现了“一站式”在线生活的战略布局。

三、公司未来的战略展望

（一）京东

京东的未来图景：一辆无人货车从京东的无人仓库中把货取走，之后再由无人机或无人车完成投递，这个过程全部是“无人”完成。这一实验已经在中国人民大学展开，尽管效率并不算高。刘强东曾说：“如果京东不改变，不重新认识自己，全面改造自己的商业模式，我们的好日子也就只有 5 到 7 年。”因此，京东的着力点一直是“技术”，技术将成为支撑京东未来 12 年继续进入世界 500 强的命脉。但是京东强调自己不是一家“技术公司”，所有的技术都会应用在各个场景中，技术最终是为了电商。京东的未来战略是打造一个无人系统的商业王国，它对未来以智能技术为核心的物流场景的设想：在库房中以六轴机器人、穿梭车、拣选机器人等组成高效率的机器人军团，迅速完成商品的入库、拣选和分拣，并将货物传输至京东无人传站车。

（二）阿里巴巴

阿里巴巴在最近的一份内部邮件中指出，互联网进入最关键的应用 30 年，而未来三至五年是关键中的关键。互联网越来越成为社会发展的基础设施。云计算、大数据、物联网会加速推进智能世界的到来。很多产业、行业将会升级并重新定义。重新定义后产生的“新零售、新制造、新金融、新技术和新能源”（简称“五新”）将会对社会的方方面面带来巨大促进，“五新”也将会全面切实推进“新供给侧的建设，促进中国消费市场”。由此，马云成立了“五新执行委员会”，由阿里巴巴集团首席执行官担任委员会主席，统筹包括阿里巴巴集团、蚂蚁金服集团、菜鸟网络等阿里生态体系内的所有力量，全力投入建设“五新”。

（三）腾讯

按照腾讯的规划，现在动漫、文学、音乐和影业等各个产品线都属于培育期，随着内容消费升级，未来收入增长指日可待。

马化腾近期表示，今天大量的企业不再局限于简单地触网，而是开始把后台和数据迁移到云端。这带来了云业务高速增长。这种业务和数据的云端迁移，使得大量企业在技术架构的层面实现了连接，为未来各行各业在云端利用人工智能处理大数据奠定了基础。不难看出，马化腾和腾讯未来依旧把云服务、技术当作重点发展方向。

思考题：

1. 京东的战略核心是什么？该战略下的商业模式是怎样的？
2. 阿里巴巴的战略核心是什么？该战略下的商业模式是怎样的？
3. 腾讯的战略核心是什么？该战略下的商业模式是怎样的？
4. 对比本文论及三家公司目前的主营业务，分析这三家公司未来战略的异同。

从税收角度看“高科技”企业

——关于中兴通讯公司的褒贬及其讨论

宋　靖①

中兴通讯公司，即中兴通讯，是全球领先的综合通信解决方案提供商。公司为全球160多个国家和地区的电信运营商和企业网客户提供创新技术与产品解决方案，让全世界用户享有语音、数据、多媒体、无线宽带等全方位沟通服务。公司成立于1985年，在香港和深圳两地上市，是中国最大的通信设备上市公司。

2018年4月16日晚，美国商务部发布公告称，美国政府在未来7年内禁止中兴通讯向美国企业购买敏感产品。

2018年5月，中兴通讯公告称，受拒绝令影响，本公司主要经营活动已无法进行。5月22日，美国将取消中兴通讯销售禁令，根据讨论的协议维持其业务。

2018年6月7日，美国商务部长罗斯接受采访时表示，美国政府与中兴通讯已经达成协议，只要后者缴纳10亿美元罚金，并改组董事会，即可解除相关禁令。6月19日，美国参议院以85∶10的投票结果通过恢复中兴通讯销售禁令法案。

2018年7月2日，美国商务部发布公告，暂时、部分解除对中兴通讯公司的出口禁售令。7月12日，《美国之音》消息，美国商务部表示，美国已经与中国中兴公司签署协议，取消近三个月来禁止美国供应商与中兴进行商业往来的禁令，中兴公司将能够恢复运营，禁令将在中兴向美国支付4亿美元保证金之后解除。

2018年7月14日，中兴通讯发布“解禁了！痛定思痛！再踏征程！”的标语。

中兴通讯事件再次暴露出中国在一些关键核心技术上受制于人的软肋，自主知识产权的高端芯片远不能自给自足。贸易摩擦发展到今天，美国开始亮出獠牙，撕咬中国的软肋——高科技行业。美国这一手直接就打倒了中兴通讯——我国的通信行业龙头、高科技企业，而且我们毫无还手之力。根据目前披露的信息，中兴通讯所需基站专业设备在两年内无法自主研发成功，也找不到替代品，全世界只有美国能生产。那么，占据了国内电信基站30%市场份额的中兴恐怕凶多吉少，甚至中国的通信安全都遇到大问题了！

①　宋靖，女，成都信息工程大学副教授。主要研究方向：财务与会计、税务及其筹划。

一、案例资料一①

【港股公告】中兴通讯及10家控股子公司获得高新技术企业证书

中兴通讯2009年3月公布，公司及控股子公司深圳市中兴软件有限责任公司、深圳市中兴通讯技术服务有限责任公司、深圳市中兴移动通信有限公司、深圳市中兴微电子技术有限公司、深圳市立德通讯器材有限公司近期获得了深圳市科技和信息局、深圳市财政局、深圳市国家税务局、深圳市地方税务局联合颁发的《高新技术企业证书》，公司控股子公司上海中兴软件有限责任公司、上海中兴通讯技术有限责任公司也于近期获得了上海市科学技术委员会、上海市材政局、上海市国家税务局、上海市地方税务局联合颁发的《高新技术企业证书》，公司控股子公司南京中兴软件有限责任公司、南京中兴软创科技股份有限公司、无锡市中兴光电子技术有限公司也于近期获得了江苏省科学技术厅、江苏省财政厅、江苏省国家税务局、江苏省地方税务局联合颁发的《高新技术企业证书》。

根据《高新技术企业认定管理办法》及《中华人民共和国企业所得税法》等有关规定，公司及上述10家控股子公司自获得高新技术企业认定资格后，可申请享受三年内（含2008年）按15%的税率征收企业所得税的税收优惠政策。

二、案例资料二②

在2018年南昌举办的“亚布力中国企业家论坛2018年夏季高峰会”上，新东方教育科技集团董事长兼首席执行官俞敏洪的一番演讲引起了不小的轰动。在演讲中，俞敏洪向中兴、腾讯、阿里等多家中国巨头企业开炮，言辞犀利直指这些企业的软肋。

俞敏洪认为，与华为的几百亿元研发投入相比，高科技企业的中兴研发投入明显不足。俞敏洪的演讲引发了极大共鸣，部分网友也非常认同他的观点。

“中国人民是一批极具企业家精神和创新精神的人，……改革开放四十年，中国人民的创造力只发挥了30%～40%。”俞敏洪认为，政府部门应该出台保护企业家精神的法规和政策，考虑如何保护企业家、保护企业家的创新精神，如何为企业家开道铺路创造方便。

三、案例资料三

关于提高科技型中小企业研究开发费用税前加计扣除比例的通知

财税〔2017〕34号　财政部　国家税务总局　科技部

各省、自治区、直辖市、计划单列市财政厅（局）、国家税务局、地方税务局、科

① 资料来源：http://stock.hexun.com/2009-03-04/115271382.html。

② 资料来源：http://www.eeworld.com.cn/qrs/2018/ic-news082851039.html。

技厅（局），新疆生产建设兵团财务局、科技局：

为进一步激励中小企业加大研发投入，支持科技创新，现就提高科技型中小企业研究开发费用（以下简称研发费用）税前加计扣除比例有关问题通知如下：

1. 科技型中小企业开展研发活动中实际发生的研发费用，未形成无形资产计入当期损益的，在按规定据实扣除的基础上，在2017年1月1日至2019年12月31日期间，再按照实际发生额的75%在税前加计扣除；形成无形资产的，在上述期间按照无形资产成本的175%在税前摊销。

2. 科技型中小企业享受研发费用税前加计扣除政策的其他政策口径按照《财政部 国家税务 总局 科技部关于完善研究开发费用税前加计扣除政策的通知》（财税〔2015〕119号）规定执行。

3. 科技型中小企业条件和管理办法由科技部、财政部和国家税务总局另行发布。科技、财政和税务部门应建立信息共享机制，及时共享科技型中小企业的相关信息，加强协调配合，保障优惠政策落实到位。

财政部　税务总局　科技部

2017年5月2日

思考题：

1. 中兴通讯公司是否是一个高科技企业？运用中兴通讯公司2015—2017年的公开财务数据，结合我国企业所得税法对高新技术企业的认定标准进行分析。

2. 结合资料三，梳理我国税收制度在鼓励研发投入和科技创新上有哪些现有政策？

3. 如何更好地利用税收优惠导向作用，激励内外部资金在技术创新上做出更多投入？

平衡计分卡在企业绩效评价中的应用案例及分析

——以峨眉山A为例

万国超[①]　罗　雪[②]

一、引言

旅游业蓬勃发展促进了一大批旅游企业的兴起，旅行社个数从1997年的4986个增长至2015年的27621个，增长了5倍多。旅游行业的快速发展需要制度的约束，其中的许多问题也随着企业数量增多而日益暴露，例如，旅游企业散乱、规模小、服务差等问题。目前，沪深两市发行的旅游上市公司已超过30家，因此，旅游上市公司的业绩越来越成为大家关注的焦点。传统的企业业绩评价一般只注重财务指标，缺乏明确的战略导向，而20世纪末出现的“平衡计分卡”这一绩效评价工具弥补了其不足，它在传统财务指标的基础上，结合了顾客维度、内部运营维度以及学习和成长维度这三方面，做到了多方面的平衡，使企业绩效评价更加全面、系统化。本文将以峨眉山旅游股份有限公司（以下简称“峨眉山A”）为例，在总结其绩效管理现状及存在问题的基础上引入平衡计分卡这一先进工具，对其绩效评价指标体系进行研究。

二、相关理论基础

所谓绩效，是组织或个人为了达到某种目标而采取的各种行为的结果，是对行为的衡量。绩效评价更强调一个过程，因为评价是一个动作，是得出结论的行为。绩效评价需要有客观的评价标准、公正的评价程序和科学的评价方法，以保证评价结果的真实可靠。

企业绩效评价指标体系是企业采用科学合理的方法，将一系列反映企业整体、部门和员工层面的关键指标组合在一起，设置适当权重后，形成的一个系统而有效的指标体系，它是为实现企业经营目标而服务的。现代企业绩效评价指标体系从其本质上看由财务指标体系和非财务指标体系两大分支体系构成，这两者在完整的绩效体系中缺一不可。财务指标和数据的结合才是完整的财务指标体系，财务报表是数据最直接的体现，

---

① 万国超，男，成都信息工程大学商学院，副教授，主要研究方向：财务会计、审计。
② 罗雪，女，主要研究方向：财务会计、审计。

所以许多数据我们都可以从财务报表中直接获得；企业的客户满意度、员工离职率、内部运营成效、学习和成长情况这些方面共同构成了非财务指标体系。

平衡计分卡作为一种企业战略管理的工具，近几年在全球管理实践中得到了广泛的运用，主要是通过图表、卡片来实现战略的规划。平衡计分卡最大的优点是它能做到财务与非财务指标的平衡，它将公司的战略具体分解为关键绩效指标，操作性更强，同时设立目标值，其目的就是要建立以战略为导向的绩效管理系统，从而保证企业战略得到有效的执行，具体包括财务维度、顾客维度、内部运营维度、学习和成长维度。

三、基于平衡计分卡的企业绩效评价指标体系的构建

（一）财务类

对战略目标进行一一细化和拆分后便有了平衡计分卡的各个指标，在设置财务指标时，我们需要考虑采用怎样的财务指标来衡量企业财务性战略目标的实现程度，财务战略目标与指标之间不只是一对一的关系，也可能是一对多的关系。

财务指标也因企业所处生命周期的不同而异，以下三个指标对于不同生命周期的不同企业都是同样有效的，可以作为衡量参考指标（见表 1）。

表 1　不同生命周期阶段的财务指标

	盈利/收入	成本与生产力/效率	资产使用状况
成长期	销售增长率 新品收入占总收入比重 新增客户收入占总收入比重	每位员工平均运营收入 成本费用总额控制	投资收入率 研发投资
成熟期	目标客户市场份额 产品线盈利 新服务收入占总收入比重	成本占竞争对手成本比例 成本下降比率 非直接成本	流动资金比率 资本支出回报率 资产利用率
衰退期	不同产品线盈利率 不同客户盈利率 无盈利的客户比重	单位成本降低	投资回报率 投资金额

（二）客户类

由于人们的需求不同、偏好不同，在产品的价格、质量和服务等方面的价值主张自然也会不同，所以针对客户的服务应该灵活多变，不能生搬硬套。客户与财务类目标之间存在着密切的联系，财务类的许多指标其实都是通过客户来实现的，所以也可以说财务类目标的收入来源是客户类目标。

（三）内部运营类

企业所确定的内部运营指标对另外三个指标都会产生影响，所以内部运营是为企业的财务、客户、学习和成长而服务的。卡普兰和诺顿将企业整体的流程分为三步，即创

新、日常运营和售后服务这三步，日常服务和售后着眼于企业目前的日常运作，创新则关注的是企业未来的学习和发展。

（四）学习和成长类

学习和成长虽是平衡计分卡的最后一项内容，却是同等重要的，通常包含员工核心技能、资讯系统能力、文化建设等。从长远来看，学习和成长主要解决如何实现更好的内部运营，员工和企业应该如何进步，是比较有建设性意义的指标。

（五）绘制战略地图

战略地图是战略规划的工具，战略规划是对战略行动的规划，只有战略行动做到一致，企业的战略实现才具备可能性。战略地图的绘制将明确企业在每个层面的目标，再将目标落实为可比较的指标，在地图中可以清楚看到各指标之间的影响关系，所以设计平衡计分卡时应该先绘制战略地图。战略地图的绘制是一个从上到下的过程，即从财务目标开始，逐级向下提出客户、内部运营、学习和成长层面的战略目标，四个层面之间有其内在逻辑关系，上层目标决定了下一层面战略目标的确定，各层指标之间又相互影响、相互联系。战略地图的绘制在横向上是逐个突破，即逐个明确各个战略重点在不同层面的战略目标。然后，进行总体的检查和协调，总体上是一个从上至下、从左至右的绘制过程。

四、平衡计分卡在峨眉山 A 的绩效评价指标体系研究

（一）制定公司愿景与战略目标

平衡计分卡构建之前必须首先确定公司的战略目标，了解公司的发展愿景。从峨眉山 A 的经营宗旨来看，它是以景区旅游为主，同时发展酒店、索道、茶叶等旅游相关产业，宏观上是一种有重点的综合发展战略。

峨眉山 A 将其发展战略归纳为“重上峨眉山，实现新跨越”：“重上”即为提高重游率，也是指从观光向度假旅游的过渡；“新跨越”是指峨眉山 A 战略转型，适应散客出游、互联网营销的旅游新格局，体现了公司对峨眉山旅游可持续发展的愿景。具体而言，峨眉山 A 在制定其战略目标时可以遵循 SMART——精明原则。SMART 原则主要是指战略目标的具体性（Specific）、可衡量性（Measurable）、可实现性（Attainable）、相关性（Relevant）和时限性（Time-based）这五个方面。

（二）绩效评价指标体系设计

1. 财务层面

财务层面的数据是公司业绩最直接的表现形式，可以从公司年报、审计报告中直接获得，因此，财务层面是战略地图的起点。企业一般通过财务数据来设定其对实现总体增长目标的期望，从峨眉山 A 的年报得知，其 2018 年的目标是“计划实现游山人数

335万人次，营业收入11亿元，净利润1.92亿元，净资产收益率达到8%"。在这里笔者主要使用了安索夫的"产品—市场矩阵"来分析峨眉山A接下来的业务布局方向。

首先，对于现有产品和现有市场，峨眉山A应该力求增大其旅游线路产品的市场占有率，通过提高线路产品性价比或提升出游品质和服务等方式来吸引更多游客，故总体采取巩固加强的方针。其次，对于现有产品和新市场拓展，涉及更多客源区域或不同年龄段的游客，这就要求峨眉山A在产品定位和销售方面做更多调整。再次，对于新产品和现有市场，需要峨眉山A积极推进产品开发，了解游客喜爱的出游方式，提高游客回头率。最后，提供新产品给新市场，这是企业长远发展的需要，风险性较高。

2. 客户层面

客户层面是战略地图的焦点，峨眉山A作为典型的服务企业，其经营活动都是围绕客户展开的，所以满足客户需求和让客户满意至关重要。由于旅游业的特殊性，峨眉山A有必要对其客户进行市场细分，有针对性地设计旅游产品，例如，设计独特的佛教文化旅游线路产品等。从客源基础来看，峨眉山的游客多为省内、国内游客，国外游客比例极少，作为一个文化与自然双遗产的5A级景区，峨眉山占据了很好的资源优势，同时天府国际机场的新设、动车的开通都是带动峨眉山客源极好的因素。峨眉山A需要更多的文化传播、景区宣传，必要的广告投入是其开拓境外游客市场的前提。

3. 内部运营层面

内部运营层面是战略地图的重点，内部运营关系到企业的整个经营活动，它主要关注企业的业务能力高低和价值实现。峨眉山A的年报显示，公司在服务、人才、销售、管理等方面不能实现有效的整合和发挥优势，这既不利于公司经营业绩的提升，同时增大了其内部管理风险。

旅游产品的创新、提升营销能力、景区设施维护等都是峨眉山A提升内部运营的着眼点，产品创新和营销对客户层面也有直接影响，加强景区索道交通安全性维护也是必需的。例如，索道交通上，可以力争向黄山旅游看齐，打造"5S"索道；酒店业务上，为了适应其从单一观光旅游向多元化、复合型的休闲度假游的发展，可以重点建立特色型度假酒店、精品酒店；其他业务，如峨眉雪芽、峨眉山竹叶青等也是其可以作为地方特产、茶文化传播、旅游纪念品重点发展的业务。

4. 学习和成长层面

学习和成长层面是战略地图的基点，企业员工的进步是企业进步的前提，学习和成长是企业实现长远发展的必由之路。优秀的人才队伍是企业创新发展的重要人力资源，应注重人才的培养和引进。学习发展智慧旅游、"O2O"、全域旅游、旅游+等创新发展模式，例如，打造"旅游+电商""旅游+文旅"及学习微信营销等。另外，可以学习著名旅游演艺品牌宋城演艺的"千古情"系列，这也正契合了其想要建造峨眉山旅游文化中心项目的愿望，有利于挖掘峨眉山深厚的佛教文化。

（三）确定关键绩效指标

关键绩效指标（Key Performance Indicator，KPI），顾名思义，是指企业业绩评价中的重要的量化指标，是对公司战略目标的衡量，它对所评价层次具有重要影响。平衡计分卡所使用的便是企业的关键绩效指标，而不是简单的所有绩效指标的收集。所以，我们在明确了 SMART 目标之后，便可以找出相应的关键绩效指标（见表 2）。

表 2　峨眉山 A 绩效考核指标体系表

战略主题		战略主题目标设定	关键绩效指标
	内容		
财务	1. 净资产收益率 8%	2013—2017 年实现净资产收益率为 10.46%、11.28%、10.70%、9.35%、9.27%	净资产收益率
	2. 净利润 1.92 亿元	2013—2017 年净利润为 1.14、1.89、1.96、1.91、1.96 亿元	净利润
	3. 至少保持 5% 的年营业收入增长率	2013—2017 年营业收入增长率为 20.30%、7.23%、−2.25%、3.59%	营业收入增长率
	4. 控制成本费用率在 30% 以内	2013—2017 年成本费用率为 39.73%、33.23%、32.79%、36.36%、32.07%	成本费用率
客户	5. 注重客户增长，开拓海外市场	海外市场游客比例极少，争取突破	地区市场占比 客户增长率
	6. 保持良好的客户满意度	提高客户满意度、顾客回头率，通过客户投诉次数指标反映	客户满意度 老客户数量占比 客户投诉次数
	7. 关注政府、社会公众的价值主张	开展生态环境保护主题活动，3 月为“生态文明保护月”	安全事故率 生态环境保护
内部运营	8. 旅游产品创新	峨眉山旅游文化中心建设项目（进度 0.65%） 峨眉雪芽茶叶生产综合投资项目（效益−370.49 万元）	新产品比重
	9. 提高营销能力	营业收入二、三季度突出，2013—2017 年营业收入为 8.25、9.94、10.66、10.42、10.79 亿元。销售费用 2017 年较 2016 年减少 30.95%，减少传统广告投入所致	营业收入 广告投放比例
	10. 景区及设施维护	2013—2017 年管理费用为 1.10、1.06、1.33、1.49、1.51 亿元	维修费、管理费
学习和成长	11. 人才引进与培养	公司员工研究生学历仅占 0.49%、本科 11.89%、中专 44.88%、大专及以下 42.74%	员工学历比重 员工培训次数
	12. 推动旅游信息化，O2O+共享旅游	利用互联网、大数据推动智慧旅游和共享旅游	线上营业收入占总营业收入比重
	13. 企业文化建设	建设企业文化，形成员工共同认可的价值观	员工流动性 员工认同感

（四）设定评价标准和指标权重

在对平衡计分卡中的关键绩效指标进行选择之后，对各指标设定评价标准和指标权重也尤为重要，因为即使是同一企业不同生命周期权重也可能不同。所谓指标权重，是指各个考察指标对整体的重要程度及其所占比例，是一个具体的量化值。关于绩效评价的标准，本文在比较同类景区型旅游企业黄山旅游的相关数据后，结合峨眉山 A 的发展战略，设定了适合其实际情况的评价标准。对于考核表中指标权重的确定，本文采用的是专家调查法（Delphi 法），即将各关键指标以调查表的方式发送给专家，充分利用专家的知识和经验，并反复多次对专家意见进行整理，逐步取得一致意见（见表 3）。

表 3　峨眉山 A 绩效评价指标体系权重表

维度	权重	关键绩效指标	维度内权重
财务	12%	净资产收益率	20%
		净利润	30%
		营业收入增长率	40%
		成本费用率	10%
客户	32%	客户增长率	20%
		客户满意度	45%
		老客户数量占比	30%
		社会责任	5%
内部运营	36%	营业收入	25%
		索道运营	15%
		广告费用占销售费用比重	15%
		管理费用	15%
		酒店收入	30%
学习和成长	20%	员工培训次数	30%
		线上营业收入占总营业收入比重	50%
		员工认同感	20%

（五）绩效考核

制定好战略，只有落到实处才能发挥其意义。这是战略执行的过程，绩效指导为战略的执行提供了实际的行动指南。在绩效评价指标体系的实际运作过程中，绩效的指导与反馈主要是通过上下级日常指导、绩效会议和分析报告这三种方式来实现的。

首先，日常的绩效指导是日常工作中最常见的，主要表现为上级主管对下级工作的具体指导、方向指引或鼓励等。其次，定期的绩效会议能够弥补日常指导不及时带来的问题，方便领导层跟进绩效现状，以便及时了解目标进度和发现问题，并提出解决思路和措施。最后，形成绩效分析报告，公司的治理层根据相关绩效分析报告，结合各个层级的信息反馈和员工意见，提出自己的看法，再进一步讨论如何整改和协调运作。

绩效考核是指按照一定的考核标准对绩效结果进行衡量、评价和反馈的过程，也可称为绩效评价。绩效考核常采用等级评价法、关键事件法等方法，考核对象主要有公司整体、各部门、人员这三个层面。事实上，绩效考核的最终目的不是仅仅得出一个分数，更重要的是通过沟通，企业和员工能够不断进步、改进绩效。绩效考核的结果是对工作情况的重要说明，它反映了企业的经营情况，为企业制定下一阶段目标提供参考。同时，绩效考核也能检验绩效评价指标体系是否适用企业。例如，作为一家旅游公司，存货周转率、产品合格率等绩效评价指标并不适用于峨眉山 A。企业员工若对绩效考核有任何建议和意见，也应有迅速的反馈渠道，以加快企业信息交流，促进企业改进和完善绩效评价指标体系。

五、案例总结

在设置了较为完整的绩效评价体系之后，我们对峨眉山 A 及同类的景区型旅游上市公司进行了绩效排名（见表 4），最后发现，虽然峨眉山 A 在同类山岳型景区上市公司中营业收入仅次于排名第一的黄山旅游，但其净利润相对不突出，收入增长率低，除了客户维度的得分略微持平外，财务、客户、学习和成长得分都较低，导致其在所有的 6 家景区型上市公司中只能排到第 5 名。

表 4　自然旅游景区上市公司绩效排名

	财务	客户	内部运营	学习和成长	综合	排名
峨眉山 A	0.22	0.42	0.06	0.39	0.26	5
张家界	0.01	0.58	0.07	0.59	0.32	3
黄山旅游	0.39	0.85	0.11	0.65	0.48	1
九华旅游	0.29	0.56	0.01	0.59	0.34	2
桂林旅游	0.26	0.77	0.08	0.06	0.32	4
长白山	0.46	0.21	0.15	0.26	0.23	6

我们同时对自然和人工景区进行绩效评价后（见表 5），得知峨眉山 A 在所有 9 家景区型上市公司中排第 8 名，并发现人工景区绩效普遍高于自然景区，当然这与人工景区的针对性、商业化分不开。峨眉山 A 想要升级、转型，其实有很多人工景区是可以借鉴的，例如，绩效突出的华侨城 A 的广告宣传费在销售费用中比重超过一半，而峨眉山 A 则不到三分之一，另外，营销也是其解决客户增长率低的方法之一。

表 5　旅游景区型上市公司绩效排名

	财务	客户	内部运营	学习和成长	综合	排名
峨眉山 A	0.22	0.42	0.06	0.39	0.26	8
张家界	0.01	0.58	0.07	0.59	0.32	6
黄山旅游	0.39	0.40	0.11	0.65	0.48	2
九华旅游	0.29	0.56	0.01	0.59	0.34	4
桂林旅游	0.26	0.77	0.08	0.06	0.32	7
长白山	0.46	0.21	0.15	0.26	0.23	9

续表5

	财务	客户	内部运营	学习和成长	综合	排名
华侨城A	0.81	0.39	0.96	1.00	0.77	1
大连圣亚	0.40	0.34	0.12	0.65	0.33	5
宋城演艺	0.46	0.33	0.15	0.81	0.37	3

通过对峨眉山A的绩效评价引入平衡计分卡，我们可以对其经营现状提出以下几点建议：

第一，提高客户重游率，稳定并提高营业收入增长率。

自然景区型相比于人工景区客户重游率明显偏低，进而影响出游人次和营业收入。促使景区由观光游向深度游、度假游转变，使营业收入保持在稳定水平，有利于峨眉山A实现战略转换，综合发展。例如，打造精品酒店、度假型酒店，发展文化旅游、游学活动等。

第二，拓展营销新方式，大力发展共享旅游。

营销能力是影响业绩的关键，面对网络营销、微信营销等新方式对传统销售的冲击，峨眉山A必须积极适应、迎头赶上。共享经济的兴起使得共享旅游成为旅游行业发展的新突破点，利用互联网平台，大力发展共享旅游经济，例如，共享租赁民宿、评团友等，在共享中体现的高效、节约、便利等观念契合了当今社会的大潮流。

第三，引进专业人才，提供员工积极参与企业管理的机会。

从峨眉山A的员工教育程度我们发现，其本科及以上员工比例仅占14%，不利于其大力发展高端旅游线路产品设计，而且公司海外客源市场有极大拓展空间，培养小语种专业人才将更加有助于接待海外客人。峨眉山A是服务型企业，基层员工能直接接触到客户，进而他们能第一时间了解客户的需求，所以若能通过轮岗、研讨会等方式，基层员工有更多信息反馈和参与管理的机会，将会有利于公司发展和进步。

思考题：

1. 如何构建平衡计分卡为企业绩效评价服务？
2. 旅游类企业在应用平衡计分卡进行绩效评价时存在哪些问题？

*ST 钒钛恢复上市之路

张　敏[①]

一、案例公司简介与案例主题

攀钢集团钒钛资源股份有限公司，股票简称“攀钢钒钛”，股票代码：000629。1993 年 3 月公司由国有企业攀钢集团有限公司与攀枝花冶金矿山公司（后期合并入攀钢集团）以及中国第十九冶金建设公司共同发起，1996 年 11 月于深圳证券交易所上市，通过股权分置改革、多次股权变更、资产重组、吸收合并，实现了对攀钢集团钢铁、钒、钛业务和资产的整合。公司所属行业为黑色金属矿采选业。攀钢钒钛的母公司为攀钢集团有限公司，持有攀钢钒钛 42.03%的股份，实际控制人为鞍钢集团有限公司，鞍钢集团公司持有攀钢集团有限公司 100%的股权，最终控制公司为鞍钢集团公司。

该公司具有国有企业背景，是中国最大的铁矿石采选上市公司和重要的钛白粉、海绵钛生产商，其发展契合国家设立攀西战略资源创新开发试验区、建成世界级钒钛产业基地的国家战略规划，市场将公司视为资源龙头，预期极高，但 2014 年前攀钢钒钛多次重组之路似乎越走越窄，在转型为矿产公司后，其资源优势似乎并没有得到体现，业绩迟迟未达预期。2013 年 7 月 29 日，其股价下跌到七年来最低价 2.13 元，下跌幅度 78%。

2014 年至 2016 年公司连续亏损，2017 年 4 月 20 日起，公司股票被深交所实施停牌，面临退市厄运。“披星戴帽”的 *ST 钒钛为扭亏为盈，“断臂求生”，剥离亏损资产，集中精力发展钒钛业务，促使公司改善资产质量和财务状况，促进自身业务升级转型，轻装上阵以应对激烈的竞争。终因实施重大资产重组、降本增效措施以及资源价格上涨行业企稳回暖，2017 年公司年度报告期内实现净利润 9.2 亿元[②]，并于 2018 年 8 月 24 日恢复上市。

曾经的明星股，*ST 钒钛为何连续三年出现巨亏，又如何重整旗鼓，得以扭亏为盈并摆脱退市命运引起市场极大关注。通过本案例的教学和分析讨论，帮助学生了解我国退市制度，分析案例公司亏损原因；讨论公司为恢复上市采取的措施；掌握案例公司

---

① 张敏，成都信息工程大学商学院讲师，会计研究生毕业。研究方向：公司理财、财务分析、资产评估。

② 本案例涉及数据，如无特殊注明均源自案例公司年度报告和其他公开披露信息。

资产重组的作用及其处置长期股权投资收益的会计处理；分析经营现金流量与会计利润出现差异的原因及公司改善未来经营现金流量状况的措施。

二、案例概况

（一）＊ST 钒钛停牌情况介绍

公司 2014、2015 年连续两个会计年度经审计的净利润为负值，根据《深圳证券交易所股票上市规则》（以下简称"《上市规则》"）第 13.2.1 条的规定，公司股票自 2016 年 5 月 3 日起已被深圳证券交易所实施退市风险警示（股票名称改为"＊ST 钒钛"）。公司经审计的 2016 年度净利润仍为负值，根据《上市规则》第 14.1.3 条的规定，深圳证券交易所自公司披露 2016 年度报告之日即 2017 年 4 月 20 日起，对公司股票实施停牌，并在停牌后 15 个交易日内做出是否暂停公司股票上市的决定。根据《上市规则》第 14.4.1 条的规定，暂停上市后首个年度（即 2017 年度）公司经营无法达到恢复上市条件的，深交所有权决定终止公司股票上市交易。

历时近 9 个月暂停上市之后，伴随着行业回暖浪潮，＊ST 钒钛在 2017 年迎来重生机遇，通过"断臂求生"成功剥离巨亏资产，＊ST 钒钛经营业绩出现大幅回升。2017 年年报期内实现净利润 9.2 亿元，公司自 2018 年 8 月 24 日起股票交易撤销退市风险警示，股票简称由"＊ST 钒钛"变更为"攀钢钒钛"。深交所经审议通过了公司股票恢复上市的申请，决定公司股票自 2018 年 8 月 24 日起恢复上市。＊ST 钒钛实现扭亏为盈，摆脱了退市命运。

（二）亏损情况介绍

目前从事黑色金属矿产采选的上市公司有 8 家。＊ST 钒钛主要业务包括铁矿石采选、钛精矿提纯、钒钛产品生产和加工、钒钛延伸产品的研发和应用，在 2014 年世界经济仍处于深度调整期、中国经济增长放缓、钢铁去产能的大环境下，铁矿石市场整体处于产能过剩局面，铁矿石价格在 2014 年和 2015 年出现"断崖式"下跌；国内钛白粉和钒产品行业市场同样出现供求关系失衡，产能过剩较重，价格大幅下跌，下游需求逐步萎缩，导致包括公司在内的从事相关产业的企业均面临前所未有的经营困境，上市公司利润逐年减少，出现连年亏损的局面。

除上述行业因素外，连年亏损的局面也有公司经营战略方面的原因。2014 年前公司经过并购重组，业务涉及铁矿石采选、钛精矿提纯、钒钛制品生产和加工、钒钛延伸产品的研发和应用等，成为行业"巨无霸"。但过度扩张难以确保公司经营能在国际国内经济发展进入调整期放缓的背景下实现盈利，比如，公司海外卡卡拉矿业资产 2014 年末因财务危机出现减值，2016 年该资产亏损达 5.76 亿元，且公司国内矿业子公司经营业绩出现经营亏损。此外，公司虽是国内较大的钛原料生产企业，公司钛白粉在国内全行业市场份额占比约 5%，但公司钛产品除稳定的资源具有成本优势外，产品规模、产品品质不具优势，缺乏高端钒钛产品。

2014 年度、2015 年度和 2016 年度报告出现巨额亏损，公司归属于上市公司股东的净利润分别为－37.75 亿元、－22.07 亿元和－59.88 亿元。2016 年公司增亏的主要因素之一是资产重组因素产生的处置长期股权投资损失。

（三）资产重组——“断臂求生”之举

2014 年、2015 年公司连续亏损，为了扭转业绩颓势，在依靠传统主营扭亏无望的情况下，上市公司基于铁矿石行业产能过剩严重，且短期内无法彻底改善的现状考虑，为缓解持续面临的经营困局和业绩压力，进行整体业务转型，于 2016 年实施重大资产重组，将持续严重亏损的铁矿石采选、钛精矿提纯业务以及海绵钛项目剥离出上市公司，分别出售给攀钢集团和鞍钢矿业，集中资源发展钒钛业务。本次重大资产重组完成后，公司主营业务转变为钒钛制品生产和加工、钒钛延伸产品的研发和应用，有利于公司改善资产质量和财务状况，促进自身业务升级转型，轻装上阵以应对激烈的市场竞争。

＊ST 钒钛在 2016 年 8 月 20 日公布一份重大资产出售协议，将其 5 家子公司即攀钢矿业 100%股权、鞍千矿业 100%股权、攀港公司 70%、鞍澳公司 100%股权、鞍钢香港 100%股权及攀钢集团钛业公司持有的海绵钛项目出售给控股股东攀钢集团及关联方鞍钢矿业，并于 10 月完成标的资产出售。此次重大资产重组对公司经营成果产生极大影响，2016 年度报告显示利润总额－65.29 亿元，较上年同期增亏 41.85 亿元，主要是资产重组因素导致增亏。公司 2016 年度继续亏损而导致 2017 年 5 月 5 日起暂停上市。此次重大资产重组产生的处置长期股权投资损失 26.11 亿元，长期股权投资处置损益在合并层次的计算见附表 1。

经过 2016 年资产重组，资产结构得以优化，盈利能力显著增强。同时，2016 年度公司在经营对策方面积极采取措施降成本、拓市场、调结构、防风险，生产经营总体保持平稳；全面强化创新性融资，强化资金预算“红线”思维，提升资金运营效率；扎实推进精益六西格玛管理，积极推进销售体制改革，成立上海钒贸公司；深化服务运营平台建设，主动融入“互联网＋”时代，钒钛产品借助攀钢集团互联网平台试水线上销售；抓住攀西国家级战略资源创新开发试验区建设的机遇，加快钒钛产业重点项目建设，重庆钛业公司 7.5 万吨/年硫酸法钛白技术改造升级搬迁项目建成投产，有利于提升公司钛白粉产业的规模效益和行业地位。2016 年扣除资产重组因素增亏因素后同口径经营成果本年较上年减亏 6.79 亿元。公司从 2016 年采取的“断臂求生”、扭亏为盈措施已初见成效。

（四）2017 经营成果——经营现金流量

2017 年公司经营环境进一步改善，国内经济保持稳定，国内经济发展已从原来的单纯追求发展速度转向更多追求发展质量。在国家加大环保督察力度、推动生态文明建设等背景下，延续上年度行业价格上涨态势，2017 年钒行业价格回升幅度较大。钛行业总体价格略有上升，仍保持历史相对高位，需求量也进一步得到释放。根据海关总署统计数据，钛白粉出口仍然保持了增长态势，同比增长 15.33%，成为国内钛白粉生产企业保持高开工率的主要原因之一。

公司作为全球具有较大影响力的钒产品供应商和国内重要的钛白粉供应商，2017年抢抓发展机遇，积极应对市场变化，全力确保生产运行稳定，贴近市场积极销售，强化产销衔接与库存管控，坚持不懈降成本，努力提升公司经营绩效，2017年年报显示其经营成果和财务状况得到较大转变，扭亏为盈，实现营业收入94.36亿元，较上年同期下降11.07%；营业成本77.61亿元，较上年同期减少20.97%；归属于上市公司股东的净利润8.63亿元，较上年增加68.51亿元。上述指标同比变动较大的主要原因一是2016年重大资产重组；二是2017年钒钛产品市场价格上涨，利润增加。扣除2016年重大资产出售标的资产影响，同口径相比，归属于上市公司股东的净利润较上年增加8.26亿元，增幅2220.88%。

公司2017年上半年现金流量表显示公司经营现金流量为－4674.98万元，与利润4.46亿元出现较大背离情况（详见附表2：*ST钒钛2014—2017年财务数据）。公司在《2017年半年度报告》中说明经营现金流量和净利润差异主要是由存货的增加、经营性应付账款的减少以及调整处置长期资产利得所致，说明公司增加产量，囤积存货，对下半年市场有回暖预期，并用经营现金收入支付了前期的短期债务，生产经营稳定。

三、案例启示

本案例对*ST钒钛从“披星戴帽”暂停上市，到摆脱退市厄运、恢复上市之路进行了分析，让学生了解退市制度，理解公司为扭亏为盈进行重大资产重组的作用意义和扭亏为盈采取的综合对策，理解完善经营现金流的相关财务举措。

（1）退市制度的意义。我国证交所现行上市规则对连续两年亏损的上市公司将实施退市风险警告，如最近一个年度继续亏损，将被暂停上市；如在规定期限内仍不能达到上市条件的，将被终止上市。这一退市制度对于进一步健全资本市场功能，增强市场主体活力，塑造理性投资文化，形成优胜劣汰的市场机制具有重要意义。本案例中公司面临退市厄运，2017年如何重整旗鼓，扭亏为盈，恢复挂牌，公司面临巨大的挑战。

（2）资产重组的意义。2016年公司重大资产重组为鞍钢集团内部纵向资产重组，将亏损的矿业业务和资产及海绵钛项目资产分别出售给母公司和控股公司，使公司主营业务转变为钒钛制品生产和加工、钒钛延伸产品的研发和应用，消除集团内部同业竞争，改善了公司资产质量，促进自身业务升级转型。这一重大资产重组优化了产业、行业和企业规模结构，提高了资源配置效率；可以缓和宏观经济的周期性震荡，提高公司在国际国内市场上的竞争能力。本次重大资产重组给该年度业绩带来巨额亏损属于一次性不可持续的会计损益，是公司“断臂求生”、重整旗鼓的举措。

（3）扭亏为盈的综合对策。公司从经营、生产、运营到公司自理，重拳实施了一系列综合改革措施，聚焦精细化管控、市场营销、科技创新、量化降本、项目达产等中心工作，快速实现了钒钛产业一体化；设立生产运营管控中心，生产过程管控能力大幅提升，坚持不懈降成本；组建钒钛贸易，对钒钛销售业务进行整合，强化产销衔接与库存管控；全面提升环保治理水平；创新科研运营模式，对内强化科技创新能力，对外加强与外部研究机构合作，进一步提升公司技术研发能力。当然行业环境状况的改善，对钒钛产品需求增长，价格回暖也是扭亏为盈的根本的外部保障。

（4）经营现金流量与净利润的背离。公司 2017 年半年报财务数据显示公司出现盈利大幅增长的情况下，经营现金流量却为负值。半年年报说明了形成这种差异是由于在产量、存货及短期债务等方面的财务举措。经营活动产生的现金流量是衡量企业盈余的一个重要因素，是判断企业真实经营业绩的一个指标。经营活动产生的现金流量净额与同期的净利润水平不匹配可能是持续盈利能力不足，此外还存在偿债风险，有必要进一步探讨其经营现金流量的变化状况。

附表 1　长期股权投资处置损益在合并层次计算表

单位 项目	矿业	攀港	鞍千	鞍港	鞍澳	总计
一、处置价款与处置成本产生的投资收益						
①截至 2016 年 9 月 30 日账面归属于母公司的净资产	2282577959.01	－20767678.96	4694507478.84	279535989.23	48971152.60	7284824900.72
②攀钢钒钛对各公司持股比例（%）	100.00	70.00	100.00	100.00	100.00	
③攀钢钒钛对各公司享有的净资产＝①×②	2282577959.01	－14537375.27	4694507478.84	279535989.23	48971152.60	7291055204.41
④对各公司的处置价款	1759701036.44	22195754.55	4361200870.86	－110994884.35	－665263265.34	5366839512.16
⑤处置收益＝④－③	－522876922.57	36733129.82	－333306607.98	－390530873.58	－714234417.94	－1924215692.25
二、持有期间权益法补做核算享有部分变现						
⑥其他综合收益		－19684295.30		－149899647.39	－1040007270.91	－1209591213.60
⑦资本公积	250626009.63			17526293.65	2204840.72	270357144.00
⑧专项储备	90205268.52		8545580.16			98750848.68
⑨变现金额＝⑥＋⑦＋⑧	340831278.15	－19684295.30	8545580.16	－132373353.74	－1037802430.19	－840483220.92
三、注入上市公司时带入的专项储备、其他综合收益⑩			96617689.89	－134518904.67	191358596.93	153457382.15
四、处置 5 家公司产生的投资收益小计＝⑤＋⑨＋⑩	－182045644.42	17048834.52	－228143337.93	－657423131.99	－1560678251.20	－2611241531.02

注：依据《企业会计准则第 33 号——合并财务报表（2014 年修订）》第五十条计算。因企业处于亏损状态，没有所得税费用影响，故对利润总额、净利润、净资产的明细影响金额为 26.11 亿元。

（来源：关于深圳证券交易所年报问询函回复的公告）

附表 2　*ST 钒钛 2014—2017 年财务数据（来源：2017 年半年报和现金流量表）

财务指标	2017（半年）	2016	2015	2014
营业收入	4225149716.55	10610005854.78	11417447171.21	16779307964.58
利润总额	463629334.77	−6528659628.83	−2343485524.39	−5726875705.89
归属于上市公司股东的净利润	415844840.32	−5987820242.28	−2207361974.57	−3775427436.40
归属于上市公司股东的扣除非经常性损益的净利润	339838796.68	−1542110262.03	−2079202868.32	−3099195004.28
经营活动产生的现金流量净额	−46749758.06	−336111149.45	29554465.56	1671534927.48
总资产	10049947775.22	9621114745.12	56012150588.84	52413572052.47

思考题：

1. *ST 钒钛 2014—2016 年连续亏损的主要原因是什么？

2. 分析 2016 年资产重组对公司的长远影响。

3. 如附表 1 所示，资产重组中公司对处置长期股权投资损益的会计处理方法是否合理？

4. 分析公司 2017 年上半年经营现金流量和净利润出现背离情况的原因，这种背离反映了公司什么样的实际经营状况（见附表 2）？为何 2017 年度经营现金流量仍然为负值？公司 2018 年该如何改善其经营现金流量？

本量利分析成本管理中的应用案例及分析

——以新希望公司为例

万国超[1]　陈　洪[2]

一、引言

随着时代发展，经济迅速提升，我国经济开始实行体制改革，企业的经营权逐渐扩大，更多的是实行自主经营，自主权也放宽了，所以企业经营是否创造盈利完全掌控在企业手里。市场经济体制改革是必然的，一个企业想要立于竞争激烈的环境下，就要时刻提高企业自身的综合实力。管理会计的目的之一是帮助企业更合理有效地运用企业所拥有的生产资料，实现利益最大化及成本最小化，目前它已经广泛应用到我国的企业管理中。本量利分析方法是管理会计中应用很广泛的分析方法之一。20 世纪 20 年代，本量利分析方法开始崛起，西方国家的企业已经有了一套本量利分析的管理系统，使得企业经营决策、生产控制和经营管理等能力得到提升，综合实力得到提高，进而提高其市场地位，增强企业的市场竞争力，从而有效防御外部风险，最终实现企业的长期经营战略目标。由于经济增长迅速，市场竞争力逐渐增强，致使企业发展严重受阻，企业想要谋求生机，必须开始注重市场价值链和市场多元化经营方式，企业的产品成本也在扩大，相关产品企业之间的竞争也在发生变化，由过去的价格竞争变为现在的价值竞争。这些都要求本量利分析为企业提供更高价值的经济消息。

二、相关理论基础

（一）本量利分析基本原理

本量利分析是研究企业成本、业务量和利润之间关系的一种数学分析方法。该方法以数量化的模型揭示企业的销售单价、变动成本、固定成本及销量之间的关系，使企业管理人员清晰地了解企业的盈利情况，从而帮助管理者在生产规模、产品结构和成本等方面做出合理的决策。

---

① 万国超，男，成都信息工程大学商学院，副教授。主要研究方向：财务会计、审计。
② 陈洪，男，主要研究方向：财务会计、审计。

本量利分析是以成本性态分析为前提，三个基本假设即线性假设、产销平衡假设和品种结构稳定假设为基础来研究的。成本性态分析需要以成本性态分类为前提，但两者在性质和最终结果上不同，成本性态分析既包括定性分析又包括定量分析，成本性态分类仅仅是定性分析；成本性态分类只要求将全部成本分为固定成本、变动成本和混合成本三大类，成本性态分析最终将企业的全部成本区分为固定成本和变动成本两大类，即需要对混合成本进行分解。混合成本的数学基本模型可以用一次线性方程式 $Y=\alpha+\beta X$ 表示。其中：Y 是总成本，X 是业务量；α 是总成本中的固定成本，包括真正意义上的固定成本与混合成本中的固定部分之和；β 是单位变动成本，βX 代表变动成本总额，包括真正意义上的变动成本与混合成本中的变动部分之和。

线性假设，即是说在一定时期内产量总是处于一定的范围之内，成本函数和销售收入函数都表现为线性函数。产销平衡假设，即假设每期所生产出来的产品总是在当期全部销售出去，即将“产量”与“销量”合二为一，简化了决策分析过程。品种结构稳定假设，即假设在一个生产或销售多种产品的企业中，产品结构不变。在这一假定条件下，多品种本量利分析问题可以很方便地使用单一品种情况下的本量利分析的有关结果。

根据以上前提和基本假设，本量利分析的基本数学模型可以表示为：

利润＝销售收入－（变动成本＋固定成本）＝（销售单价－单位变动成本）×销售量－固定成本

用字符表示为：

$$R=L-(VC+F)=P\times Q-PV\times Q-F=(P-PV)\times Q-F$$

式中，R 为利润，L 为销售收入，P 为销售单价，Q 为销量，VC 为变动成本，PV 为单位变动成本，F 为固定成本。

很清楚地看到这个基本模型将本、量、利之间的关系联系在了一起，如若得知其他四个变量值，另外一个变量值就可以通过模型计算出。

（二）本量利分析基本内容

盈亏平衡分析，其目的就是找出盈亏临界点，判断各种不确定因素对企业经营利润的影响效果，为决策提供依据。盈亏临界点是指当企业的利润为零，此时的销售水平能够正好弥补企业全部成本的支出。

根据本量利分析的基本数学模型

利润＝（销售单价－单位变动成本）×销售量－固定成本

根据盈亏临界点的定义得到

盈亏临界点销售量＝固定成本÷（销售单价－单位变动成本）

盈亏临界点销售额＝盈亏临界点销售量×销售单价

因此，当销售量低于盈亏临界点销售量，企业面临亏损；当销售量高于盈亏临界点销售量，企业处于盈利状态，并随着销售水平的不断提高，企业的获利不断增加。

（三）目标利润分析

在目标利润的约束下，企业的本量利分析实际上就是盈亏平衡分析的拓展，以揭示企业为了实现一定目标利润应该达到的业务量水平。一般来说，规划期间利润时，保持销售单价、单位变动成本和固定成本不变，只有目标利润和销售量两个变量，当给定目标利润时，相应的销售量便能够确定。

实现目标利润的销售量＝（目标利润＋固定成本）÷（销售单价－单位变动成本）

根据“利润＝（销售单价－单位变动成本）×销售量－固定成本”可知，产品的单价、单位变动成本、固定成本以及销售量等因素的变动都会对目标利润产生一定的影响。在现实经济生活中，影响企业利润的诸因素之间是有关联性的，如为了提高产品产量，往往需要增加生产设备，这就会使折旧费用这项固定成本增加。企业采取提高单价或者降低固定成本、单位变动成本等单项措施，可以使利润提高，但往往更多地采取综合措施以实现目标利润。企业应该结合自身的情况，从对实现目标利润影响较大的因素开始，按从大到小的顺序，进行反复的权衡和测算。

（四）敏感性分析

敏感性分析是研究制约利润的有关因素发生某种变化时，对利润所产生的影响的一种定量分析方法。如前所述，影响利润的主要因素有销售单价、单位变动成本、固定成本和销售量。各个因素的变动有可能是单一变动，也可能是同时变动，分析的时候将变化因素带入分析模型，就能得出其变化对利润的影响。各因素变动而不使产品发生亏损的最大允许范围，称之为盈亏临界值。

根据本量利分析模型

$$R=(P-PV)\times Q-F$$

当 $R=0$ 时，即 $(P-PV)\times Q-F=0$，根据此式便可求得各个因素的盈亏临界值。

销售单价的最小允许值

$$P(\min)=PV+F/Q$$

单位变动成本的最大允许值

$$PV(\max)=P-F/Q$$

销售量的最小允许值

$$Q(\min)=F/(P-PV)$$

固定成本的最大允许值

$$F(\max)=(P-PV)\times Q$$

在企业有利润存在时，当影响因素超过其盈亏临界值时，企业的利润就可能会减少，甚至会消失，由盈利向亏损状态转变。

然而，有的因素变化会导致利润变化很大，有的因素变化对利润造成的影响却微乎其微，区别就在于利润对不同因素的敏感度不一样，可以用敏感系数来衡量：

敏感系数＝利润变动百分比/因素变动百分比

敏感系数为正，表明它与利润同向增减；敏感系数为负，表明它与利润反向增减。敏感系数越大表明该因素变化对利润的影响程度越大，敏感性越强。通过比较各个因素敏感系数绝对值的大小来确定影响利润的主要因素和次要因素，从而有效地采取措施预防主要因素的变化。

三、新希望公司本量利分析案例

（一）新希望公司业务背景简介

新希望公司经营的主要业务包括饲料生产、畜禽养殖、屠宰及肉制品加工。饲料工业是畜牧业的重要基础，饲料为畜、禽生长提供能量与营养，也是畜牧生产成本中比重最大的一部分。近年来，国内饲料行业已经进入成熟阶段，增长速度放缓，全国饲料产量在2013年首次出现同比下降，从2014年至2016年虽然恢复增长，但三年的增幅分别只有3.8%、1.4%、4.5%。相比行业整体产能过去多年的大幅扩张，下游养殖环节的需求则逐渐趋稳。公司饲料业务经过长期发展，已经在国内饲料行业多年保持市场份额第一的地位，其中肉禽料、蛋禽料全国第一，猪料、水产料及反刍料也位列全国三甲。

公司近年来一直坚定地贯彻农牧食品产业一体化发展战略，进一步加强饲料基础，巩固强化专业化饲料竞争力，同时努力转型成为以“基地＋终端”为基本模式的国际化农牧食品企业。饲料业务是公司的核心业务，公司一直注意围绕饲料本身做好品质、效率与服务，同时也不断强化产业链优势，依托养殖基地发展促进饲料增长。在2017年上半年报告期内，公司共销售各类饲料产品742.78万吨，同比增加60.59万吨，增幅为8.88%（其中猪料同比增长19%，禽料同比增长7%）；实现营业收入2090075.65万元，同比增加267491.17万元，增幅为14.68%；实现毛利润124764.90万元，同比增加10351.24万元，增幅为9.05%。由此可见，该公司在饲料生产方面，生产规模较大，利润较高，能为后续产业带来更高价值。

（二）确定主营业务的成本性态分析

新希望公司主营业务包括饲料生产、畜禽养殖、屠宰及肉制品加工，其中饲料生产是该公司的第一要务，它是其他业务的基础。本文主要介绍饲料产品，公司的饲料业务主要是猪料、禽料、鱼料。由于该公司是大型的饲料企业，生产的饲料产品会根据顾客下单的数量多少来决定生产多少产品，所以大致上产品的销售量和产量一致。在生产饲料的过程中，涉及各种材料的耗费，如原材料、辅助材料、包装材料等，这些材料都跟产品成本相关，成为产品变动成本的一部分，其中还涉及技术工人和管理工人的工资费用，以及生产饲料时发生的制造费用和燃料及动力费用，这些都和产品的成本有线性关系。在生产期间发生的固定资产折旧费用、管理人员的固定工资、房屋租赁费、土地使用税等都为固定成本。该公司2017年上半年发生的成本费用数据见表1。

表 1　2017 年上半年新希望集团成本费用表　　单位/万元

项目	猪料	禽料	鱼料
原材料	597705.58	906373.55	147961.09
辅助材料	75726.44	114833.19	18745.96
包装材料	6826.05	10351.16	1689.78
职工薪酬	9172.50	13909.37	2270.64
制造费用	10423.30	15806.12	2580.27
燃料及动力	8319.24	12615.48	2059.42
总固定成本	7941.62		

（三）多品种盈亏平衡模型的建立和临界点的计算

1. 多品种盈亏平衡模型的建立

在实际生活当中，大多数企业生产的产品是多样化的。企业在产销多种产品的情况下，企业的盈亏临界点只能用销售额来表示。综合边际贡献率法是计算企业多品种盈亏临界点的方法之一。综合边际贡献率法是假设产品结构不变的情况下，通过计算多品种的综合边际贡献率，进而确定盈亏临界点销售额和每种产品的盈亏临界点的方法。

企业盈亏临界点=企业固定成本总额/综合边际贡献率

企业盈亏临界点，首先计算综合边际贡献率= $\sum$（各种产品的边际贡献率×该种产品的销售额比重），再计算企业盈亏临界点销售额=企业固定成本总额/综合边际贡献率，最后计算各种产品盈亏临界点销售额=企业盈亏临界点销售额×该种产品的销售额比重。

2. 公司业务的盈亏平衡分析

根据该公司 2017 年上半年业务数据得到以下数据分析，见表 2。

表 2　2017 年上半年新希望集团业务数据表

项目	猪料	禽料	鱼料
销售单价（元/吨）	5083.67	2036.29	6057.72
单位变动成本（元/吨）	4760.83	1907.00	5673.37
销售量/万吨	148.75	563.13	30.90
销售收入/万元	756186.12	1146696.84	187192.70
变动成本/万元	708173.11	1073888.88	175307.18
固定成本/万元	7941.62		

第一步，计算全部产品销售额：

计算全部产品销售额=756186.12+1146696.84+187192.70=2090075.65（万元）

第二步，计算每种产品的销售比重：

猪料的销售比重＝756186.12/2090075.65×100％＝36.18％

禽料的销售比重＝1146696.84/2090075.65×100％＝54.86％

鱼料的销售比重＝187192.70/2090075.65×100％＝8.96％

第三步，计算综合边际贡献率：

猪料的边际贡献率＝（5083.67－4760.83）/5083.67×100％＝6.35％

禽料的边际贡献率＝（2036.29－1907.00）/2036.29×100％＝6.35％

鱼料的边际贡献率＝（6057.72－5673.37）/6057.72×100％＝6.34％

综合边际贡献率＝36.18％×6.35％＋54.86％×6.35％＋8.96％×6.34％＝6.35％

公司盈亏临界点销售额＝公司固定成本总额/综合边际贡献率

＝7941.62/6.35％＝125064.88（万元）

猪料盈亏临界点销售额＝125064.88×36.18％＝45248.47（万元）

禽料盈亏临界点销售额＝125064.88×54.86％＝68610.59（万元）

鱼料盈亏临界点销售额＝125064.88×8.96％＝11205.81（万元）

猪料盈亏临界点销售量＝45248.47/5083.67＝8.90（万吨）

禽料盈亏临界点销售量＝68610.59/2036.29＝33.69（万吨）

鱼料盈亏临界点销售量＝11205.81/6057.72＝1.85（万吨）

由以上计算可知，新希望公司饲料生产业务猪料产品处于盈亏平衡时，其销售量为8.90万吨；禽料产品处于盈亏平衡时，其销售量为33.69万吨；鱼料产品处于盈亏平衡时，其销售量为1.85万吨。只有当各种产品各自的销售量大于盈亏平衡时的销售量，那么新希望公司的饲料产业才能稳定产生利润，一旦有一种产品发生亏损，那么就会增加其他产品销售量来填补这个产品的亏损，所以公司只有做出综合的估计预测分析，才能使每个产品都有利可图。根据该公司目前的销售量可知，当前销售量远远大于盈亏平衡时的销售量，所以，该公司处于盈利状态。

3. 公司边际贡献率分析

边际贡献是指企业的销售收入弥补全部的变动成本后的剩余部分。如果剩余部分能填补企业的固定成本且还有剩余，那么此产品销售能够为企业带来利润；若剩余部分不足以填补固定成本，则表明此产品不仅不能为企业带来利润，反而增加企业负担。

其公式表达为：

边际贡献＝销售收入－变动成本

用字符表示为：

$$CM = L - VC$$

式中，CM 表示边际贡献，L 表示销售收入，VC 表示变动成本。

根据本量利分析的数学基本模型可知

$$R = L - VC - F = CM - F$$

因此，边际贡献＝利润＋固定成本，即

$$CM = R + F$$

在传统产品生产观念上，认为只要该产品给企业带来的利润是负的就会停止生产，这样的观念从边际贡献角度上来看是不合时宜的。尽管该产品给企业带来的利润是负值，但只要其边际贡献是正的就可以继续生产，这样就可以继续填补生产该产品所消耗的固定成本，这样做的目的就是弥补所消耗的固定成本，使企业受到的亏损降到最低。

边际贡献率是指边际贡献在销售收入中所占的比率。其计算公式为：

边际贡献率＝边际贡献/销售收入×100％

当企业产销多种产品时，可以用加权平均边际贡献率来反映边际贡献水平。其公式表示为：

加权平均边际贡献率＝∑（各产品边际贡献）/∑（各产品销售收入）×100％

边际贡献率反映产品给企业做出贡献的能力。该指标越大，说明该产品为企业做出的贡献越大。在企业拥有有限的资源条件下，面对多种产品不能同时生产时，就可以选用该指标，选出贡献率大的产品组合，为企业谋取最大利润。

4. 新希望公司边际贡献率分析

根据数据分析表可得：

猪料边际贡献＝（5083.67－4760.83）×148.75＝48013.01（万元）

禽料边际贡献＝（2036.29－1907.00）×563.13＝72807.96（万元）

鱼料边际贡献＝（6057.72－5673.37）×30.90＝11885.55（万元）

猪料的边际贡献率＝（5083.67－4760.83）/5083.67×100％＝6.35％

禽料的边际贡献率＝（2036.29－1907.00）/2036.29×100％＝6.35％

鱼料的边际贡献率＝（6057.72－5673.37）/6057.72×100％＝6.34％

综合边际贡献率＝36.18％×6.35％＋54.86％×6.35％＋8.96％×6.34％＝6.35％

猪料的变动成本率＝1－6.35％＝93.65％

禽料的变动成本率＝1－6.35％＝93.65％

鱼料的变动成本率＝1－6.34％＝96.66％

由以上计算可知，猪料的边际贡献额是 48013.01 万元，禽料的边际贡献额是 72807.96 万元，鱼料的边际贡献额是 11885.55 万元，三种产品的边际贡献率都在 6.35％左右，说明单位产品的边际贡献额很低，其产品的变动成本占销售收入比重很大，公司所获得的单位利润就较低。公司在这种较低利润的状态下，只有增加产品的销售量，来维持公司的持续经营。当然，也可以研发新的产品，降低产品的成本，以获取更多的利润。

5. 公司安全边际分析

安全边际是指在一定期间企业实际或预期的销售水平与盈亏临界点的销售水平的差额。安全边际是反映企业生产经营安全性的重要指标，它反映企业的销售水平超过盈亏平衡点的程度。

安全边际计算公式为：

安全边际额＝实际销售额－盈亏临界点销售额

安全边际率是指安全边际与实际销售水平的比值。其计算公式为：

安全边际率＝安全边际额/实际销售额×100％

安全边际率可以衡量企业生产经营的安全性，安全边际率越大，企业生产经营的安全程度越高，经营风险就越低。评价企业安全性的检验数据见表 3。

表3　安全性检验标准

安全边际率	10%以下	10%～20%	20%～30%	30%～40%	40%以上
安全等级	危险	值得注意	较安全	安全	很安全

根据上述盈亏临界值分析和销售数据可得到公司饲料产品安全边际额及安全边际率：

猪料安全边际额＝756186.12－45248.47＝710937.65（万元）

禽料安全边际额＝1146696.84－68610.59＝1078086.25（万元）

鱼料安全边际额＝187192.70－11205.81＝175986.89（万元）

猪料安全边际率＝710937.65/756186.12×100%＝94.02%

禽料安全边际率＝1078086.25/1146696.84×100%＝94.02%

鱼料安全边际率＝175986.89/187192.70×100%＝94.01%

由以上计算可知，饲料产品的安全边际率都在40%以上，该公司经营状态很好，很安全。但不能忽略产品的边际贡献，安全边际的良好状态往往都是靠销售量做支撑，边际贡献则不同，边际贡献大的产品，在同等销售量的情况下，对企业做出的经济效益更大，所以，企业在做决策时，不能单一看一项指标，还得联系产品的贡献额度和实际销售情况，做出最有利的生产决策，使企业获取最大的利润。

6. 根据结果对公司运营情况提出相关建议

（1）根据上述盈亏平衡分析得知，该公司各类饲料产品的盈亏平衡销售量与实际销售量相差很多，这是由于公司的固定成本总额只占企业总成本的0.404%。对于一个在国内饲料行业多年保持市场份额第一地位的新希望公司来说，在很短的时间内就可以达到公司的保本销售额，而且由于产品销售量的继续增加，还能给公司产生巨大利润，这也正是各饲料产品安全边际率很高的原因。但通过边际贡献率分析得知，每个产品的边际贡献率都在6.35%左右，说明每个单一产品做出的贡献并不大。在现在市场竞争力大，相关饲料产品企业增加的条件下，产品销售单价没有太大变化甚至会有所降低，且产品单位成本也变化不大甚至会升高，所以该公司需要在销售方面做出更多的业绩，即增加销售量，才能增加企业利润。

（2）单一地增加业务量不太合理，企业还得对产品的成本做进一步的研发，研发出更低成本的产品，以防止未来饲料产品的销售价降低而使得公司获取的利润减少。所以公司不仅要在该行业保持领先，还得要有长远的目光，根据公司当前最新的财务数据进行恰当的指标分析，为下一个会计期间做出最优的生产决策。

四、研究结论

通过对新希望公司饲料产业的经营状况进行本量利分析，我们了解到公司要获取利润的前提是产品的销售收入额不仅要收回产品的变动成本，还得填补公司发生的固定成本，完成保本销售计划，这样才能维持该公司的下一步经营。运用本量利分析方法下的盈亏平衡分析、边际贡献分析、安全边际分析，可以得到公司运营的保本销售额、产品边际贡献大小，以及公司当前运营情况是否安全等信息，为公司管理者、决策者提供依据，做出生产决策、销售决策以及有效的成本控制。在当前迅速变化的市场环境下，企业之间的市场竞争力逐渐增强，一个企业想要在强竞争力的环境下生存并发展，就要提升企业自身的综合经济效益以及综合实力。本量利分析法是一个有效的分析工具，该方法对企业成本、业务量、利润三者进行分析，根据分析结果提出有效可行的经营策略，帮助企业管理者为企业长远、稳定的发展制定战略。

思考题：

1. 边际贡献与变动成本有何区别与联系？
2. 安全边际率与保本作业率有何区别与联系？

南华期货（香港）运用移动平均线规则的外汇交易案例研究

李　丽[①]

一、公司基本情况介绍

南华期货股份有限公司成立于 1996 年，主要从事商品期货经纪、金融期货经纪、期货投资咨询、资产管理业务、证券投资基金代销业务，为全球化金融衍生品服务平台，是中国金融期货交易所首批全面结算会员单位，是上海期货交易所、郑州商品交易所、大连商品交易所的全权会员单位，是上海证券交易所交易参与人。公司注册资金 5.1 亿元（人民币），总资产逾 150 亿元（人民币）。目前南华期货股份有限公司设有上海、北京、宁波、深圳、南京五家分公司及上海、宁波、嘉兴、大连、北京、郑州、成都、温州等 35 家营业部。

南华期货（香港）有限公司是南华期货股份有限公司的全资子公司，成立于 2007 年 9 月，现注册资本 1.21 亿元（港币）。公司目前为香港期货交易所（HKFE）交易会员、香港清算所（HKCC）结算会员、欧洲期货交易所（EUREX）交易会员、新加坡交易所（SGX）交易会员、伦敦国际金融交易所（LIFFE）交易会员、芝加哥商业交易所（CME GROUP）清算会员。其中，南华期货（香港）的子公司之一——南华证券（香港）有限公司是香港联交所的交易所参与者及香港结算的直接结算参与者。目前，南华期货（香港）可以交易的产品包含金属期货、外汇期货、指数期货、能源期货、农产品期货、利率期货共 6 大类近百种产品，覆盖芝加哥商业交易所（CME GROUP）、伦敦金属交易所（LME）、伦敦国际金融期货期权交易所（LIFFE）、洲际交易所（ICE）、香港期货交易所有限公司（HKFE）、新加坡交易所（SGX）、东京工业交易所（TOCOM）、欧洲证券交易所（EURONEXT）、欧洲期权与期货交易所（EUREX）等 9 大交易所。未来，公司将申请成为 CME GROUP 的活跃清算会员和成为洲际交易所（ICE）的交易会员，以进一步保证客户的资金安全。

---

① 李丽，女，副教授，成都信息工程大学副教授。主要研究领域：大数据、区块链和技术创新。主讲课程：财政学、财政与金融、风险管理、理财规划、计量经济学和金融英语。

二、南华期货（香港）引入移动平均线规则进行交易

南华期货（香港）拥有经验丰富的IT运维、服务支持与开发团队，配备标准规范的IDC机房和冗余交易系统，直联多家境外交易所。目前，南华期货（香港）已拥有E-PAUL 3.0、闪电手、闪电王、外盘掌上财富、Glotrade、Qtrade、MC等多套交易系统，并拥有南华期货（香港）自有UTP接口。此外，南华期货（香港）很早就利用移动平均线规则参与外汇交易，持续提升金融期货的专业化水平。南华期货（香港）已成为能够提供国内外外汇期货交易及优质多元化的期货服务平台，其外汇投资随时随地接通国际市场，与国际市场同步，实现外汇投资不断创新增值。

（一）为什么要引入移动平均线规则进行交易

国内外学者在多个金融市场上考察了移动平均线规则的预测能力，最后得到的结果表明，在使用移动平均线规则的情况下，可以更好地预测未来价格的变化方向和趋势，从而能够增加投资收益。

Robert D. Edwards和John Magee（1992）经过研究表明，交易者应该遵循趋势交易的规则，尝试在市场底部进行交易或者在下降趋势完结之前交易都是不可取的。Brock，Lakonishok和Le Baron（1992）通过1天、2天和5天设置为短期移动平均线的平均天数，使用移动平均线交叉规则对道琼斯工业指数的日数据检验，结果表明将收益与简单的买入持有策略相比获得了更高的回报。Lento（2008）通过对移动平均线规则的检验，发现移动平均线规则的运用是有盈利能力的，如果考虑交易成本并且限定使用一个交易规则，检验结果只有（1200）和（50150）的表现优于单纯的买入持有策略，具有较强的盈利能力。陈胜荣（2001）科学地验证了移动平均线在我国的市场上是否有效，结论是在我国股市中，短期和长期均线之间产生的“入场”信号对投资者具有较明显的指导意义。魏玉根（2000）利用1995年11月1日至1999年10月31日上海综合指数的收盘价数据，研究发现如果运用Ma（3）和Ma（15）组合所给出的买卖信号，每年的收益率为40.56%。王兆军、曾渊沧、郝刚（2000）对移动平均线方法的最佳时间跨度进行研究，结果表明组合为2天和19天时间跨度为17天的移动平均线在香港股市收益率更高，如果用这个移动平均线规则组合，还可以避开香港的多次股灾。

本文通过研究南华期货（香港）将移动平均线规则运用到外汇交易中，来讨论该规则是否同样可以增加外汇市场的投资收益。

（二）什么是移动平均线规则交易

1. 道氏理论

道氏理论在技术分析中占有举足轻重的地位，而道氏理论一般被称作趋势理论。道氏理论将趋势分为三类，第一是主要趋势。主要趋势是长期保持的基本趋势，不容易改变。第二是次要趋势。次要趋势是中期保持的趋势，可能与主要趋势相同，也可能相反。第三是短暂趋势。短暂趋势也被称为日间趋势，保持时间很短，趋势改变得很快，

同样它和主要趋势和次要趋势可能相反也可能相同。由价格变化可以画出相应的趋势线，来判断趋势的方向，也可以帮助找到支撑位或者压力位。由道氏理论的三种趋势演变而来的移动平均线能够更直观帮助我们判断三种趋势的关系，一般的三线模型是由5日线、13日线和144日线组成，这些数字都是取自斐波那契数列，具有特殊的意义。

2. 移动平均线

移动平均线是技术分析中最常用的分析方法，它利用统计学上"移动平均"的原理，对特定时间段内各天的价格求均值，并将这些值按时间顺序连接起来得到一条曲线。显然，假若移动平均的时间不同，则可以得到不同期间的移动平均曲线。以时间的长短划分，移动平均线可分为短期、中期、长期。一般短期移动平均线有5天、10天，中期有30天、65天，长期有80天、200天。任何一种移动平均线都不像日线震荡那样频繁，因而能够表现出价格的趋势。

3. 移动平均线规则

在移动平均线交易规则中，买卖点主要由两个不同时间段的均线构成的不同形态决定的。一般是由一条长期均线和一条短期均线组成，而且在一般情况下均线的天数一般选用斐波那契数列中一些特殊的数，短期可选3、5、8、13，长期可选55、89、144。当短期均线从下往上穿过长期均线时，形成金叉，属于买入信号。当短期均线下穿长期均线时，形成死叉，属于卖出信号。由于在外汇市场中既可以做多也可以做空，所以在金叉和死叉的形成中不仅可以买入，还可以卖出。简单地说，金叉形成时，开多仓，平空仓；死叉形成时，开空仓，平多仓。

（三）南华期货（香港）引入移动平均线交易的效果分析

本文使用的检验数据是南华期货（香港）在2010年6月28日至2018年5月15日的欧元兑美元汇率变化数据。选用其欧元兑美元的原因是美元和欧元是世界的主要流通货币，能够最大限度地反映市场整体的水平，其产生的信号也会对交易者产生较为强烈的影响，在所有汇率中最为稳定。

1. 模型设定

本文采用 $T = (U_r - \cup)/(\varepsilon^2/N + \varepsilon^2/N_r)$ 检验原假设即日均买入收益率与日均卖出收益率无显著差别。其中，U_r 和 N_r 分别是买入或卖出信号日均收益率和天数，U 和 N 分别是卖出收益率和天数，ε 是整个样本的估计方差。

2. 实证结果与分析

本结果收益以点数计算，既包含做多收益也包含做空收益。当日如果是开多仓信号，则用明日的收盘价减去今日的收盘价，得到日收益；如果当日是开空仓，则用今日的收盘价减去明日的收盘价。$r_t = s_t - s_{t-1}$ 。其中 r 表示每日收益，s 表示当日的汇率，$s_t - s_{t-1}$ 表示当日的点数变化，一般情况下，将最后一位的前一位作为点位点，例如，0.00020则表示2点，0.00200则表示为20点。

采用的移动平均线规则如表1所示，交易规则为 (a, b) ，其中 a 为短期移动平均的天数，b 为长期移动平均的天数。N_b 和 N_s 分别表示买入和卖出的天数。r_b 和 r_s 分别表示多仓每日收益率和空仓每日收益率。$r_b > 0$ 、$r_s > 0$ 表示收益率大于0的天数所占的比例。$r_b - r_s$ 表示日均买入收益率与日均卖出收益率的差和 0 是否有显著差别。

表 1　数据分析表

(a，b)	N_b	N_s	r_b	r_s	$r_b>0$	$r_s>0$	t
(3，55)	929	895	0.000009	0.000026	468	459	0.6626
(3，89)	945	879	−0.000016	0.000005	479	465	0.5594
(3，144)	913	911	0.000024	0.000095	475	437	0.8661
(3，233)	937	887	−0.000029	0.000056	482	453	0.6479
(5，55)	930	894	0.000019	0.000036	473	455	0.6342
(5，89)	955	869	−0.000026	−0.000006	488	466	0.5633
(5，144)	905	919	0.000025	0.000096	470	434	0.8805
(5，233)	939	885	−0.000027	0.000059	484	453	0.6539
(8，55)	925	899	0.000004	0.000021	472	451	0.5970
(8，89)	961	863	−0.000060	−0.000040	492	468	0.4970
(8，144)	897	927	0.000022	0.000093	467	429	0.8963
(8，233)	942	882	−0.000004	0.000081	488	452	0.7143
(13，55)	934	890	−0.000024	−0.000007	477	455	0.5682
(13，89)	964	860	−0.000023	−0.000002	494	469	0.5595
(13，144)	883	941	−0.000025	0.000045	459	423	0.7340
(13，233)	934	890	−0.000014	0.000071	481	451	0.6872

从表 1 中可以看出，第二列和第三列分别为买入的天数和卖出的天数，而在这 16 种交易规则中，有 15 种交易规则都是买入天数大于卖出天数，说明在整个欧兑美市场中，买入的机会大于卖出的机会。但是在第四列和第五列的买入收益和卖出收益中，卖出收益明显大于买入收益，所以在整个市场中一方面说明美元比较强势，另一方面说明在欧兑美市场中使用移动平均线规则更适合卖出策略。通过对买入卖出日收益的分析可以发现，使用移动平均线规则的买入收益达到最高时，它的卖出收益也达到最高；使用移动平均线规则的买入收益最低时，它的卖出收益也达到最低。

3. 实证检验

从 t 检验来看，在 16 次移动平均线规则应用的双尾检验中，有 6 个以 25%的置信水平拒绝日买入收益率与卖出收益率相等的原假设，其他的也以 50%的置信水平拒绝原假设，而且经过将 t 值排名得到表 2。通过排名可以看出，t 值基本上以长期均线集中在一起。说明长期均线在很大程度上影响到了买入日收益和卖出日收益，或者说影响了买卖点的决定，而且配合收益率大小来看，t 值越大，收益率越高。

表 2　排名表

(a, b)	t	(a, b)	r_b	(a, b)	r_s
(8, 89)	0.4970	(5, 144)	0.000025	(5, 144)	0.000096
(3, 89)	0.5594	(3, 144)	0.000024	(3, 144)	0.000095
(13, 89)	0.5595	(8, 144)	0.000022	(8, 144)	0.000093
(5, 89)	0.5633	(8, 233)	−0.000004	(8, 233)	0.000081
(13, 55)	0.5682	(13, 233)	−0.000014	(13, 233)	0.000071
(8, 55)	0.5970	(5, 233)	−0.000027	(5, 233)	0.000059
(5, 55)	0.6342	(3, 233)	−0.000029	(3, 233)	0.000056
(3, 233)	0.6479	(13, 144)	−0.000025	(13, 144)	0.000045
(5, 233)	0.6539	(5, 55)	0.000019	(5, 55)	0.000036
(3, 55)	0.6626	(3, 55)	0.000009	(3, 55)	0.000026
(13, 233)	0.6872	(8, 55)	0.000004	(8, 55)	0.000021
(8, 233)	0.7143	(3, 89)	−0.000016	(3, 89)	0.000005
(13, 144)	0.7340	(13, 89)	−0.000023	(13, 89)	−0.000002
(3, 144)	0.8661	(5, 89)	−0.000026	(5, 89)	−0.000006
(5, 144)	0.8805	(13, 55)	−0.000024	(13, 55)	−0.000007
(8, 144)	0.8963	(8, 89)	−0.000060	(8, 89)	−0.000040

三、结论

从最后结果来看，南华期货（香港）在外汇交易中引入移动平均线规则提高了投资收益。在交易中，卖出收益明显大于买入收益，因此在策略选择上，选择在卖出点进行操作可以获得更大的收益。收益越高的组合买卖点的差异越大，说明策略的选择是决定收益的重要因素。在收益率排名中，长期均线排名靠前，可见，长期均线的选择比短期均线选择更加重要。就本文选择的 16 种组合中，最优组合是（5，144），在四种长期均线中，最优长期均线为 144 日均线。由调整移动平均线规则参数可以调整收益率的结论来看，移动平均线规则揭示了外汇市场中欧元兑美元的隐含规律。时间跨度较长的移动平均线规则明显优于时间跨度较短的移动平均线规则，说明在外汇市场上投机性并不是那么强，选择长期投资是一个很好的选择。

思考题：

1. 分析本案例中南华期货（香港）在外汇交易中引入移动平均线规则是否成功？

2. 对南华期货（香港）的外汇交易中的移动平均线规则部分的实证分析是否正确？其实证检验是否完备？还有哪些未考虑到的影响因素？

3. 如果你要在自己未来的投资中引入移动平均线规则，应注意哪方面的因素？你会如何设计你的投资方案？

从 * ST 博元退市谈上市公司信息披露问题

李 虹[①] 张 庆[②]

一、背景介绍

上市公司是资本市场的基石，上市公司的定期报告是投资者全面获取公司信息的重要来源，也是投资人做出投资决策的重要依据。但是，近年来，上市公司虚假陈述、重大遗漏、误导等各类信息披露违法违规事件时有发生。2018 年上半年，证监会立案调查信息披露违法违规案件 39 件，同比增长 50%；办结 17 件，其中查实 16 件，成案率 94%。这说明上市公司信息披露管理任重道远，应该引起重视。证监会指出，上半年查办信息披露违法违规案件主要表现为：一是虚构购销业务，滥用会计准则实施财务造假。二是利用违规担保、资金占用等多种手段损害上市公司利益。三是未依法履行重大事项等信息披露义务。

上市公司信息披露不透明，虚假陈述误导投资者，这些行为一方面扰乱了市场正常秩序，另一方面也极大地损害了投资者的利益。2016 年 3 月 21 日晚间上海证券交易所消息称，终止珠海市博元投资股份有限公司股票上市，* ST 博元成为证券市场首家因重大信息披露违法被终止上市的公司。就 * ST 博元因重大信息披露违法给投资者造成的损失，投资者可以个人受到虚假陈述侵害为由，对 * ST 博元提起民事赔偿诉讼。* ST 博元退市表明，证监会加大了对上市公司信息披露违法违规的监管力度。

二、案例介绍

珠海市博元投资股份有限公司（即 * ST 博元），原名浙江省凤凰化工股份有限公司，成立于 1988 年，公司股票于 1990 年 12 月 19 日在上海证券交易所上市交易。历经多次重组，公司主营业务不断变换，证券名称也在不断更改，如浙江凤凰、华源制药、* ST 华药、* ST 源药、ST 方源、ST 博元、博元投资、* ST 博元等，由此也可以看出，这是一家典型的经营困难靠重组度日的公司，为保公司不惜铤而走险。根据证监会

---

① 李虹，女，成都信息工程大学教授。主要研究方向：财务会计学。主讲课程：会计学原理、财务会计学、中级财务会计、会计综合模拟实习和会计学原理实习等。

② 张庆，女，成都信息工程大学讲师。主要研究方向：财务会计。主讲课程：会计学、财务报表分析。

调查，＊ST 博元涉及的违法行为非常严重，主要违法事实如下①：

（1）2011 年 12 月，博元投资为掩盖股改业绩承诺款未真实履行的情况，虚构付款 33482 万元购入面值 34705 万元的银行承兑汇票。其后，博元投资通过票据贴现、票据置换及用票据支付预付款的交易，导致 2012 年年度财务报表中虚增资产 36455.83 万元（占资产总额的 62%），虚增负债 876.26 万元，虚增营业收入和利润均为 1893.2 万元（分别占营业收入、利润总额的 10%、90%）；2013 年年度财务报表中虚增资产 37800 万元（占资产总额的 62%），虚增营业收入和利润均为 2364.54 万元（分别占营业收入、利润总额的 9%、258%）。经查，上述票据均无前手的背书记录，且存在博元投资与银行提供的票据复印件的票面信息、票面样式、印章位置不一致，或者相关票据在承兑银行查无相应票号的情况。

（2）在 2011 年至 2013 年年度报告、2012 年至 2014 年半年度报告中未如实披露公司实际控制人情况和股改业绩承诺履行情况，同时，博元投资通过伪造银行承兑汇票并进行虚假交易，导致前述报告中多项财务数据大比例虚假。

（3）博元投资未按规定披露公司实际控制人，未真实披露公司部分股改业绩承诺履行情况以及定期报告财务数据虚假。博元投资董事长余×，董事兼首席财务官张×，董事兼总裁车×，董事蒋×、谢×、胥×，独立董事万×、李×，董事会秘书王×，监事周×、罗×、张×、徐×、程×审议同意了博元投资 2011 年至 2013 年年度报告、2012 年至 2014 年半年度报告；原独立董事赫×审议同意了博元投资 2011 年至 2013 年年度报告、2012 年至 2013 年半年度报告，上述人员均做出“保证本报告所载资料不存在任何虚假记载、误导性陈述或者重大遗漏，并对其内容的真实性、准确性和完整性承担个别及连带责任”的承诺。

（4）庄××控制“庄某虹”账户作为持有珠海市博元投资股份有限公司（简称＊ST 博元）股份达 5%以上的股东，于 2015 年 5 月 6 日通过上海证券交易所交易系统减持“＊ST 博元”约 593 万股，占＊ST 博元总股本的 3.12%。2015 年 5 月 8 日，庄××控制“庄某虹”账户减持“＊ST 博元”约 904 万股，累计减持达＊ST 博元总股本的 7.87%。其中，庄××减持“＊ST 博元”达到 5%时未及时披露，并继续减持，违法减持金额约为 2944 万元。

（5）＊ST 博元在履行信息披露义务方面存在以下违规事项：2015 年 4 月 30 日，公司在发布的 2014 年年度报告和 2015 年第一季度报告中披露：“本公司董事会、监事会及董事、监事、高级管理人员无法保证年度报告内容的真实、准确、完整，不存在虚假记载、误导性陈述或重大遗漏，并不承担个别和连带的法律责任。”同时，公司年报显示，2014 年度归属于上市公司股东的净利润为−9885 万元，与公司前期业绩预告中预计的−1000 万元的净利润金额差异巨大。《证券法》明确规定，上市公司董事、监事、高级管理人员应当保证上市公司所披露的信息真实、准确、完整。而＊ST 博元董事会、监事会及董事、监事、高级管理人员公开披露表示不保证公司年度报告和季度报告的真实、准确、完整，不承担相关法律责任，其行为严重违反了《证券法》规定，也

① 以下资料摘抄自博元投资上市公司公告。

违反了《上海证券交易所股票上市规则》规定的信息披露基本要求，损害了投资者知情权，造成了十分严重的市场影响，性质恶劣。同时，公司业绩预告的亏损金额与实际亏损金额差异巨大，且未及时予以更正，公司时任董事、监事和高级管理人员对此负有不可推卸的责任。

三、案例启示

（1）必须加快完善上市公司信息披露制度建设。当前由于某些制度缺陷，很难有效保证上市公司信息披露的真实性和完整性，必须立法，完善相关的信息披露制度，从法律层面明确上市公司有关信息披露的权利和义务，加强对市场参与各方的法律法规宣传教育，特别是作为公司的管理层如董事、监事和高级管理人员，他们对上市公司及全体股东负有忠实义务和勤勉义务，理应遵守诚实信用原则，依照法律法规认真履行职责，只有管理好和严格约束上市公司高管人员，才可能防止虚假陈述，规范上市公司信息披露做到真实、准确、完整、及时，从而提高我国上市公司信息披露的质量。

（2）上市公司信息披露违法违规的原因多种多样，但是，公司治理结构不合理、高管人员法制观念淡薄、内部控制失衡是其中很重要的原因。董事、监事和高级管理人员应该及时了解公司经营管理状况，持续关注公司发生的重大事项及其影响，保证上市公司所披露的信息真实、准确、完整，是上市公司董事、监事、高级管理人员依法履职的重要内容，也是公司管理层对股东负有的义务。但是，本案公司的董事会、监事会形同虚设，有的董事、独立董事连一些重要的董事会会议都不参加，企业内部没有形成有效的监督控制，这样的公司怎么保证其能够认真履行信息披露的义务呢？所以，必须加大公司治理结构，督促公司高级管理人员勤勉尽责，建立起内部有效管理机制。此外，政府应该加大对公司管理人员违法违规处罚力度，加大其造假违法成本，防止责任缺失，杜绝虚假陈述发生。

（3）定期报告及相关业绩信息对股票价格和投资者的投资决策具有重大影响，历来为市场及投资者所高度关注。上市公司虚假信息披露，严重损害了投资者知情权和投资决策权，造成了十分严重的市场影响，给投资人带来巨大投资损失。因此，如何切实保护中小投资人的利益，应该引起监管层和市场各方的高度重视，加快健全和完善证券投资者损害赔偿救济制度，这对深化市场改革，促进市场发展，更好地发挥资本市场服务实体经济的功能作用，具有十分重要的作用。

总之，资本市场有进有出，才能去伪存真。＊ST博元作为我国资本市场中第一家因重大信息披露违法被终止上市的公司，其违法违规行为严重，市场影响恶劣，代价惨痛，为其他的市场参与者敲了警钟。上市公司信息披露违法违规行为会引发资本市场的信用危机，必须予以严厉打击。

思考题：

1. 上市公司信息披露违法违规的动因分析。
2. 我国上市公司信息披露制度存在哪些主要问题？

3. 良好的公司治理结构对于上市公司信息披露有什么影响？
4. 如何把“保护中小投资人权益”的宗旨落到实处？

参考文献：

郭海洋. 上市公司内部控制信息披露问题研究——基于 ST 博元公司的案例分析 [J]. 农村经济与科技，2016 (11).

徐向. ＊ST 博元财务事件引发的思考与启示 [J]. 财务与会计，2015 (11).

赵腾飞. 浅析上市公司信息披露问题及完善——＊ST 博元信息披露违规退市案例分析 [D]. 上海：上海立信会计学院，2018.

先进机械设备进口在江苏阳光集团成长中的作用

马先仙①

一、引言

从国际贸易政策的历史演变看，“奖出限入”可谓源远流长。重商主义理论认为只有出口才有利于一国财富的增加，进口是一国财富的流出，主张实行严格的进口限制政策。自由资本主义时期的幼稚产业保护理论以国外廉价的工业品的进入会抑制甚至摧毁本国优质产业的发展为由，主张后发国家实行限制进口的贸易保护主义政策。进入垄断资本主义时期，本国的经济增长、就业、贸易条件、高工资……都可以成为限制进口的理由。然而，世界各国对进口商品的限制是有选择性的，并不是所有商品都会成为进口限制的对象。比如，先进的机械设备就是一个例外，几乎没有国家专门制定政策限制先进机械设备的进口，而且大多数国家都会鼓励先进机械设备的进口，对其给予关税、补贴等诸多方面的优惠。先进机械设备进口到底有什么作用？为什么各国都采取鼓励机械设备进口的政策呢？本文试图以江苏阳光集团的进口为例，比较全面地揭示先进机械设备进口的积极作用。

二、江苏阳光集团简介②

江苏阳光集团的前身是1986年成立的江阴市精毛纺织厂，1993年江苏阳光集团有限公司成立，1996年其控股子公司江苏阳光股份有限公司在上海证券交易所上市。经过三十多年的发展，阳光集团已经由最初的、设备简陋的乡镇企业成长为国家重点企业集团和国家重点扶持的行业排头兵，涉足毛纺、服装、生物医药、医疗器械、生态农林、房地产、金属制品等产业。其中，纺织和服装是其主导产业。

自20世纪90年代以来，江苏阳光集团在毛纺和服装的主导产业发展上，经历了生产规模持续扩大，销售市场从国内向国际的跨越。目前，在纺织方面，阳光集团精纺面

---

① 马先仙，女，成都信息工程大学教授，博士。主要教学研究领域：国际贸易、国际金融、国际投资学。

② 文中所使用的江苏阳关集团的相关数据及其基本发展事实，除专门脚注来源外，均来源于江苏阳光集团官网（http://www.china-sunshine.com/m/）的《关于阳关》《新闻中心》栏目的相关介绍。由于本文根据表述的需要，在不影响原意基础上对这些信息进行了拆分使用，不便一一标注。其中《新闻中心》栏目中的《媒体看阳光》栏目收集了媒体报道阳光集团的文章，凡用到的媒体文章均列于文后参考文献。

料形成了 100 支、120 支、150 支、180 支等高支哔叽、花呢系列，以及羊绒、休闲、功能性系列等 20 大系列 6000 多个品种，拥有年生产高档精纺呢绒 3500 万米的生产能力，中国市场占有率全国第一，同时产品远销日本、美国以及欧盟等 100 多个国家和地区。在服装方面，阳光集团专业制作高档男女西服，产品涵盖纯手工、全毛芯、半毛芯、全粘衬等所有制作工艺，年产高档服装 350 万套，为国际一线品牌贴牌生产。同时生产休闲单件上衣、大衣、衬衣等各类服装。

江苏阳光集团在毛纺和服装产业生产规模迅速扩张的背后是产品质量、品牌价值的持续提升。目前，江苏阳光集团已经建立起以博士后科研工作站、国家级技术中心、国家毛纺新材料工程技术研究中心、江苏省毛纺技术开发中心为主要支撑的“一站三中心”技术创新体系，具有平均每天 50 多个面料新品的开发能力，产品达到国际先进水平。2006 年，阳光呢绒被评为“中国世界名牌”，2015 年荣获“中国质量奖”提名奖，2016 年荣获“亚洲质量创新奖”“全球卓越绩效奖”。随着产销量的扩大、质量的提升，阳光集团的品牌价值也不断提升。2014 年 12 月 12 日，在中国品牌建设促进会发布的 2014 年中国品牌价值评价信息中，阳光集团品牌强度 856.33，品牌价值 100.13 亿元，是国内纺织行业首家品牌价值超百亿元的企业。在 2018 年中国品牌价值评价信息中，阳光集团品牌价值首次突破 200 亿元，4 年时间品牌价值翻一番，增长 100 亿元，在国内纺织服装行业中首屈一指。阳光集团的国际影响力也在不断上升。2007 年，公司成为国内首家承担国际标准化组织/纺织品技术委员会国际秘书处（ISO/TC38）工作的企业单位，借助国际秘书处这个广阔平台，增加自身影响力，把标准的制定和修订牢牢掌握在自己手中，目前已主持或参与 54 项各类标准的制定。这无疑为阳光领军国际市场提供了保障。

三、先进机械设备进口对江苏阳光集团成长的积极作用

机器设备代替人类的手工劳动是一种趋势，也是人类进步的一种表现。机器设备中固化的技术越多、越先进，其生产效率就越高、越有助于产品更新换代。如果国内没有先进的机器设备，就需要机器设备的进口。“阳光集团有 95%以上的机器设备源自进口，这比例在同行中处于领先水平”①。这些先进机器设备的进口是如何助推江苏阳光集团从一个乡镇企业发展为一个国内乃至国际一流的企业集团的呢？我们认为主要通过以下两种途径。

（一）先进机器设备进口，保证了阳光集团生产规模和产品质量的持续提升

在阳光集团的前身——江阴市精毛纺织厂成立之初，只有一些陈旧落后的纺织机器。企业成立初期，上马 5000 锭精纺，为企业今后的发展奠定了重要的基础。1988—1989 年，企业进行了一次较大投资，上马 1 万锭精纺，开发出一系列呢绒新产品，获

① 巫强. 进口引致型出口：中国出口成长的实现机制研究［M］. 北京：中国人民大学出版社，2014：80.

得了日趋扩大的市场份额，但还是跟不上当时国际国内对高档精毛纺产品的需求。1991年，阳光集团与香港东升有限公司合资建立江阴施威特毛纺织有限公司，主营业务为毛条以及精纺呢绒。阳光集团依托合资企业从国外引进生产设备，如进口剑杆机等，扩大了市场规模，提升了产品质量，也打开了国际市场，向国际化的发展迈出了至关重要的一步。从1992年底开始，阳光集团进行了大规模技术改造，先后投资1000多万美元，引进法国、德国、意大利、瑞士、比利时等国20世纪90年代国际一流先进设备和配套测试仪器。此后，阳光集团紧跟国际市场，不断进口国外先进设备，至今在呢绒生产领域进行了四次大规模的技术改造，目前拥有法国、意大利、德国、比利时等国家最先进的纺、织、染设备及配套的测试仪器，为其毛纺产品质量提供了可靠保障。

在服装生产方面，自2000年开始，阳光集团接连推出威尼帝高级订制服装、庞贝职业装等服装品牌。其中威尼帝是高级定制界的顶级品牌，公司全套引进意大利完整技术、管理与文化。2000—2006年间，威尼帝车间的员工全部在意大利轮训。阳光集团由此打入国际高级商务装市场。此后，阳光集团与多家国际顶级服装品牌合作，从德国、日本、美国、法国等国引进了男女装生产流水线，其中包括2000多台先进的裁割、缝制、整烫设备，以及GERBER、LECTRA单人单裁CAD、CAS、CAM系统。这些先进的生产设备使得阳光集团实现了自动化精细化生产，保证了其服装的高质量，也赢得了国际国内市场。

（二）先进的机器设备进口，为阳光集团研发能力的提升提供了保证

首先，先进的机器设备进口为模仿新产品、技术创新创造了条件。一个全新产品的出现往往要有大量的研发人员从事长期、系统性研究工作，需要投入大量的研发经费。而模仿创新见效快、投入少。比如，“阳光集团在1994年就利用1992年引进的纺织、染整和质检仪器，开发了一批改变传统纱线规格、织物纱线排列，在种类、后整理以及质地都有所创新的女装面料，投放市场后收到较高经济效益”①。事实上，多年来，阳光集团做到了生产一代、开发一代、研制一代、天天有新品、年年有突破，形成了层出不穷的新品链，做到“人无我有，人有我新，人新我精”。这里的生产一代正是指引进国外先进设备生产国际市场最新一代产品。开发一代、研制一代则是指阳关集团在消化吸收基础上的模仿性创新和自主创新。正是这种引进—模仿—创新的模式加快了阳光集团的成长步伐。

其次，先进的机器设备进口降低了研发难度，提高了研发效率。产品、技术创新本身需要有必要的研究条件，研究条件越好，研究效率越高。阳光集团内部的研发机构使用的设计检测设备基本上都是从国外进口的。比如，从德国等引进了全套电脑设计系统、电子测色及配液系统、毛纺织物特殊性试验仪器。这些先进的设计仪器能够自动完成研发过程中的常规工作，能更有效地实现研发人员的创新想法。先进的进口检测仪器能更精密地监控研发和生产中产品的质量和性能，帮助研发人员全面准确地掌握产品的质量信息。这些先进的设计检测设备降低了阳光集团的创新难度，提高了其创新效率，

---

① 吴志雄．从乡办小厂到毛纺巨子——记江苏阳光集团在竞争中崛起［J］．中国乡镇企业，1994（11）：58.

是其不断推出新产品、提升产品质量的物质基础①。

江苏阳光集团的成长过程给我们展示了生产设备进口在企业成长中的重要作用。这并非个案，许多经济相对落后国家的成功企业都有着与江苏阳光集团类似的机器设备进口经历。不仅如此，即便是发达国家的企业，也很重视先进机械设备的进口。比如，目前装备产业已经十分发达的日本，机械设备的进口在其货物进口总额中的比例仍然很高。这是因为即使十分发达的国家也不可能在所有机器设备的开发、生产上处于绝对领先的地位。这也是几乎所有国家都鼓励进口先进机械设备的原因。

思考题：

1. 一个国家是否能够仅仅依靠大规模的、持续的机械设备进口而成为制造强国？
2. 鼓励进口先进机械设备会对本国的装备制造业产生什么影响？
3. 先进的机械设备生产国会担心其机械设备出口培育自己的竞争对手吗？若担心，它会采取什么样的出口策略？

参考文献：

吴志雄. 从乡办小厂到毛纺巨子——记江苏阳光集团在竞争中崛起 [J]. 中国乡镇企业，1994 (11)：58－60.
三大举措促面料巨头阳光集团转型 [J]. 毛纺科技，2010 (4)：24.
阳光集团 25 周年特刊 [N]. 中国纺织报，2011－10－18 (8).
从中国制造走向中国创造——江苏阳光集团质量发展 30 年 [J]. 中国工人，2017 (3)：26－27.

① 巫强. 进口引致型出口：中国出口成长的实现机制研究 [M]. 北京：中国人民大学出版社，2014：80.

有毒的“校园贷”

张　恒[①]

一、基本案情[②]

（一）案情一

2016年11月的一个清晨，湖北省十堰市公安局郧阳区分局接警打捞起一名跳进汉江的女子，但其已经死亡。警方调查得知，该女子系18岁的小丽（化名），就读于十堰市某中级职业学校。她的一名同学在某小额贷款担保公司兼职，于是小丽向这名同学所在公司借贷1万余元。出于投机心理，她通过手机从网上购买六合彩，迅速亏损了1.7万元，无力偿还。此事被其母亲发现后，小丽因压力过大产生了轻生想法并跳江而亡。

（二）案情二

大三学生小杨曾有过一次“难忘”的借贷经历。2016年12月，他迷上了一款手机游戏，为了购买游戏装备、充值游戏币，几天内他就消费了近800元。当他取钱充饭卡时才发现银行卡里只剩100元了，此时，离父母给他生活费的时间还有两周。父母一直不允许他玩游戏，他的生活费尽管不够，但也不愿让父母知道他缺钱的原因，便通过校门口的借贷“小广告”进行了借贷。小杨说，对方要求他提供学生信息网登录截图及辅导员老师和家长的手机号码等信息，签了一份类似借款的协议后，就借到了800元。一周后，小杨便开始接到了借贷平台的催款电话。

“借钱时没搞明白‘一周10个点’是什么意思，他们还欺骗说还不上可分期还。我当时快崩溃了，哪有钱还。”小杨说，此时他才弄明白，“10个点”即一周利息10%，更可恶的是，第二周再不还，就会利滚利。“那时每天都会接到催债电话，对方还威胁，一周内再不还就打电话给辅导员和家长，找他们要钱。”小杨说，受不了这种惊吓，他只好向父母老实交代，立即把钱还了。

---

① 张恒，男，成都信息工程大学教授，博士。主要研究领域：计量经济学、金融工程。

② 资料来源：http://www.sohu.com/a/135905208_740045?_f=v2-index-feeds。

（三）案情三

2016年3月，21岁的郑兴强（化名）从青岛的一家宾馆楼上跳了下去，他的手机里面存留着一家网络借贷平台一名催债者的信息。其实，在郑兴强人生的最后一年里，迷上赌球的他始终活在借贷公司的"魔咒"里。轻松地借钱去赌球，无力偿还以致被威逼。最终，自杀身亡，留下了数十万元的债务。郑兴强自杀前是河南某经济学院2014级饲料与动物营养专业大二学生。"觉得赚钱太容易了，慢慢就加大投注。"其越陷越深，还在"代理"的"引导"下迷上了境外赌球，最后酿成悲剧。

（四）案情四

2017年，在长春市公安局朝阳分局的问询室中，郑义春（化名）22岁，因涉嫌参与一起"不良校园贷"诈骗案，被长春市公安局逮捕。他是通过"名校贷"和"优分期"两个平台拿钱的，2016年6月，他在朋友圈中看到一则消息："专业办理大学生贷款，最快48小时放款，缺钱的同学请加下面的社交软件……有惊喜……"然而，让他意想不到的是，等待他的并不是"惊喜"，而是一个无底的黑洞。小郑追悔莫及。"这是一起借助'校园贷'平台，并利用传销方式进行逐级敛财的特大诈骗案。"最初发现线索的长春乐山镇派出所所长李国忠介绍说，截至目前，此案涉案大学生已达150余人，涉及东北三省、山东、广东、重庆等12个省市。据警方介绍，"调查越深入，案情就越让我们震惊。"经过缜密侦查，长春警方于2016年9月、12月将主犯李继东和张弦抓获。李继东等人的诈骗方式，是首先骗取大学生的身份信息，待贷款下来后，用身份信息在校园贷网站上把学生的用户名更改，学生无法登录，便会对"屏蔽贷款信息"一说深信不疑。更有甚者，在被催款后继续采用诈骗的方式，用他人的贷款来弥补自己的资金缺口。

二、案例解析

（一）什么是校园贷款

校园网络信贷（简称校园贷）是"互联网+"时代针对学生群体提供金融服务的一种新模式，提供一种为学生打造的消费贷款平台，主要包括P2P网贷平台（如拍拍贷、名校贷等）、校园分期购物平台（如趣分期、分期乐等）、民间放贷机构和职业放贷人以及诸如京东白条等电商信贷业务。校园贷款是互联网金融发展最迅猛的产品类别之一，在校学生通过针对大学生的网络贷款金融机构或金融平台在网上申请获得信用贷款的方式。校园贷为学生提供金融服务，鼓励学生在大学期间参与金融活动有一定的积极作用。①

① 张跣. 大学生网贷：虚假需要与消费伦理［J］. 中国青年社会科学，2016（5）：85－88.

（二）校园贷模式及常见套路

一般来讲，校园贷具有放款快，无实物抵押，通过互联网进行简单操作，办理程序简单等特点。一些机构在学生中发展“中间人”，专门撮合其他学生贷款，并从中收取费用，甚至有“中间人”利用大学生的个人信息大肆骗贷。

常见的套路有：一是打假借条。对资金急需的学生，开出远超过借款金额的借条。二是签假合同。通过零元购手机、兼职等诱惑手段，获取学生身份信息、签订莫须有的贷款或分期付款协议等。三是连环贷。威逼还不起贷款的借款学生，逼迫其同学、朋友为其解困，帮助还款；如果没有能力还款，就逼迫其好友和同学贷款，形成连环贷。四是校园代理发展下线。以创业为名组织学生，在校园分发校园贷传单、发展为校园贷代理、传销式发展下线，寻找目标并抽取分成。五是美容贷。一些贷款人推出免费扫码美容咨询、整形没钱贷款、10 分钟放款，直接汇至整形医院等，为准备整容的学生提供贷款。①

三、校园贷的危害

截至 2017 年，我国现有高校在校生已超过 3700 万人。如果每人每年有 5000 元的潜在消费需求，那么，校园信贷的市场规模或将达百亿元。然而，市场上的贷款机构真伪莫辨，互联网的快速发展，更不易甄别其好坏、判断风险大小，不良的贷款人正利用这一点，利用学生的弱点，出现“裸条借贷”“暴力催收”“高利放贷”等与校园贷相关的负面事件。②

（一）校园贷普遍具有高利贷性质

市场上一些不怀好意的人将目标对准高校，利用高校学生单纯，社会认知能力较差，防范风险心理不强的特点，用欺骗的手段进行短期、小额的贷款活动。这些贷款往往条款模糊，或隐含对借款者不利的条款，从表面上看只是“薄利多销”，实际利率和费用高得惊人，往往实际利率是银行的 20～30 倍，是典型的高利贷。

（二）校园贷会助涨借款学生的过度消费

高校学生的生活和学习费用主要来自家庭。一般情况下，学生的生活和学习所需的费用不存在缺口。若学生互相攀比消费，还有些学生有赌博等不良的行为，以及投资高风险的项目，家庭提供的费用就不能满足其需求，出现资金需求的缺口。因此，这部分学生最有可能通过校园贷获取资金，强化过度消费和赌博行为。这些行为使资金缺口越来越大，并让借贷学生背上债务，因无法还款，还可能引发严重的后果。

---

① 资料来源：http://www.sohu.com/a/198804569_212059。

② 李祥祥，李万银，汤娜．大学生不良校园贷现象的分析与思考［J］．中国石油大学学报（社会科学版），2017（4）：103－108．

（三）放贷人往往暴力追讨“债务”

抵押贷款的抵押物一般是有价值的物品，而学生并无有价物品作抵押，一些放贷人进行放贷时收取学生的学生证、身份证及复印件和家庭信息，还有收集教师的信息，对学生个人信息了如指掌，还有以学生不雅照片作为抵押物。因此，一旦学生不能按期还款，放贷人可能会采取恐吓、殴打、威胁学生，甚至骚扰学生家庭的手段进行暴力讨债，泄露学生的隐私，侵犯学生个人权利，对学生的人身安全、身心健康和高校的校园秩序造成重大危害。

（四）不法分子利用校园贷进行其他犯罪

不法放贷人利用校园贷获得学生的各种信息和资料，骗取学生的抵押物和保证金，利用学生的个人信息进行电信诈骗、骗领信用卡等。学生在事件暴露之前并不知情，一旦发生案件对学生的伤害是巨大的，造成极大的心理压力。有些学生因此影响学业，进而影响到学校培养学生目标的达成度。

四、大学生如何正确面对校园贷

（一）树立正确消费观念，主动拒绝校园贷

大学生应发扬中华民族勤俭节约的优秀文化传统，树立正确的消费观和金钱观，合理安排支出，量力而行，收支平衡，不攀比，不高消费，尤其拒绝超出自己能力的消费。通过自己的劳动获得额外收入，培养劳动的意识与能力。消除一夜暴富的侥幸心理，树立勤劳致富的观念。正确的观念会使大学生拒绝校园贷的诱惑。

（二）保护个人信息，避免伤害

大学生要有防范意识。在信息化的时代，不法分子通过不法手段获得、记录和传递个人信息，大学生要谨慎使用个人信息，在办电子卡和办证时，不轻易触碰不需要的或所谓高营利性的活动，保管好身份证、学生证等个人证件和隐私。尤其不替陌生人担保，避免承担不必要的债务和法律责任。

（三）树立诚信意识，有借有还

市场经济的发展离不开信用体系的完善，我国已在不同口径建立个人诚信档案，最终在全社会共享个人诚信记录。不良诚信记录会对个人以后的发展造成不良影响。相反，良好的信用是无形的信誉财富。大学生要树立诚信意识，珍爱个人信用记录，评估自己的还款能力，若不能及时还款，就不去借贷，更不能有借不还的想法。

（四）增强风险防范能力，撑起法律的保护伞

经济学常识告诉我们“天下没有免费的午餐”，低息、无抵押并且是长期的借贷，

对于市场逐利的金融服务不可能存在。大学生要学习金融知识，熟习债权与债务关系，了解借贷程序，了解相关金融法律法规知识，避免掉入一些互联网金融的陷阱。大学生要用法律武器保护自己，一旦发现放贷者运用暴力等不法行为催款，应及时向公安机关报案，或者向校方反映请求帮助。

（五）向金融机构寻求正规借款渠道，限制不正规校园贷的生存空间

2017年5月，中国银监会、教育部、人力资源和社会保障部下发了《关于进一步加强校园贷规范管理工作的通知》，要求网络贷款机构一律暂停开展校园网贷业务，同时，银行业金融机构要提高大学生校园贷款服务质效。大学生可向银行业金融机构借贷，申请国家助学贷款，申请出国留学类贷款等相关业务。大学生一定要树立正确价值观，远离不良校园贷。

思考题：

1. 分析大学生参与校园贷的理由。
2. 谈谈你对校园贷这样的现象的看法。
3. 通过对校园贷现象分析，你对互联网金融有何看法。

A 航空公司事件中的跨越障碍期权分析

徐少华①

一、案例背景

A 航空公司是上海证券交易所的上市公司，该公司为了规避国际航油价格的上涨给企业价值带来的不利影响，从国际油价最高时的 2008 年开始，利用石油期货和期权进行套期保值，以规避转移航油价格风险。由于美国次贷危机的爆发，国际油价一路下跌（如图 1 所示）。如果从套期保值的角度出发，适当的套期保值策略会给该航空公司带来不错的收益。但是在 2011 年的年报中，该公司却披露了在石油衍生品交易中产生了高达几十亿元人民币的亏损，金额之大，令人咋舌。那么，是什么类型的金融衍生品？它怎样导致该公司损失如此惨重？它能给企业进行风险管理带来哪些值得深思的教训？

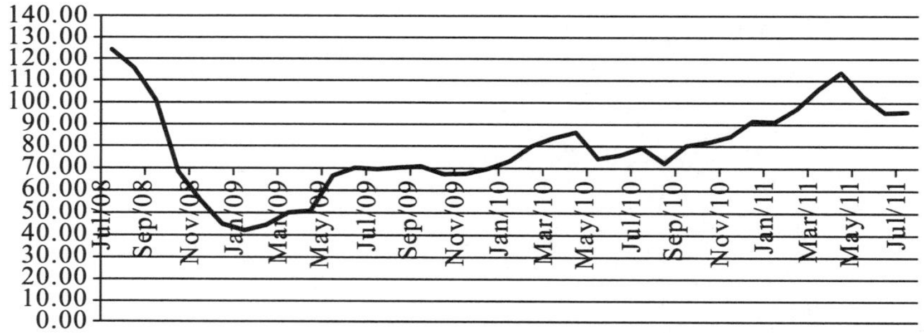

图 1　2008 年 7 月—2011 年 7 月 WTI 月度价格走势图

（数据来源：根据美国能源署网的数据整理绘制而成，其中的报价单位为美元/桶，网址：https://www.eia.gov/opendata/qb.php?sdid=PET.RWTC.M）

二、案例中的跨越障碍期权：目标累计赎回合约

研究该公司的财务报告等相关资料，之所以出现严重的损失，主要是与该公司和某

① 徐少华，男，硕士研究生，成都信息工程大学讲师。主讲课程：金融衍生工具、金融风险管理。

知名国际投行签订的期权合约有很大的关系。该期权合约经过整理，其主要内容如下[①]。

（1）合同有效期为2008年7月底至2011年7月底。

（2）该合约每月月底进行结算交割一次。

（3）每月月底进行结算交割的条件如下：如果WTI油价每月底的价格高于125.5美元/桶，该航空公司可以以100美元/桶的价格购买50000桶；若WTI油价每月底的价格低于70美元/桶，该航空公司仍然要以每桶70美元/桶的价格购买100000桶；在3年的有效期内，若该航空公司的累计盈利达到150万美元，期权合约立即终止。

（4）该合约的初始费用为零。

通过分析该场外期权的合约条件可知，该期权实质为跨越障碍期权（crossing barrier options）。仔细分析条款，其合约是目标累计赎回合约（Target accrue redemption note，TARN）。该目标累计是指，其敲出（knock－out）条件是以该航空公司从期权获利的累计盈利作为目标，来决定是否有敲出的事件发生：若有，合约立即终止，即该投行可以向航空公司赎回合约，从而终止合约；若无，合约继续有效。

三、目标累计赎回合约的风险收益分析

为了更加清楚地理解该合约的风险收益特征，可以根据合约的主要条款，把该期权合约分解为以下2个期权形式（如图2所示）。

$$C_t=\begin{cases}(S_t-100)\times 50000\text{桶（获利的金额，由条款3中第1条得出）} & \text{若}S_t>125.5\text{美元/桶，}R_t<150\text{万美元（由条款3中第3条得出，表示不被敲出的条件）}\\ -(70-S_t)\times 100000\text{桶（获利的金额，由条款3中第2条得出）} & \text{若}S_t<70\text{美元/桶，}R_t<150\text{万美元（由条款3中第3条得出，表示不被敲出的条件）}\end{cases}$$

图2　目标累计赎回合约的损益函数式

在把该合约分解成2个部分之后，会发现该合约实际上是2个敲出期权组合而成。第一个敲出期权是一个向上敲出看涨期权（up－and－out call），第二个敲出期权是一个向上敲出看跌期权（up－and－out put）。这样就可以根据敲出期权的特征分析它们的具体风险收益特征。

该合约中向上敲出看涨期权，对于航空公司而言，它是代表收益的期权，也就是说，它是航空公司从该投行处购买的期权。其能够得到收益的条件：只要航空公司的累

---

① 陈松男．12种常见衍生证券：原理与运用［M］．北京：机械工业出版社，2014：233－236.

计盈利不超过 150 万美元（R_t<150 万）以及每月月底的 WTI 原油现货价格不超过 125.5 美元/桶，该航空公司可以获得的收益为（S_t－100）×50000（美元）。因此，只要油价高于 125.5 美元/桶，航空公司的收益就高，但是其累计收益不超过 150 万美元。否则，该投行有权赎回整个期权合约。也就是说，该公司的最高收益是 150 万美元，其收益是有限的。

该合约中的向上敲出看跌期权，对于航空公司而言，它是代表风险损失的期权，也就是说，它是航空公司出售给该投行的一个期权。它是一个卖出型的看跌期权，实际为航空公司卖给该投行一个看跌期权，会给航空公司带来巨大的亏损。这个亏损的条件：只要航空公司的累计盈利不超过 150 万美元（R_t<150 万）以及每月月底的 WTI 原油现货价格低于 70 美元/桶，该航空公司就必须支付（赔付）给该投行（70－S_t）×100000（美元）。注意，该结算公式中不是 5 万桶，而是 10 万桶，杠杆是加了一倍。因此，在没有敲出的停止条件下，可能的累计损失是巨大的。

所以，只要国际油价持续低迷，该公司的损失将是无限的。结合前述第一个向上敲出看涨期权的收益是有限的，而向上敲出看跌期权的损失是无限的，可以得出，在油价持续低迷时，该跨越障碍期权带给航空公司的损失大大超过收益。另外，从机会成本的角度出发分析，不持有该期权时，持续低迷的油价对公司而言，可以降低公司的经营成本，增加公司的利润，提高公司的市场价值。所以，该公司持有该期权的机会成本过高（如图 3 所示）。

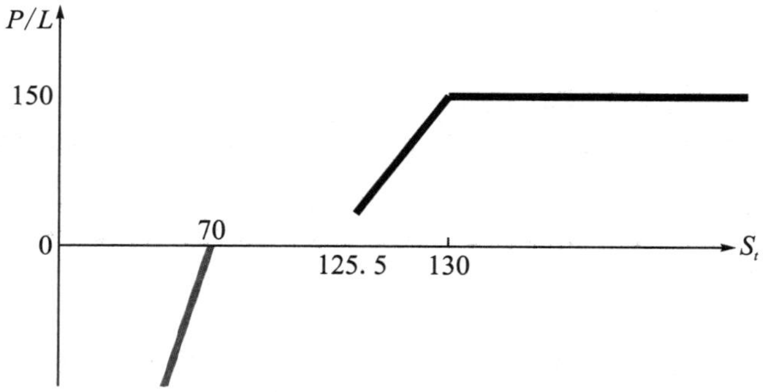

图 3　到期损益图

四、案例启示和教训

从上述的分析可以得出如下的经验和教训：

（1）该目标累计赎回合约并没有任何套期保值的功能，其实质为一个投资的合约，当国际油价持续低迷时，不但不能给公司带来好处，反而会带来相当大的损失。持有该期权合约，不但不能降低风险，反而增加了该上市公司的风险，降低了公司的市场价值。

（2）该期权组合以第一个期权为诱饵（没有收取该航空公司的期权费用），诱使该航空公司以不收取期权费的形式出售给该投行一个向下敲出看跌期权（对应的，航空公司也没有收取该投行的期权费。实际上利用敲出期权定价的公式可以推导出，航空公司应该收取该投行的期权费应远远大于该投行应该收取该航空公司的期权费，也就是说，第一个期权的期权费大于第二个期权的期权费用）。因此，企业在利用金融衍生工具进行套期保值的时候，要根据实际情况，合理设计、利用套期保值工具，并聘请高级金融工程师对之进行评估后，方可实施。一般而言，任何金融衍生工具里，包装成卖出型的期权里面基本上含有较高的风险，要仔细辨认，尽量避而远之。

（3）航空公司欲对冲油价上升带来的运输成本增加的风险，可以向投行买入平均式的油价看涨期权。通过购买该保险可以达到对冲风险的目的。当然，期初会付出一些期权费。

思考题：

1. 什么是向上敲出看涨期权，什么是向上敲出看跌期权？

2. 利用跨越障碍期权的定价公式，对上述中的两个期权进行定价，分析该投行应该补给航空公司多少期权费才比较合理？

3. 该企业在以后利用金融衍生工具进行风险管理时，还可以从中吸取哪些教训（除了上面所述外）？

金融数据的平稳性检验案例分析

王　阳①

一、背景介绍

如果一个随机过程的均值和方差在时间过程上都是常数，并且在任何两时期的协方差值仅依赖于该两时期的距离或滞后，而不依赖于计算这个协方差的实际时间，就称它为平稳的。强调平稳性是因为将一个随机游走变量（即非平稳数据）对另一个随机游走变量进行回归可能导致荒谬的结果，传统的显著性检验将告知我们变量之间的关系是不存在的。这种情况就称为“伪回归”（Spurious Regression）。有时虽然两个变量都是随机游走的，但它们的某个线形组合却可能是平稳的，在这种情况下，我们称这两个变量是协整的。格兰杰因果关系检验是用于确定一个变量的变化是否为另一个变量变化的格兰杰原因。

大量金融数据都是非平稳的时间序列数据，这就要求金融学相关专业的学生要深刻理解金融时间序列的平稳性概念，掌握用 ADF 检验平稳性的方法；认识非平稳的时间序列数据容易导致“伪回归”的现象，掌握为解决“伪回归”问题采用的协整检验方法；理解和掌握协整的概念和具体的协整检验过程。协整关系描述了变量之间的长期关系，为了进一步研究金融变量之间的短期均衡是否存在，还要掌握误差纠正模型方法。为了检验变量之间是否有格兰杰因果关系，需要掌握格兰杰因果关系检验方法。

本案例采用 Eviews 软件来分析上海证券市场 A 股成分指数（简记 SH _ INDEX）和深圳证券市场 A 股成分指数（简记 SZ _ INDEX）之间的关系。其主要包括四个部分的内容：

（1）对金融数据进行平稳性检验。

（2）对金融数据进行协整检验。

（3）对金融数据进行格兰杰因果关系检验。

（4）误差纠正机制 ECM。

本案例要求学生在理解金融数据平稳性概念的基础上，通过上机操作，掌握 ADF

①　王阳，男，成都信息工程大学副教授，经济学博士，工商管理博士后，硕士生导师，美国新罕布什尔大学访问学者。研究方向：金融经济学、微观计量经济学。主讲课程：计量经济学基础、高级计量经济学、金融经济学、中级宏观经济学。

检验金融数据平稳性的方法和具体的协整检验过程，掌握格兰杰因果关系检验的方法，掌握误差纠正模型方法的实现过程。

二、操作过程

（一）建立工作文件并录入数据

首先导入数据，将上海证券交易所 A 股成分指数记为 SH _ INDEX，深圳证券交易所 A 股成分指数记为 SZ _ INDEX。

（1）双击桌面 EViews 快速启动图标，启动 EViews5. 1 程序。

（2）点击主界面菜单 File \ New \ Worekfile，弹出 Workfile Create 对话框，在该对话框右侧下拉菜单中选择本案例所需的数据频度 Dated－regular frequency data，daily（5 day a week）（本案例为股票交易的时间序列数据）。在数据起始、终止两栏中填入 1/3/1994 和 12/31/1999，表示数据从 1994 年 1 月 3 日起至 1999 年 12 月 31 日结束，每周有 5 个工作日，如图 1 所示。

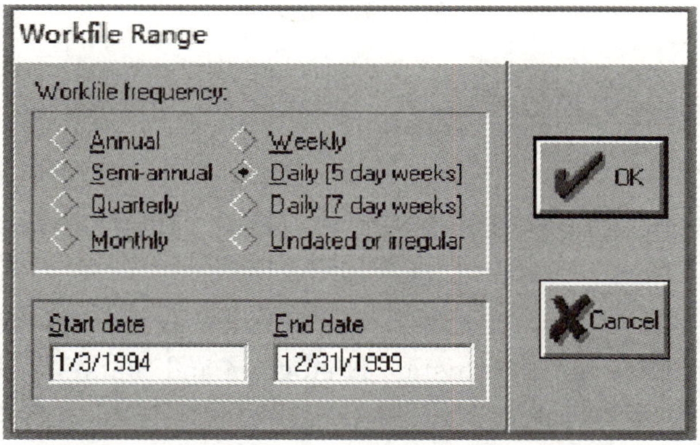

图 1　数据格式设定

（3）直接在主界面命令栏键入 data　SH _ INDEX SZ _ INDEX，回车，将 Excel 中的数据复制、粘贴，则出现如图 2 所示的画面。（此时 Group 没有命名，为 UNTITLED，可点击 Group 表格上菜单命令 Name，在弹出的对话框中命名为 SH _ SZ _ INDEX）

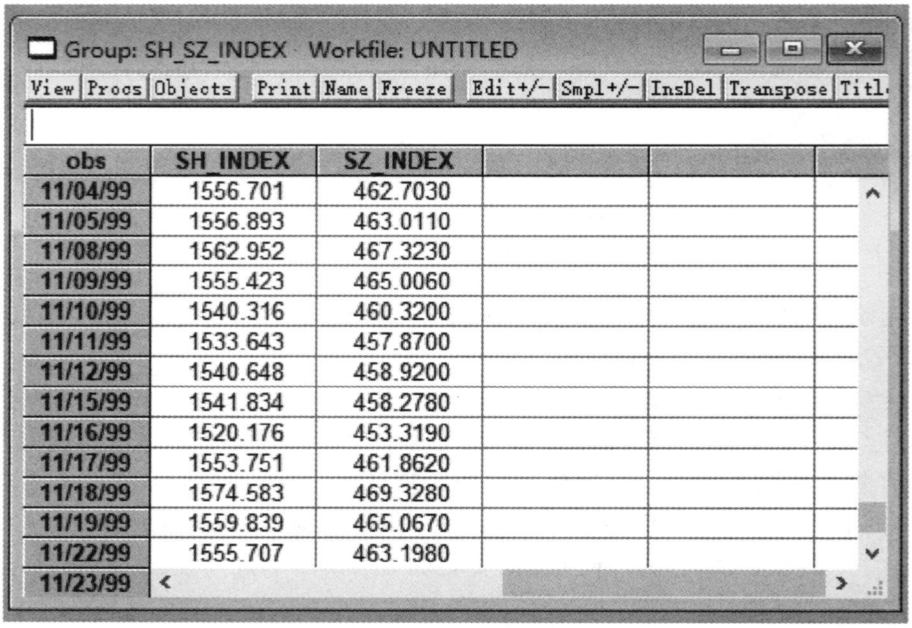

obs	SH_INDEX	SZ_INDEX
11/04/99	1556.701	462.7030
11/05/99	1556.893	463.0110
11/08/99	1562.952	467.3230
11/09/99	1555.423	465.0060
11/10/99	1540.316	460.3200
11/11/99	1533.643	457.8700
11/12/99	1540.648	458.9200
11/15/99	1541.834	458.2780
11/16/99	1520.176	453.3190
11/17/99	1553.751	461.8620
11/18/99	1574.583	469.3280
11/19/99	1559.839	465.0670
11/22/99	1555.707	463.1980
11/23/99		

图 2　数据输入

（二）对数据进行平稳性检验

在 Workfile 中按住 Ctrl 键，选择要检验的两个变量，右键单击，选择 Open－as group。此时可在弹出的窗口中对选中的变量进行检验。检验方法有以下三种。

（1）画折线图：View－Graph－Line，如图 3 所示。

（2）画直方图：在 Workfile 中选择要检验的变量，右键单击，选择 Open，或双击选中的变量，View－Descriptive Statistic－Histogram and Stats；考察图中的 J. B. 统计量，其越趋向于 0，则越符合正态分布，也就说明数据越平稳。如图 4 和图 5 所示。

（3）用 ADF 检验。

方法 1：View－Unit Root Test，结果如图 6 所示。

方法 2：点击菜单中的 Quick－Series Statistic－Unit Root Test，点击 OK，结果如图 7 和图 8 所示。

检验方法是通过比较检验值和不同显著性下的关键值来得出结论，如果检验值大于临界值，则数据不平稳，反之平稳。

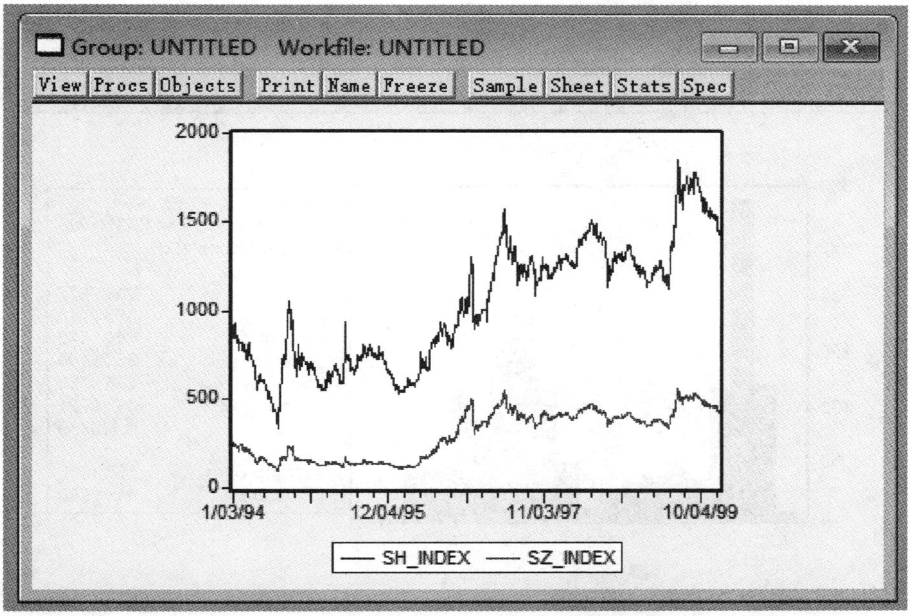

图 3　SH _ INDEX 和 SZ _ INDEX 的线性图

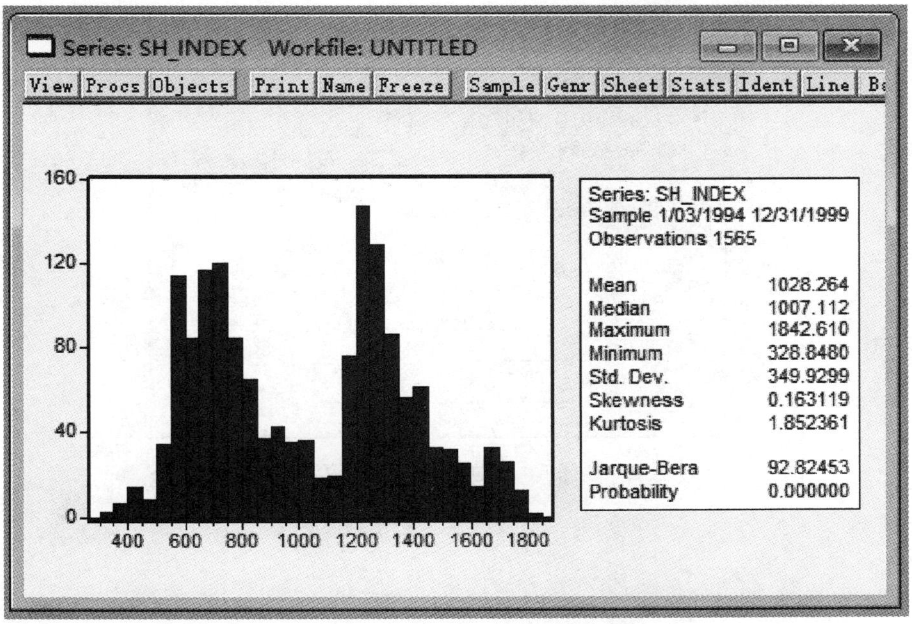

图 4　SH _ INDEX 原始数值直方图

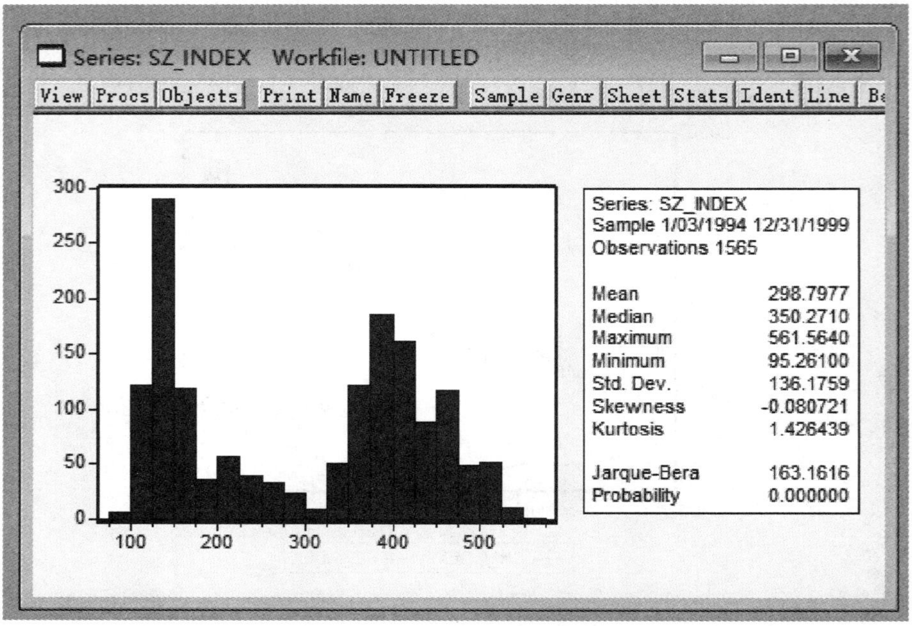

图 5 SZ _ INDEX 原始数值直方图

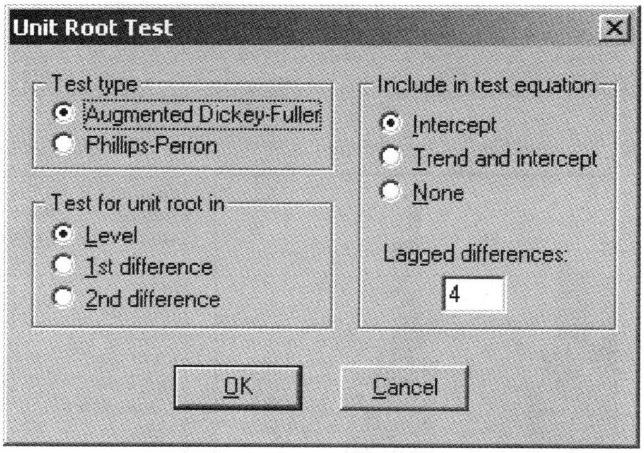

图 6 单位根检验对话框

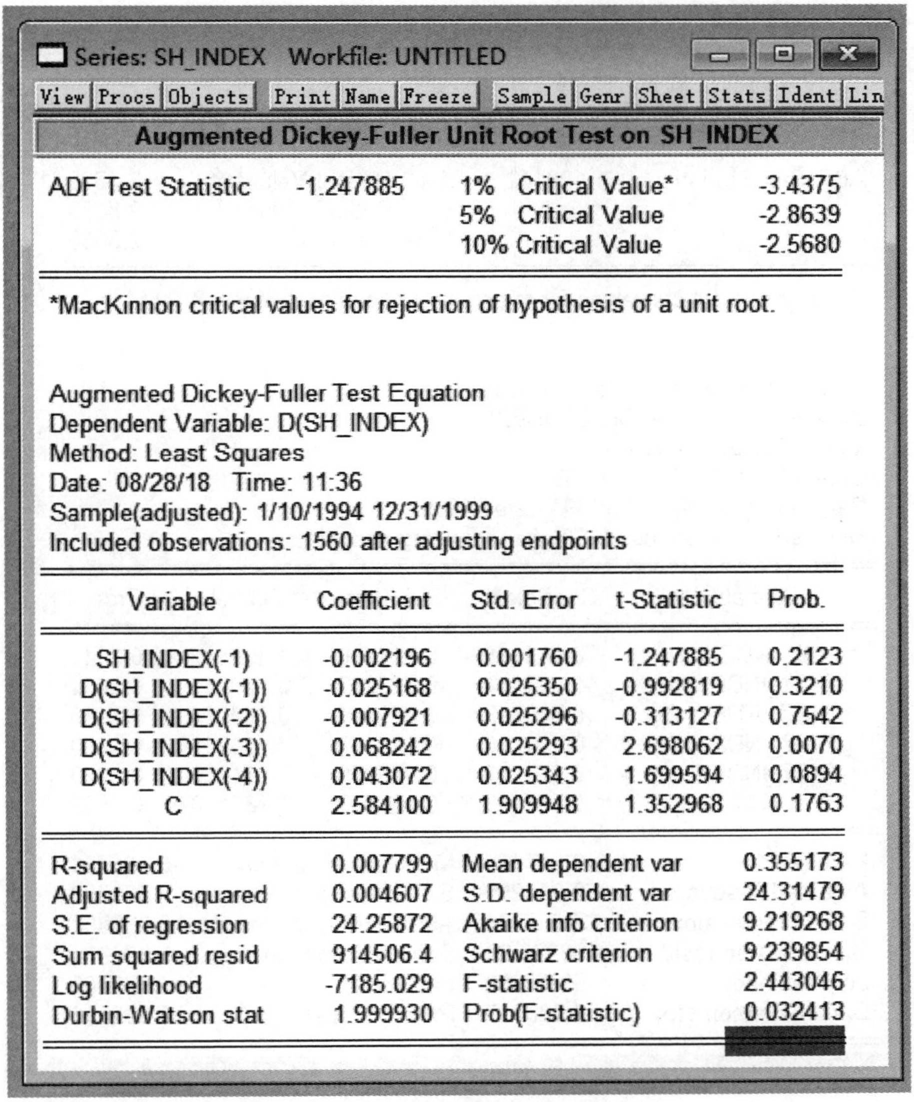

Augmented Dickey-Fuller Unit Root Test on SH_INDEX

ADF Test Statistic	-1.247885	1% Critical Value*	-3.4375
		5% Critical Value	-2.8639
		10% Critical Value	-2.5680

*MacKinnon critical values for rejection of hypothesis of a unit root.

Augmented Dickey-Fuller Test Equation
Dependent Variable: D(SH_INDEX)
Method: Least Squares
Date: 08/28/18 Time: 11:36
Sample(adjusted): 1/10/1994 12/31/1999
Included observations: 1560 after adjusting endpoints

Variable	Coefficient	Std. Error	t-Statistic	Prob.
SH_INDEX(-1)	-0.002196	0.001760	-1.247885	0.2123
D(SH_INDEX(-1))	-0.025168	0.025350	-0.992819	0.3210
D(SH_INDEX(-2))	-0.007921	0.025296	-0.313127	0.7542
D(SH_INDEX(-3))	0.068242	0.025293	2.698062	0.0070
D(SH_INDEX(-4))	0.043072	0.025343	1.699594	0.0894
C	2.584100	1.909948	1.352968	0.1763

R-squared	0.007799	Mean dependent var	0.355173
Adjusted R-squared	0.004607	S.D. dependent var	24.31479
S.E. of regression	24.25872	Akaike info criterion	9.219268
Sum squared resid	914506.4	Schwarz criterion	9.239854
Log likelihood	-7185.029	F-statistic	2.443046
Durbin-Watson stat	1.999930	Prob(F-statistic)	0.032413

图 7　SH _ INDEX 数值的 ADF 检验结果

Series: SZ_INDEX Workfile: UNTITLED

View | Procs | Objects | Print | Name | Freeze | Sample | Genr | Sheet | Stats | Ident | Line

Augmented Dickey-Fuller Unit Root Test on SZ_INDEX

ADF Test Statistic	-1.190442	1% Critical Value*	-3.4375
		5% Critical Value	-2.8639
		10% Critical Value	-2.5680

*MacKinnon critical values for rejection of hypothesis of a unit root.

Augmented Dickey-Fuller Test Equation
Dependent Variable: D(SZ_INDEX)
Method: Least Squares
Date: 08/28/18 Time: 11:39
Sample(adjusted): 1/10/1994 12/31/1999
Included observations: 1560 after adjusting endpoints

Variable	Coefficient	Std. Error	t-Statistic	Prob.
SZ_INDEX(-1)	-0.001686	0.001416	-1.190442	0.2341
D(SZ_INDEX(-1))	-0.003134	0.025292	-0.123913	0.9014
D(SZ_INDEX(-2))	0.009053	0.025141	0.360072	0.7188
D(SZ_INDEX(-3))	0.104090	0.025143	4.139912	0.0000
D(SZ_INDEX(-4))	0.077213	0.025279	3.054389	0.0023
C	0.598163	0.464733	1.287110	0.1982

R-squared	0.017460	Mean dependent var	0.116761
Adjusted R-squared	0.014299	S.D. dependent var	7.661798
S.E. of regression	7.606824	Akaike info criterion	6.899807
Sum squared resid	89920.31	Schwarz criterion	6.920394
Log likelihood	-5375.850	F-statistic	5.522962
Durbin-Watson stat	2.000917	Prob(F-statistic)	0.000048

图 8　SZ _ INDEX 数值的 ADF 检验结果

我们对以上检验的结果进行观察，发现数据并不平稳。此时应对数据取对数（取对数的好处在于：既可以将间距很大的数据转换为间距较小的数据，也便于后面的取差分），再对新变量进行平稳性检验。点击 Eviews 中的 Quick－Generate Series，键入 LOGSH＝LOG（SH _ INDEX），同样的方法得到 logsz。此时，logsh 和 logsz 为新变量，对其进行平稳性检验方法如上，如图 9、图 10 和图 11 所示。

其中，图 10 和图 11 是用 ADF 方法检验 LOGSH _ INDEX 和 LOGSZ _ INDEX 平稳性的结果（前者是对 LOGSH _ INDEX 检验的结果，后者是对 LOGSZ _ INDEX 检验的结果）。通过比较检验值和不同显著性下的关键值来得出结论，如果检验值大于临界值，则数据不平稳，反之平稳。结果发现取对数以后仍然不平稳。

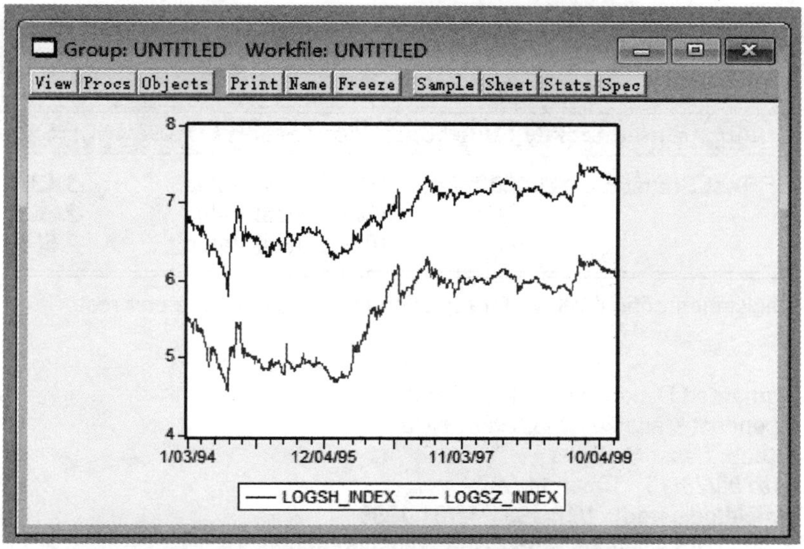

图 9 SH _ INDEX 和 SZ _ INDEX 对数值线性图

Series: LOGSH_INDEX Workfile: UNTITLED

View Procs Objects Print Name Freeze Sample Genr Sheet Stats Ident Line

Augmented Dickey-Fuller Unit Root Test on LOGSH_INDEX

ADF Test Statistic	-1.359583	1% Critical Value*	-3.4375
		5% Critical Value	-2.8639
		10% Critical Value	-2.5680

*MacKinnon critical values for rejection of hypothesis of a unit root.

Augmented Dickey-Fuller Test Equation
Dependent Variable: D(LOGSH_INDEX)
Method: Least Squares
Date: 08/28/18 Time: 11:53
Sample(adjusted): 1/10/1994 12/31/1999
Included observations: 1560 after adjusting endpoints

Variable	Coefficient	Std. Error	t-Statistic	Prob.
LOGSH_INDEX(-1)	-0.002598	0.001911	-1.359583	0.1742
D(LOGSH_INDEX(-1))	-0.024362	0.025369	-0.960337	0.3370
D(LOGSH_INDEX(-2))	0.022981	0.025354	0.906410	0.3649
D(LOGSH_INDEX(-3))	0.035960	0.025353	1.418387	0.1563
D(LOGSH_INDEX(-4))	0.017909	0.025360	0.706191	0.4802
C	0.018148	0.013151	1.379932	0.1678

R-squared	0.003686	Mean dependent var	0.000308
Adjusted R-squared	0.000481	S.D. dependent var	0.027145
S.E. of regression	0.027139	Akaike info criterion	-4.371861
Sum squared resid	1.144549	Schwarz criterion	-4.351274
Log likelihood	3416.051	F-statistic	1.149957
Durbin-Watson stat	2.000230	Prob(F-statistic)	0.331857

图 10 SH _ INDEX 对数值的 ADF 检验结果

Series: LOGSZ_INDEX Workfile: UNTITLED

View | Procs | Objects | Print | Name | Freeze | Sample | Genr | Sheet | Stats | Ident | Li

Augmented Dickey-Fuller Unit Root Test on LOGSZ_INDEX

ADF Test Statistic	-1.035212	1% Critical Value*	-3.4375
		5% Critical Value	-2.8639
		10% Critical Value	-2.5680

*MacKinnon critical values for rejection of hypothesis of a unit root.

Augmented Dickey-Fuller Test Equation
Dependent Variable: D(LOGSZ_INDEX)
Method: Least Squares
Date: 08/28/18 Time: 11:56
Sample(adjusted): 1/10/1994 12/31/1999
Included observations: 1560 after adjusting endpoints

Variable	Coefficient	Std. Error	t-Statistic	Prob.
LOGSZ_INDEX(-1)	-0.001379	0.001332	-1.035212	0.3007
D(LOGSZ_INDEX(-1))	0.009608	0.025293	0.379887	0.7041
D(LOGSZ_INDEX(-2))	0.030342	0.025257	1.201324	0.2298
D(LOGSZ_INDEX(-3))	0.033034	0.025259	1.307796	0.1911
D(LOGSZ_INDEX(-4))	0.078467	0.025270	3.105190	0.0019
C	0.007979	0.007455	1.070357	0.2846

R-squared	0.009019	Mean dependent var	0.000351
Adjusted R-squared	0.005831	S.D. dependent var	0.027800
S.E. of regression	0.027719	Akaike info criterion	-4.329585
Sum squared resid	1.193974	Schwarz criterion	-4.308998
Log likelihood	3383.076	F-statistic	2.828632
Durbin-Watson stat	2.003438	Prob(F-statistic)	0.015031

图 11 SZ _ INDEX 对数值的 ADF 检验结果

（三）协整检验

首先需要提取残差：点击菜单中的 Quick－Estimate Equation，键入 LOGSH _ INDEX C LOGSZ _ INDEX，得到结果如图 12 所示。

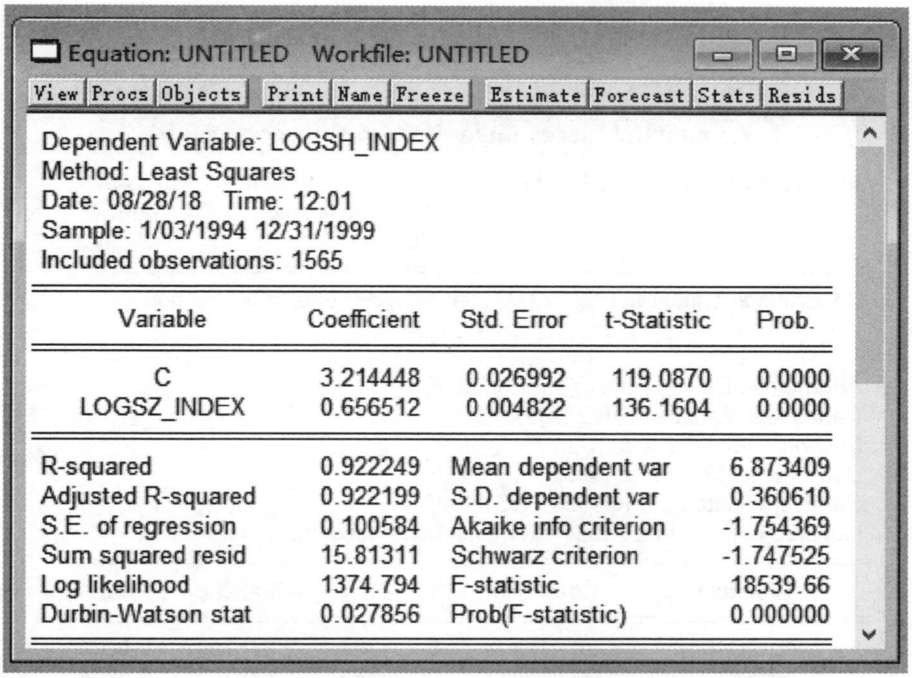

Dependent Variable: LOGSH_INDEX
Method: Least Squares
Date: 08/28/18   Time: 12:01
Sample: 1/03/1994 12/31/1999
Included observations: 1565

Variable	Coefficient	Std. Error	t-Statistic	Prob.
C	3.214448	0.026992	119.0870	0.0000
LOGSZ_INDEX	0.656512	0.004822	136.1604	0.0000

R-squared	0.922249	Mean dependent var	6.873409
Adjusted R-squared	0.922199	S.D. dependent var	0.360610
S.E. of regression	0.100584	Akaike info criterion	-1.754369
Sum squared resid	15.81311	Schwarz criterion	-1.747525
Log likelihood	1374.794	F-statistic	18539.66
Durbin-Watson stat	0.027856	Prob(F-statistic)	0.000000

图 12　LOGSZ _ INDEX 对 LOGSH _ INDEX 的最小二乘法回归

接着在窗口中点击 Procs－Make Residual Series 来对残差 RESID1 进行提取和保存，然后对残差进行 ADF 检验（方法同上），得到结果如图 13 所示。这时候会发现数据通过了平稳性检验，残差 RESID1 是平稳的，说明 logsha 与 logsza 存在协整关系。

Series: RESID1 Workfile: UNTITLED

View | Procs | Objects | Print | Name | Freeze | Sample | Genr | Sheet | Stats | Ident | Line

Augmented Dickey-Fuller Unit Root Test on RESID1

ADF Test Statistic	-2.875800	1% Critical Value*	-3.4375
		5% Critical Value	-2.8639
		10% Critical Value	-2.5680

*MacKinnon critical values for rejection of hypothesis of a unit root.

Augmented Dickey-Fuller Test Equation
Dependent Variable: D(RESID1)
Method: Least Squares
Date: 08/28/18 Time: 12:04
Sample(adjusted): 1/10/1994 12/31/1999
Included observations: 1560 after adjusting endpoints

Variable	Coefficient	Std. Error	t-Statistic	Prob.
RESID1(-1)	-0.012233	0.004254	-2.875800	0.0041
D(RESID1(-1))	-0.042843	0.025363	-1.689202	0.0914
D(RESID1(-2))	-0.059999	0.025378	-2.364254	0.0182
D(RESID1(-3))	0.038326	0.025348	1.511972	0.1307
D(RESID1(-4))	-0.048696	0.025326	-1.922733	0.0547
C	8.83E-05	0.000423	0.209020	0.8345

R-squared	0.016174	Mean dependent var	7.76E-05
Adjusted R-squared	0.013009	S.D. dependent var	0.016800
S.E. of regression	0.016690	Akaike info criterion	-5.344144
Sum squared resid	0.432890	Schwarz criterion	-5.323557
Log likelihood	4174.432	F-statistic	5.109580
Durbin-Watson stat	2.007530	Prob(F-statistic)	0.000118

图 13 残差 RESID1 的 ADF 检验结果

接下来用同样的方法，对模型 LOGSZ _ INDEX C LOGSH _ INDEX 进行协整检验，得到残差 RESID2，经过检验，残差也是平稳的，结果如图 14 所示。

Series: RESID2 Workfile: UNTITLED

View | Procs | Objects | Print | Name | Freeze | Sample | Genr | Sheet | Stats | Ident | Line | B

Augmented Dickey-Fuller Unit Root Test on RESID2

ADF Test Statistic	-2.721299	1% Critical Value*	-3.4375
		5% Critical Value	-2.8639
		10% Critical Value	-2.5680

*MacKinnon critical values for rejection of hypothesis of a unit root.

Augmented Dickey-Fuller Test Equation
Dependent Variable: D(RESID2)
Method: Least Squares
Date: 08/28/18 Time: 12:08
Sample(adjusted): 1/10/1994 12/31/1999
Included observations: 1560 after adjusting endpoints

Variable	Coefficient	Std. Error	t-Statistic	Prob.
RESID2(-1)	-0.010936	0.004019	-2.721299	0.0066
D(RESID2(-1))	-0.042188	0.025355	-1.663894	0.0963
D(RESID2(-2))	-0.069680	0.025368	-2.746802	0.0061
D(RESID2(-3))	0.037999	0.025339	1.499650	0.1339
D(RESID2(-4))	-0.051451	0.025319	-2.032102	0.0423
C	-9.45E-05	0.000585	-0.161601	0.8716

R-squared	0.016907	Mean dependent var	-8.16E-05
Adjusted R-squared	0.013744	S.D. dependent var	0.023268
S.E. of regression	0.023108	Akaike info criterion	-4.693454
Sum squared resid	0.829790	Schwarz criterion	-4.672868
Log likelihood	3666.894	F-statistic	5.345171
Durbin-Watson stat	2.008745	Prob(F-statistic)	0.000071

图 14 残差 RESID2 的 ADF 检验结果

（四）格兰杰因果关系检验

在 Workfile 中同时选中变量 LOGSH _ INDEX 和 LOGSZ _ INDEX，单击右键，选择 open−as group，在弹出的窗口中点击 View−Granger Causality，并选择滞后阶数（此处我们根据以往的实证检验结果选择滞后值为 5），点 OK，结果如图 15 所示。

Group: UNTITLED Workfile: UNTITLED

View | Procs | Objects | Print | Name | Freeze | Sample | Sheet | Stats | Spec

Pairwise Granger Causality Tests
Date: 08/28/18 Time: 12:16
Sample: 1/03/1994 12/31/1999
Lags: 5

Null Hypothesis:	Obs	F-Statistic	Probability
LOGSZ_INDEX does not Granger Cause LO	1560	2.97226	0.01123
LOGSH_INDEX does not Granger Cause LOGSZ_IN		0.75915	0.57933

图 15 格兰杰因果检验结果

主要关注 F 检验值的显著性，若 F 值越大，则越有可能拒绝原假设。在本例中，我们拒绝了 logsza 不是 logsha 的格兰杰原因的原假设，即 logsza 是 logsha 变化的原因。但是无法拒绝 logsha 不是 logsza 的格兰杰原因的原假设，即 logsha 不影响 logsza。同样的结论也可以从 Probability 中得到。

（五）误差纠正机制 ECM（Error Correction Mechanism）

即使两个变量之间有长期均衡关系，但在短期内也会出现失衡（例如受突发事件的影响）。此时，我们可以用 ECM 来对这种短期失衡加以纠正。具体做法是：首先提取残差，从对模型 SH _ INDEX c SZ _ INDEX 的估计结果中提取残差 RESID3，接着点击 Quick－Estimate Equation，在弹出的窗口中输入：d（SH _ INDEX）c d（SZ _ INDEX）RESID3（－1）。RESID3（－1）中的（－1）指的是滞后一阶，结果如图 16 所示。

Equation: UNTITLED Workfile: UNTITLED

View | Procs | Objects | Print | Name | Freeze | Estimate | Forecast | Stats | Resids

Dependent Variable: D(SH_INDEX)
Method: Least Squares
Date: 08/28/18 Time: 12:21
Sample(adjusted): 1/04/1994 12/31/1999
Included observations: 1564 after adjusting endpoints

Variable	Coefficient	Std. Error	t-Statistic	Prob.
C	0.068979	0.356640	0.193414	0.8467
D(SZ_INDEX)	2.578432	0.046585	55.34950	0.0000
RESID3(-1)	-0.011301	0.003859	-2.928449	0.0035

R-squared	0.663513	Mean dependent var	0.386061
Adjusted R-squared	0.663082	S.D. dependent var	24.29576
S.E. of regression	14.10238	Akaike info criterion	8.132481
Sum squared resid	310447.3	Schwarz criterion	8.142753
Log likelihood	-6356.600	F-statistic	1539.056
Durbin-Watson stat	2.027767	Prob(F-statistic)	0.000000

图 16 误差修正模型结果

RESID3（−1）的系数为−0.011301，且通过了 t 检验（−2.928449>2），其表明 SH _ INDEX 的实际值与长期或均衡值之间的差异约有 1.113%得以纠正。从这也可以看出 RESID3（−1）的系数必须为负值。从表面上看，深圳 A 股指数对上海 A 股指数的影响要强一点，上海 A 股指数对深圳 A 股指数的依赖更多一点，但总体来看两个股票市场的联系还是很紧密的。深圳 A 股指数走在前面的原因可能是深圳的地理位置，与海外市场联系更密切一些。所以海外市场变化的信息最先传递和影响到深圳市场，经过一段时间，蔓延到内陆地区。从整体上看，就形成了上海 A 股指数跟在深圳 A 股指数后面变动的局面。两个市场的投资者包括投资理念等各方面都是类似的，总体对价格信息的表现也大同小异，两个市场相关度很高。

值得指出的是，目前一般认为，深市股指是随上市股指而动的，与我们上面的检验结论相反。但应该注意到的是，我们研究中的样本范围为 1994 年至 1999 年，而当前的情况已经发生了很大变化。所以，若要研究当前两个股票市场股指的联动效应，需选择最新的样本范围。学习者可以参照本案例的方法，下载两个股票市场的数据，看是否会得出新的结论。

三、案例启示

本案例展示了金融数据的平稳性检验和后续模型分析的完整实现过程，在金融学中有很多变量都具有非平稳的特征。因此，在建模分析前，首先需要做单位根检验，看变量序列是否为平稳序列，若为平稳序列，可进一步构造回归模型等经典计量经济学模型进行估计。若不平稳，则不能直接用经典计量经济学模型进行估计。如果所有变量序列均服从同阶单整，可以做协整检验，判断模型内部变量间是否存在协整关系，即是否存在长期均衡关系。如果有协整关系，则可进一步进行 Granger 因果检验，检验变量之间"谁引起谁变化"，即寻找格兰杰因果关系。最后，可以利用误差修正模型（ECM）考察短期失衡问题。

思考题：

1. 如果不考虑金融数据的平稳性会导致什么后果？
2. 举例说明什么是伪回归？
3. 检验金融数据平稳性的方法有哪些？
4. 协整检验的作用是什么？
5. 格兰杰因果关系检验的局限性有哪些？
6. 误差修正模型的作用是什么？如何解释误差修正模型的估计结果？